物流信息管理系统

白 兰 杨春河 主编

南开大学出版社

天 津

图书在版编目(CIP)数据

物流信息管理系统 / 白兰,杨春河主编. —天津:南
开大学出版社,2015.10
ISBN 978-7-310-04985-1

Ⅰ.①物… Ⅱ.①白… ②杨… Ⅲ.①物流－管理信
息系统－高等学校－教材 Ⅳ.①F252－39

中国版本图书馆 CIP 数据核字(2015)第 226896 号

南开大学出版社出版发行

出版人:孙克强

地址:天津市南开区卫津路 94 号　　邮政编码:300071

营销部电话:(022)23508339　23500755

营销部传真:(022)23508542　　邮购部电话:(022)23502200

*

天津午阳印刷有限公司印刷

全国各地新华书店经销

*

2015 年 10 月第 1 版　　2015 年 10 月第 1 次印刷

260×185 毫米　16 开本　12 印张　301 千字

定价:28.00 元

如遇图书印装质量问题,请与本社营销部联系调换,电话:(022)23507125

前　言

现代物流指的是将运输、仓储、库存、包装、流通加工、配送、装卸搬运以及信息等物流活动综合起来的一种新型的集成式管理,其任务是尽可能降低物流的总成本,为顾客提供最好的服务。其与传统物流产业的根本区别就在于:现代物流以信息和交通运输技术为支撑的物流全程优化、整合和各环节之间无缝衔接,实现了节约成本、压缩时间、提高服务水平的目标,从而有效地解决了全球经济一体化过程中物流费用在产品成本中的比重也随之大大提高的问题。因此,现代物流已成为企业提高竞争力和促进经济发展的"第三利润源"。为了加快现代物流产业的发展,物流企业无不打出"信息化"这张王牌,信息化也成为物流企业制胜市场的关键所在。正是基于以上背景,我们编写了本书,并力求体现如下特点:

(1)目标明确。本书立足于我国物流企业管理信息的实践,试图构建适合我国企业的物流信息系统管理理论体系,并针对我国物流企业信息管理存在的常见问题,提出系统解决方案,以培养掌握先进物流信息管理理论和实践技能的专业人才。

(2)内容设置科学、合理、全面。本书从信息视角分析物流系统,介绍了与物流管理信息相关的各种理论和物流信息技术,对物流管理信息系统进行了系统性的介绍,并附有相应的案例分析和复习思考题,以便于读者系统地理解各种物流管理信息系统的理论和技术知识。

(3)操作性强。在编写过程中,十分注重实务操作,通过大量的案例、图表、流程等帮助读者理解相关基本理论、基本概念和操作流程与技术。既反映了国内外相关专家学者的研究成果,又吸收了物流企业管理信息的成功经验,将理论性和实用性较好地结合在一起。

本书由河北农业大学白兰、杨春河撰写框架并主持全书的编写及统稿工作,由张晓忠、赵卫红、王洁、魏凤莲、李一鸣共同编写,各章具体分工如下:第一章由赵卫红编写,第二章由杨春河编写,第三章由魏凤莲编写,第四章由李一鸣编写,第五章由张晓忠编写,第六章由王洁编写,第七章由魏凤莲编写,第八章由王洁编写,第九章由张晓忠编写,第十章由白兰编写。

在写作过程中,我们参考了很多专家学者的著述和相关资料,在此特向这些专家学者表示衷心的感谢。由于我们水平有限,书中如有不当或遗漏之处,敬请专家和同行批评指正。

白兰　杨春河

2014 年 12 月

目　录

第一章　信息与信息系统

引　例

2003 年,宝供被摩根斯丹利评估为中国最具价值的第三方物流企业,在它的成功历程里,信息系统扮演了非常重要的角色。以宝供信息系统建设的报表自动生成系统为例,该系统于 1998 年 10 月完成后,宝供将运输查询功能授权给客户,该系统很快成为宝供市场推广的方向,吸引了很多客户,飞利浦就是其中之一。飞利浦的信息系统建设非常完备,他们希望与之合作的储运公司能够及时传递物流信息,要求做到一周传真一次,一个月报告一次,告知自己的库存量有多少,进了多少货,出了多少货。但是有些储运公司根本做不到,而宝供在今天就可以知道昨天所有的库存情况。1998 年 11 月,宝供在苏州与飞利浦只用了三天的谈判就签订了长期的大单。2001 年,宝供与飞利浦实现了 EDI 电子数据对接,运作效率得到大幅度提升。

信息系统为宝供带来了一个新的营运模式,由于摆脱了过去传统的手工操作,通过数据库网络、网络传递等计算机辅助手段实现对数据的核对和整理,宝供的营运质量有了很大提高,以前货物从广州到北京需要 15 天,现在只要 10 天,时间可靠性能达到 95%,公路可以达到 99%。

目前,它的定位是集商流、物流、信息流、资金流于一体,刘武想依此打造"中国物流基地的服务品牌"。

——资料来源:小公司成为物流大鳄 宝供物流的"三级跳",外贸知识网,http://www.rfqy.net/infoFile/6/20081295455.shtml,2008-1-2.

第一节　物流与信息

一、现代物流概述

一般来讲,传统意义上的物流可以理解为将各种物品实体从供应者向需求者的物理移动过程,它由一系列创造时间和空间效用的经济活动组成,包括运输、配送、仓储、包装、装卸、流通加工及物流信息处理等多项内容,是这些内容的有机整体。但对于物流的概念,到目前为止仍没有一个统一、公认的定义,各个国家的表述都不尽一致,我国对物流的定义如下:物流是供应链的重要组成部分,是为了满足消费者需求,有效地计划、管理和控制原材料、中间仓储、最终产品及相关信息从起始点到消费地的流动过程。

伴随着科学技术的飞速发展,特别是以计算机技术为支撑的信息技术在社会生产各个领域的渗透,现代物流活动的技术手段、组织形式等也在发生着相应的变化,物流的功能也日益增强。时至今日,物流作为国民经济中一个新兴的产业,正在全球范围内迅速发展。在国际上,物流产业被认为是国民经济发展的动脉和基础产业,其发展程度不仅对社会经济各个部门的生产效率和效益产生着普遍影响,而且对人们的生活也产生着重大影响,同时,其更是衡量一国现代化程度和综合国力的重要标志之一。

二、信息流对物流的影响

现代物流一般包含了运输、库存、装卸、搬运、包装等活动,这些活动对商品的流动来讲,是在不同场所进行的,而物流服务的主要作用在于缩短物的在途时间、实现零库存、及时供货和保持供应链的连续和稳定。这就要求在物的流动过程中,必须保持信息的畅通。

物流活动中的信息是伴随着物流的运作而不断产生的,并作为物流的重要组成要素,为物流的正常运转、管理、决策以及制定战略提供不可缺少的依据。物流的特性决定了物流与信息流之间有着天然的密不可分的关系。一方面,物流活动产生大量的原材料供应、产成品消费等信息。为提高物流的效率,必须要求信息流保持通畅,并准确反馈物流各环节运作所需要的信息;另一方面,信息技术的不断进步为信息的及时大规模传递创造了条件,反过来促进了物流服务范围的扩大和物流组织管理手段的改进,促进了物流能力和效率的提高。

可以说,信息技术对现代物流的发展起着巨大的推动作用。同时,信息技术的发展也给物流带来了巨大的挑战,在一些领域,信息对物流已经起到了部分替代的作用。

第二节　信息和物流信息

一、信息

信息是一个正在不断发展和变化的概念,并且以其不断扩展的内涵和外延,渗透到人类社会、经济和科学技术的众多领域。信息的定义有很多,被广泛认可的定义是指现实世界中事物的存在方式或运动状态的反映。信息是经过加工处理并对人类客观行为产生影响的数据表现形式,是客观事物属性的反映。

可以从以下几个方面来理解:

信息是数据所表达的客观事实。

信息是指数据处理后所形成的对人们有意义的和有用处的文件、表格和图形等形式。

信息是导致某种决策行动的外界情况。

信息是由实体、属性、值所构成的三元组。即:信息＝实体(属性 1:值 1;属性 2:值 2……属性 n:值 n)。例如,信息＝轿车(品牌:大众;载人数:5……)。

(一)信息的分类

信息的分类标准很多,可以根据不同的分类标准进行分类。

1.按信息的来源分类

按信息的来源可将其分为内部信息和外部信息。

（1）内部信息是企业经营、管理过程中从企业内部得到的一类信息，其往往用于管理及具体业务工作中。

（2）外部信息来自于企业的外部环境，也被称为静态信息，是指在一定时间内相对稳定不变、可供各项管理工作重复使用的信息，往往参与企业的高层决策是编制计划、组织生产的依据。例如，定额标准、规章制度、计划指标体系、合同文件、设备档案、历史资料等。

2. 按信息的流向分类

根据流向的不同，信息可以分为输入信息、中间信息和输出信息。

3. 按信息的稳定性分类

按照信息的稳定性不同可将其分为固定信息和流动信息。

（1）固定信息有助于企业建立相应的固定信息文化，确定必要的数据结构体系，建立数据库，避免不必要的数据存贮冗余，是企业重要的基础信息。

（2）流动信息也称为动态信息，是随着生产经营活动的进行而不断更新的一类信息，这类信息能反映某一时刻生产经营的实际情况以及实际进程和存在的问题，具有明显的时效性。

4. 按信息的加工程度分类

根据加工程度的不同，信息可分为原始信息和综合信息。

（1）原始信息是指从信息源直接收集的信息。

（2）综合信息是指在原始信息的基础上，经过信息系统的综合、加工产生出来的新的信息。

产生原始信息的信息源往往分布广并且较分散，收集信息的工作量一般很大，而综合信息对管理决策更有用。

5. 按信息的性质分类

按信息的性质可将其分为自然信息和社会信息。

（1）自然信息是反映自然事物的、由自然界产生的信息，如气象信息、遗传信息等。

（2）社会信息是反映人类社会的有关信息，又可以分为市场信息、生产信息、物流信息、技术信息、经济信息、人事信息等。

①市场信息是反映市场供需状况的信息，包括运价及其波动趋势、竞争状况、客户需求等。

②生产信息是指在生产过程中产生的信息，如生产进度、材料消耗、设备使用情况等。

③物流信息是指物流过程中产生的信息，如运输状态、库存状况、货物动态等。

④技术信息是指技术部门提供的信息，如图纸、技术文件等。

⑤经济信息是反映企业经济状况、经营状况、资金使用情况的信息。

⑥人事信息是反映企业人事编制、员工状况的信息，如人事档案等。

社会信息可由人类进行各种加工处理。

6. 按管理层次分类

从管理层次上可将信息分为高层管理信息、中层管理信息、基层管理信息。

（1）高层管理（战略级）信息。高层管理是企业的高层领导所做的工作，其主要任务是根据对企业内外情况的全面分析，制定长远战略目标。这种管理工作需要大量的企业内外部的信息，包括当前信息和历史信息，并且要求对这些信息进行比较复杂的加工处理，借以得到对未来的预测，对模型的评价、求解等可以协助决策的信息。

（2）中层管理（战术级）信息。中层管理的任务是根据高层管理确定的目标具体安排系统所拥有的各种资源，制订出资源分配计划及进度表，组织基层单位完成计划。它所需求的信息大多是系统内部的中短期决策信息。

(3)基层管理(执行级)信息。基层管理的主要任务是按照中层管理制订计划,具体组织人力、物力去完成计划。基层管理信息主要来自企业基层及其具体业务部门,涉及的往往是业务工作或技术工作。

信息还可以从时间、使用频率、精确程度、流向、用途等方面加以分类。

(二)信息的属性

1.真实性

信息的真实性是其核心价值,是其第一属性。不真实的信息不仅没有价值,而且其价值可能为负,害人害己。

2.时效性

信息的时效是指从信息源发送信息,经过接收、加工、传递及利用的时间间隔及其效率。信息资源比其他任何资源都更具有时效性。一条及时的信息可能价值连城,一条过时的信息则可能分文不值。时间间隔越短,使用信息越及时,使用程度越高,其时效性越强。但这并不意味着开发出来的信息资源越早投入利用就越好,随着时间的推移,某些信息资源是可以像陈年老酒一样不断增值的。所以,信息资源的时效性不但表现为及时性,更突出表现为开发、利用它的时机性。这就要求信息资源的利用者要善于把握时机,只有时机适宜,才能发挥效益。

3.价值性

信息是经过加工并对生产经营活动产生影响的数据,是劳动创造并用以获取利益的,是一种资源,因此是有价值的。鉴于信息寿命衰老很快,转换必须及时。如现代战争中,战场上各种信息情报资源传递得快、早,可以给指挥官或士兵足够的准备和调整时间,可以取得战争的胜利;反之,事到临头,知道了也没有用,调整已经来不及了,信息也就没有什么价值了。在信息化社会中,"管理的艺术在于驾驭信息",也就是说,管理者要善于转换信息,实现信息的价值。使用信息所获得的收益减去获取信息所花费的成本即为信息的价值。信息的使用价值必须经过转换才能得到。打电话、看电视或利用大型数据库查阅文献所付费用是信息价值的部分体现。

4.共享性

信息的共享性是指信息资源可以为许多用户所共同使用的特征。

信息的共享性为信息资源在社会经济生活中更有效地发挥作用奠定了基础。信息资源开发出来以后,不同的信息资源获得者都可以根据自身的情况对信息资源进行开发与利用,使得信息作为资源在社会经济生活中充分地体现出其价值。资料资源和能源资源的利用表现为占有和消耗,当材料资源或能源资源量一定时,各利用者在资源利用上总是存在着明显的竞争关系。而信息资源的使用者彼此之间不存在直接的制约作用,同一信息资源可以同时被不同的使用者所利用,共享的诸方受益、受损是不确定的,各方因共享同一信息而获得的价值并不等于少数方独占该信息所获得的价值。

5.层次性

信息是分等级的,通常把管理信息分为三个层次。

(1)战略层信息是涉及外部环境对本组织要达到的目标,及为达到这一目标所必需的资源水平和种类,以及确定获得资源、使用资源和处理资源的指导方针等方面,它是决策者进行决策的基础。

（2）战术层信息属于控制信息，是指使管理人员能掌握资源利用情况，并将实际结果与计划相比较，从而了解是否达到预定目的，并指导其采取必要的措施来更有效地利用资源的信息。

（3）作业层信息主要是用来解决经常性的问题，它与组织日常活动有关，并用以保证切实地完成具体任务。

6. 不对称性

由于人们的认知程度受文化水平、经验、获得途径等因素的限制，造成了人们对事物认识的不对称性。市场交易中的双方所掌握的信息是不相等的，不同的企业掌握信息的程度各不相同，这就形成了信息的不对称性。企业掌握的信息越充分，对其决策就越有利，反之则越不利。但是，随着信息技术的普及与应用开发，这种不对称性会在相当短的时间内降至极低。

7. 不完全性

客观事实的信息难以全部获得，这与人们认识事物的程度有直接关系。因此，信息收集或信息转换要有主观思路，要运用已有的知识进行分析和判断。只有正确地舍弃无用和次要的信息，才能正确地使用有价值的信息。

8. 传输性

信息可以从一个地方传输到其他地方，利用信息技术，信息传输的速度大大加快且信息传输的成本几乎可以忽略不计。有效的信息传播，可产生更大的价值。尤其是借助现代信息技术，信息可以更快、更便利地在世界范围内传输。信息的可传递性是信息的本质特征。

9. 滞后性

信息滞后于数据。信息的滞后时间包括信息的间隔时间和加工时间。信息的间隔时间是指获取同一信息的必要间隔时间。例如，要获得企业的"年度物流运输成本"这一信息，必须在每年结束时才能获取，因此"年度物流运输成本"这一信息的间隔时间为"一年"。信息的加工时间是指为获取某信息而对数据加工所需要的时间。由于人们采用不同的手段、工具来加工数据以获取信息，所以造成信息加工的时间也不相同。例如，"每年的物流运输成本"这个信息，若采用手工计算方式，大约需要一个人一个星期的时间，但其加工时间可以通过采用先进的手段和方法来缩短，例如，采用微机加工"每年的物流运输成本"这个信息可能只需数秒钟。使用信息技术的一个基本目标就是要缩短信息的加工时间，减少它的滞后性。

（三）信息的度量

信息量的大小取决于信息内容消除人们认识的不确定程度。

消除的不确定程度大，则发出的信息量就大；消除的不确定程度小，则发出的信息量就小。如果事先就确切地知道消息的内容，那么消息中所包含的信息量就等于零。例如中国足球队和巴西足球队进行比赛，如果中国队以 3∶0 战胜巴西队，那将是一个震撼世界足坛的事件，全世界的目光都会聚焦到这一事件上来，因为这样的事件发生的概率实在是太小了，它蕴含的信息量是巨大的；反过来，如果巴西队以 3∶0 获胜，这样的结果实在不足为奇，与人们的预期相差不大，其信息量就很小，也就少有人问津。这个例子说明消息中所包含的信息量与消息中所描述事件的发生概率是密切相关的。

我们可以利用概率来度量信息。

通过上面的分析可以看出，消息出现的概率越大，则其包含的信息量越少；消息出现的概率越小，则其包含的信息量就越大；如果一个事件是必然发生的（概率为100%），则它传递的信息量应为零；如果一个事件是不可能发生的（概率为0），则它将具有无穷的信息量；如果得到的消息是由若干个独立事件构成的，则总的信息量就是这些独立事件的信息量的总和。

综上所述可以看出，消息中所包含的信息量 I 与消息中描述的事件的发生概率 $P(x)$ 具有如下规律：

1. 消息中所含的信息量是出现该消息中所描述事件发生概率 $P(x)$ 的函数，即：

$$I = I[P(x)] \tag{1-1}$$

2. 消息出现的概率越小，它所含的信息量越大；反之信息量越小，且当 $P(x)=1$ 时，$I=0$。

3. 若干个互相独立的事件构成的消息，所含的信息量等于各独立事件信息量的和，即：

$$I = I[P(x_1)P(x_2)\cdots] = I[P(x_1)] + I[P(x_2)] + \cdots \tag{1-2}$$

不难看出，信息量 I 与 $P(x)$ 间的关系式为：

$$I = \log_a \frac{1}{P(x)} = -\log_a P(x) \tag{1-3}$$

二、数据及其表现形式

数据是指对客观事物的性质、状态及相互关系等进行记载的物理符号或是这些物理符号的组合，是用于表示客观事物的未加工的原始素材。或者说，数据是通过物理观察得来的事实和概念，是关于现实世界中的位置、事件、其他对象或概念的描述。

数据是可识别的、也可以是抽象的符号。这些符号中，不仅有人们所熟悉的数字，也有字符、文字、图形等。

例如，车库里停放3辆汽车，可以用3、三、three、ⅲ、Ⅲ、叁等多种符号来描述或记载。

当然，它们仅仅只是数字符号而已，所以也可以认为这些符号所表示是其他任何3个客观事物，而不是3辆汽车。

数据处理的基本过程是人们将原始信息表示成数据，称为源数据，然后对这些源数据进行处理，从这些原始的、无序的、难以理解的数据中推导或抽取出新的数据，这些新的数据称为结果数据。结果数据对某些特定的人来说是有价值的、有意义的，它构成了新的信息，可以作为某种决策的依据或用于新的推导。这一过程通常称为数据处理或信息处理。

人们接触到的数据很多，不仅指那些参与数学计算的数据，随着信息技术的发展，也可以将那些符号、图片甚至声音等都视为数据。而根据数据类型的不同，数据的表现形式也是多种多样的。

数值型数据：表现形式为数字、字母和其他符号等；

图形数据：表现形式为图形、图片等；

模糊数据：表现形式为高、矮、胖、瘦、干净等；

声音数据：表现形式为声音、噪声、音调等；

视频数据：表现形式为动画、影像等。

三、数据与信息的关系

数据与信息这两个概念既有联系又有区别。

（一）数据与信息的联系

1.信息与数据是不可分离的

信息是数据内在逻辑关系的体现，数据是信息的表现形式。没有数据，就不可能得到有用的信息；没有信息，数据就失去存在的意义。

2.数据和信息是相对的

同一组数据，对某个人是信息，对另一个人则可能只是数据，如同某个部门的成品是另一个部门的原料一样。例如，某商场的收款员在某一天的收款记录，对于收款员来说就是信息，但是对于销售部经理来说就只是数据。

（二）信息与数据的区别

1.信息是经过加工以后对客观世界产生影响的数据

数据经过处理后，其表现形式仍然是数据，处理数据的目的是为了便于更好地解释。只有经过解释，数据才有意义，才能成为信息。因此，信息是经过加工以后，对客观世界产生影响的数据。如机床转速表上显示的数据是 800r/min，但是这只是一个对机床运行状态进行描述的数据符号，不一定成为信息，只有当操作工人观察到转速表上的数据后，经过思考，即信息的加工处理，认为机床转速是快还是慢，从而做出是加速或减速的决定时，800r/min 这个数据才成为信息。

2.数据具有物理性而信息具有逻辑性

数据是记录下来的某种可以识别的符号，具有多种多样的表现形式，也可以加以转换，数据的格式往往与计算机系统有关，并随载荷的物理设备的形式而改变，所以数据是物理性的；对同一数据，每个信息接受者的解释可能不同，对其决策的影响也可能不同。决策者利用经过处理的数据做出决策，可能取得成功，也可能失败，关键在于对数据的解释是否正确。这是因为不同的解释往往来自不同的背景和目的，不同知识、经验的人，对于同一数据的理解，也可能得到不同信息，所以信息是逻辑性（观念性）的。

四、物流信息

物流信息是指获取表达物流活动的一般属性，包括有关知识、资料、消息、情报、数据、图形、文件、语言、声音等信息，以及信息加工与处理的技术。

（一）物流和信息流的关系

物流的实质是物资实体在空间位置和时间位置上的移动。随着物流活动的进行，不断地产生着反映物流活动的信息，包括物流信息和商流信息，如计划、价格、调运量、库存量等。此外，物流系统由于受外界环境因素的影响，如上级领导的意见、供需状况的变化、运输能力等，组织物流活动还应与系统外进行广泛的信息交换。这些内外信息的传递和交换构成了信息流。物流和信息流相辅相成，互为条件。如果我们将物流视为研究对象，那么信息流就是研究对象的伴随物。研究信息流归根结底还是为研究物流服务的。

信息流和物流是不可分离的。二者相比，物流是单向的，信息流是双向的，因为信息流有反馈。因此，只有考虑了信息流系统以后，物流系统才是一个反馈可控制的系统。如图 1-1 所示。

（二）物流信息的特点

1.信息量大

随着商品交易活动以及物流活动的展开，物流信息也大量发生。物流活动包括运输、仓

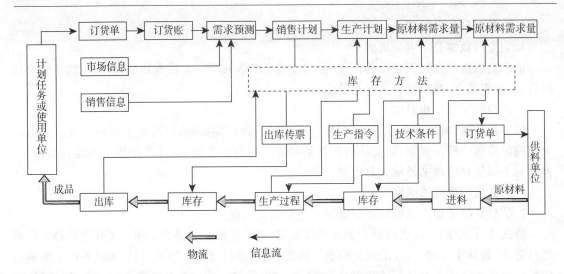

图 1-1　企业中的物流和信息流关系示意图

储、配送、流通、加工、包装、装卸、搬运等活动,每个环节的活动都不断产生大量物流信息。随着企业间合作倾向的增强和信息技术的发展,物流信息的信息量在今后将会越来越大。

2.更新快

物流信息的更新速度快。多品种少批量生产、多频度小数量配送、利用 POS 系统的即时销售使各种作业活动频繁发生,从而要求物流信息不断更新,而且更新的速度也越来越快。

3.来源多样化

物流信息不仅包括如生产信息、库存信息等企业内部的物流信息,而且也包括企业间的物流信息以及与物流活动相关的基础设施的信息。随着企业对供应链管理思想认识的加深,供应链上企业之间协调合作越来越受到企业的重视,企业之间广泛利用各种信息技术,如 EDI 技术等,进行物流信息快速、及时的传递,实现信息共享。另外,企业从事物流活动还需要利用道路、港口、机场等基础设施信息。

4.信息标准化程度要求高

标准化是指行业或专业领域各分工、各部门或各单位之间为了有效协作、实现共同目标,在质量监管、生产过程、技术平台、服务水准等诸多方面制订统一遵守的规则和标准并予以执行,完成在这些行业或专业领域协调一致的行动和有效的沟通与整合,促进整个行业或领域的发展。标准化是社会化分工的必然结果,只要有分工就必然有标准化的需求。

显然,标准化是行业发展和社会分工的前提和基础。同样,作为连接生产、库存、运输、批发、分销、零售的现代物流产业,要实现供应链上下游企业之间物流活动的协调,根治上下游企业之间物流活动中的重复操作、准确性差、可靠性低等问题,提高整个物流供应链的运作效率,削减物流资源占用和成本开支,提升上下游企业乃至供应链整体竞争能力,关键在于解决单一企业或系统的信息孤岛问题,在上下游企业之间建立起快速、及时和透明的信息传递与共享机制,实现不同企业或部门的信息互联互通,而其基础就是物流信息标准化,即必须制订出不同物流系统之间信息交流与处理的标准协议或规则,作为跨系统、跨行业和跨地区的物流运作桥梁,以顺利实现企业间、不同地区间、供应链系统间、不同物流软件系统的信息交流等,最终实现物流系统集成和资源整合的目的。

(三)物流信息的分类

在处理物流信息和建立信息系统时,对物流信息进行分类是一项基础性工作,一般来讲,物流信息有以下若干种分类。

1.按信息来源分类

(1)物流系统内部信息

物流系统内部信息是伴随企业内部物流活动而发生的信息,具体可分为运输信息、储存信息、物流加工信息、配送信息、装卸搬运信息、包装信息、订单信息等,信息在物流系统内部不断产生和流动,通过物流信息处理的准确性和传递的及时性,物流系统中的各个环节相互协调和配合,使整个物流系统得以高效、正常的运行。

(2)物流系统外部信息

物流系统外部信息是在物流活动以外发生的,提供给物流活动使用的信息,包括供货人信息、顾客信息、订货合同信息、运输资源信息、交通和地理信息、市场信息,还有来自企业的生产、财务等部门的与物流有关的信息。

2.按信息领域分类

按信息产生和作用的领域,物流信息可分成物流活动所产生的信息和提供物流使用的由其他信息源产生的信息。一般而言,在物流信息工作中,前一类是发布物流信息的主要信息源,其作用不但可以指导下一个物流循环,也可以作为经济领域的信息提供给社会。后一类信息则是信息工作收集的对象,是其他经济领域、工业领域产生的对物流活动有作用的信息,主要用于指导物流。

3.按信息载体类型分类

企业从事物流活动过程中,物流信息载体通常有单据(凭证)、台账、报表、计划、文件等类型。

(1)物流单据

物流单据发生在企业的业务操作层,一般记载物流工作实际发生的情况。根据单据的制定者不同,单据又分为企业内部的单据和企业外部的单据。由企业自身制定和开出的单据是内部单据,由企业外部制定和开出的单据则为外部单据,例如,企业为客户开出的销售发票为内部单据,而企业作为客户向供应商采购货物时,供应商为它开出的发票则是外部单据。

(2)物流台账

物流单据按照一定的要求(如时间次序、商品种类等)积累则形成物流台账。物资管理工作中的商品明细台账就是按物资类别,将某种物资的入库、出库按时间次序记载的流水账。

(3)物流报表

物流报表是按照一定的统计要求,将一定周期内的物流单据或者物流台账进行计算、汇总、排序等,形成的信息载体。其作用是通过对一定时期内生产经营的统计,检查生产经营情况,发现存在的问题,为制定相关决策提供信息。

(4)物流计划

物流计划对于企业物流管理是一种非常重要的信息,它是企业物流管理决策的具体体现。从管理职能方面来说,企业有不同计划,如需求计划、采购计划、项目预算计划、财务计划等,从时间长短看,又有短期、中期和长期计划。计划和报表的不同在于:企业的领导依靠计划向下传达企业下一个计划期生产经营的意图,用以统一指挥各部门的行动,而企业的下级则通过报表反映计划的实际执行情况。

（5）物流文件

文件一般分为内部文件和外部文件，外部文件的制定者是企业外部的单位、组织，如某机械制造企业，机械部下达的文件对它来说就是外部文件；内部文件又可分为企业级文件、企业各部门文件。文件多为非数值型数据。

在这些不同类型的物流信息中，单据（凭证）、台账、报表和文件是确定性的，是对现实的反映，而计划具有可变性，是实现过程控制和评价的指标之一。

4. 按信息的作用不同分类

（1）计划信息，指的是尚未实现的但已当作目标确认的一类信息，如物流量计划、仓库进出量计划、车皮计划、与物流活动有关的国民经济计划、工农业产品产量计划等。许多具体工作的预计、计划安排等，甚至是带有作业性质的，如协议、合同、投资等信息，只要尚未进入具体业务操作，都可归入计划信息之中，这种信息的特点是具有相对稳定性，更新速度较慢。

计划信息对物流活动有非常重要的战略意义。其原因在于，掌握了这个信息，便可对物流活动本身进行战略思考。例如，如何在这种计划前提下规划自己战略的、长远的发展等。因此，计划信息往往是战略决策或大的业务决策不可缺少的依据。

（2）控制及作业信息，是指物流活动过程中发生的信息，带有很强的动态性，是掌握物流状况不可缺少的信息。如库存种类、库存量、在运量、运输工具状况、物价、运费、投资在建情况、港口船舶到发情况等。这类信息的特点是动态性强，更新速度快、时效性强。

物流活动过程中产生的信息，都是上一阶段过程的结果信息，但并不是此项物流活动最终的信息，这种信息的主要作用是用以控制和调整正在发生的物流活动和指导即将发生的物流活动，以实现对过程的控制和对业务活动的微调。

（3）统计信息，是指物流活动结束后，对整个物流活动终结性、归纳性的信息。这种信息是一种恒定不变的信息，有很强的资料性。虽然新的统计结果不断出现，使其在总体上呈现出动态性，但是已产生的统计信息都是一个历史的结论，是恒定不变的。诸如上一年度、月度发生的物流量、物流种类、运输方式、运输工具使用量、仓储量、装卸量以及与物流有关的工农业产品产量、内外贸易量等都属于这类信息。

统计信息有很强的战略价值，它的作用是用以正确掌握过去的物流活动及规律，以指导物流战略发展和制订计划。物流统计信息也是国民经济中非常重要的一类信息。

（4）支持信息，是指能对物流计划、业务、操作具有影响的文化、科技、产品、法律、教育、民俗等方面的信息。例如，物流技术的革新、物流人才的需求等。这些信息不仅对物流战略发展具有价值，而且对控制、操作也起到指导和启发的作用，是属于从整体上提高物流水平的一类信息。

5. 按信息的加工程度不同分类

物流空间广泛，时间跨度大决定了信息发生源多，信息量大。因此，信息量过大使人难以吸纳、收集，无法从中洞察和区分有用信息和无用信息以及无法有效利用信息，这种所谓的"信息爆炸"情况严重影响信息系统的有效性。为此，需要对信息进行加工，按加工程度的不同可以将信息分成两类：

（1）原始信息，是指未加工的信息，是信息工作的基础，也是最有权威的凭证性信息。一旦有需要，可从原始信息中找到真正的依据。原始信息是加工信息可靠性的保证。

(2)加工信息,是指对原始信息进行各种方式和各个层次处理后的信息。这种信息是对原始信息的提炼、简化和综合,它可以大大缩小信息存量,并将信息整理成有使用价值的数据和资料。加工信息需要各种加工手段,如分类、汇编、汇总、精选、制档、制表、制音像资料、制文献资料、制数据库等。同时还要制成各种指导使用的资料。

6.按活动领域分类

物流各个不同的功能领域由于其活动性质的不同,信息内涵和特征也有所不同。按这些领域功能分类,有运输信息、仓储信息、装卸信息等。甚至可以更细化分成集装箱信息、托盘交换信息、库存量信息、汽车运输信息等。

按物流的不同功能领域对信息进行分类是物流管理具体化必不可少的。

7.按不同管理层次分类

根据管理层次划分的不同,物流信息可分为以下四类。

(1)战略管理信息,是指企业高层管理决策者制定企业年度经营目标、企业战略决策所需要的如企业全年经营业绩综合报表,经营者收入动向和市场动向,国家有关政策、法规等信息。

(2)战术管理信息,是指部门负责人做出关系局部和中期决策所涉及的如销售计划完成情况、单位产品的制造成本、库存费用、市场商情等信息。

(3)知识管理信息,是指知识管理部门相关人员对企业的知识进行收集、分类存储和查询,并进行知识分析得到的如专家决策知识、物流企业相关业务知识、工人的技术和经验形成的知识等信息。

(4)操作管理信息,是指产生于操作管理层,反映和控制企业的日常生产及经营工作,如每天的产品质量指标、用户订货合同、供应厂商原材料信息、商品入库和出库信息等。

这类信息通常具有量大、发生频率高、更新快等特点。

第三节　信息系统

一、信息系统的概念结构

从输入和输出关系来看,信息系统可以简单地定义为:输入是数据,经过加工处理,输出是信息的系统。根据这个定义,在人工管理中也存在手工的信息系统,如财务人员经过凭证处理,最后做出资产负债表和损益表,这就是典型的手工信息处理系统。

信息系统的一般定义主要指以计算机进行信息处理为基础的人机系统。通常,信息系统根据某项业务的需要,由多个相互有关的人工处理和计算机处理过程组成,对输入的大量数据进行加工处理,代替人工处理的繁琐、重复劳动,同时给领导决策提供及时、准确的信息,以期提高企业管理效率。

二、信息系统的组成

信息系统是对信息进行采集、加工处理、存储和传输,并能向相关人员提供有用信息的系统。对于企业来说,其生产经营过程贯穿了物流、资金流,伴随这些流动也就产生了信息流,为了处理这些信息流,需要建立信息系统。其基本组成为:信息源、信息宿、信息处理器、信息传输通道和信息管理者。其中信息管理者起主导作用，控制信息的各种处理流程。

三、信息系统的功能

信息系统通常具有以下功能：

1. 数据收集和处理功能

信息系统的首要功能是把分散在企业内外各处的数据收集并记录下来，整理成信息系统要求的格式和形式。

2. 数据存储功能

当企业的数据达到一定数量后，实际上就形成了数据仓库，信息系统承担数据的存储功能。

3. 数据传输功能

为收集和使用信息，需要信息系统通过数据通信，将数据从一个子系统传递到另一个子系统，或者从一个部门传递到另一个部门。

4. 数据加工处理功能

它包括数据查询、排序、合并、计算，以及数据挖掘、经济模型仿真、优化等。

5. 数据输出功能

它是指对加工处理后的数据及结果，根据不同需要以不同格式或形式进行输出。

6. 系统决策与管理功能

根据历史数据及模型分析，进行系统决策支持，并承担系统维护等管理功能。

四、信息系统的类型

信息系统按照不同标准可划分为不同类型。

1. 按组织发展阶段和管理与业务工作中的实际需要

信息系统可以分为：（1）面向业务运作的系统（Operation-Oriented System，OOS）；（2）面向管理决策的系统（Managerial Decision-Oriented System，MDOS）；（3）面向协作与交流的系统（Collaboration and Communication-Oriented Systems，CCOS）。

2. 按空间布局状况

信息系统可以分为：集中式系统（Centralized Information System）和分布式系统（Distributed Information System）。

3. 按信息系统面向的职能

信息系统可以分为生产、销售、财务、人事等系统。

案例分析

联想物流信息化案例分析

在中国 IT 业，联想是当之无愧的龙头企业。自 1996 年以来，联想电脑一直位居国内市场销量第一。2000 年，联想电脑整体销量达到 260 万台，销售额 284 亿元。IT 行业特点及联想的快速发展，促使联想加强与完善信息系统建设，以信息流带动物流。高效的物流系统不仅为联想带来实际效益，更成为同类企业学习效仿的典范。

高效率的供应链管理

提起联想物流的整体架构，联想集团高级副总裁乔松借助联想供应链管理（SCM）系统框图,向我们做了详细介绍。联想的客户,包括代理商、分销商、专卖店、大客户及散户,通过电子商务网站下订单,联想将订单交由综合计划系统处理。该系统首先把整机拆散成零件,计算出完成此订单所需的零件总数,然后再到企业资源计划(ERP)系统中去查找数据,看使用库存零件能否生产出客户需要的产品。如果能,综合计划系统就向制造系统下单生产,并把交货日期反馈给客户;如果找不到生产所需要的全部原材料,综合计划系统就会生成采购订单,通过采购协同网站向联想的供应商要货。采购协同网站根据供应商反馈回来的送货时间,算出交货时间(可能会比希望交货时间有所延长),并将该时间通过综合计划系统反馈到电子商务网站。供应商按订单备好货后直接将货送到工厂,此前综合计划系统会向工厂发出通知,哪个供应商将在什么时间送来什么货。工厂接货后,按排单生产出产品,再交由运输供应商完成运输配送任务。运输供应商也有网站与联想的电子商务网站连通,给哪个客户发了什么货、装在哪辆车上、何时出发、何时送达等信息,客户都可以在电子商务网站上查到。客户接到货后,这笔订单业务才算完成。从上述介绍中可以了解到,在原材料采购生产制造、产品配送的整个物流过程中,信息流贯穿始终,带动物流运作,物流系统构建在信息系统之上,物流的每个环节都在信息系统的掌控之下。信息流与物流紧密结合是联想物流系统的最大特点,也是物流系统高效运作的前提条件。

经过多年努力,联想企业信息化建设不断趋于完善,目前已用信息技术手段实现了全面企业管理。联想率先实现了办公自动化,之后成功实施了 ERP 系统,使整个公司所有不同地点的产、供、销的财务信息在同一个数据平台上统一和集成。2000 年 5 月,联想开始实施 SCM 系统,并与 ERP 系统进行集成。从企业信息化系统结构图中可以看出,基础网络设施将联想所有的办事处,包括海外的发货仓库、配送中心等,都连接在一起,物流系统就构建在这一网络之上。与物流相关的是 ERP 与 SCM 这两部分,而 ERP 与 SCM 系统又与后端的研发系统(PLM)和前端的客户关系管理系统(CRM)连通。例如,研发的每种产品都会生成物料需求清单,物料需求清单是 SCM 与 CRM 系统运行的前提之一。客户订单来了,ERP 系统根据物料需求清单进行拆分备货,SCM 系统同时将信息传递给 CRM 系统,告诉它哪个用户何时订了什么货、数量多少、按什么折扣交货、交货是早了还是晚了等。系统集成运作的核心是,用科学的手段把企业内部各方面资源和流程集中起来,让其发挥出最高效率。这是联想信息化建设的成功之处。

信息流带动下的物流系统

借助联想的 ERP 系统与高效率的供应链管理系统,利用自动化仓储设备、柔性自动化生产线等设施,联想在采购、生产、成品配送等环节实现了物流与信息流实时互动与无缝对接。联想集团北京生产厂自动化立体库电脑零部件自动入库系统,供应商按联想综合计划系统提出的要货计划备好货后,送到联想生产厂自动化立体库,立体库自动收货、入库、上架。

联想集团北京生产厂生产线管理控制室的控制系统对联想电脑生产线的流程进行控制,并根据生产情况及时向供货商或生产厂的自动化立体库发布物料需求计划。

联想集团北京生产厂自动化立体库物料出货区,自动化立体库控制系统与联想电脑生产线系统集成并共享信息,当自动化立体库接收到生产计划要货指令后,即发布出货分拣作业指令,立体库按照要求进行分拣出货作业。

联想电脑生产流水线,电脑零部件

按照物料需求计划从立体库或储存区供应给生产线,生产线按排产计划运转。生产线装配工人正在组装电脑，并根据组装的情况，监测、控制上方电脑显示屏的"拉动看板"，及时将组装信息及物料需求信息反馈到企业生产控制系统中。上述流程说明，联想集团通过高效率的信息管理系统与自动化的仓储设施，实现了在信息流带动下的高效率的物流作业。

快速反应与柔性生产

过去，企业先要做计划，再按计划生产，这是典型的推动型生产模式。现在，按订单生产的拉动型模式已为许多企业所采用。联想所有代理商的订单都是通过网络传递到联想的。只有接到订单后，联想才会上线生产，在 2 至 3 天内生产出产品，交给代理商。与其他企业不同的是，联想在向拉动型模式转化的过程中，并没有 100% 采用拉动型，而是对之加以改造，形成"快速反应库存模式"下的拉动型生产：

通过常年对市场的观察，联想清楚地知道每种每一型号产品自己的出货量，据此，联想对最好卖的产品留出 1 至 2 天的库存，谓之常备库存。如果订单正好指向常备库存产品，就无须让用户等一个生产周期，可以直接交货，大大缩短了交货日期；如果常备库存与客户所订货不吻合，再安排上线生产。在每天生产任务结束时，计算第二天产量，都要先将常备库存补齐。

联想的快速反应库存模式成功与否，关键在于库存预测是否准确。联想的经营意识非常贴近客户、贴近市场，通过常年的经验积累，摸索出一套行之有效的预测方法，使联想的预测与实际需求往往非常接近；而且每当出现偏差，联想都及时进行经验总结，避免同样的问题重复出现。

目前，联想已经实现了从大规模生产千篇一律的标准化产品向生产客户定制产品的转变。在柔性化生产线上，产品配置可以随用户需要进行调整，CPU、硬盘、内存、软件系统等都可以按客户定制配装。2000 年投入使用的位于北京上地信息产业基地的新厂，有一半生产线是按照柔性生产设计的。联想的 Cell 生产模式，无论在生产效率还是在产品质量上，都已经超过了传统流水线制造模式。

协同工作，实现共赢

在供应链中，各个供应商就像安装在大链条上运作的每个小齿轮，只要其中一个齿轮脱节，就会影响整个供应链的工作效率。一条富于竞争力的供应链要求组成供应链的各个成员都具有较强的竞争力。基于此管理思想，联想致力于与供应商协同工作，达到双赢。

联想参照国际企业的做法对供应商提要求，并使之不断系统化、科学化。一般联想每周或每两周为供应商提供未来 12 至 16 周的滚动要货计划，协助供应商按此计划备货。联想已从过去只关心自己的库存、材料和成品的自我控制，转向现在的供应链控制、协同工作，关心上下游，如代理商的库存与销售情况、供应商的库存变化等，并通过信息技术手段得到详尽的数据，这使联想能够敏感地掌握上下游的变化，提前准确地预测到市场的波动。

众所周知，电子产品的价格下降速度非常快，一个月前采购的价格与一周前的价格有很大差别。如何使供应商的供货及时而价格合理呢？联想采用严格的供应商考评法，除了产品质量、价格、交货弹性等指标外，供应商对技术趋势、产品趋势和价格变化是否能够及时、准确地通报给联想，也是极其重要的考评项目。联想定期给供应商打分，该得分轻则决定其供货比例，重则影响到供应商的"死活"。但是，联想对产品价格下降是否正常有自己的分析。联想追求的是系统最优，即成本与风险平衡。联想从系统最优的角度控制采购，不会因为图一时之便宜而导致供不上货。联想认为，市场占有率与产品销售带来的利润价值远远大于在原材料供应上的节省。

目前,联想采购物流主要有三种供货方式:

1. JIT 方式:联想不设库存,要求供应商在联想生产厂附近(一般距离厂区20分钟车程)设立备货仓库(国外叫 hub),联想发订单,供应商当天就能送货上门。

2. 联想自己负责进货:例如,原材料供货到联想设在香港的仓库,联想再负责报关、运送到生产厂,随着优惠政策的减少,这种方式所占比例越来越小。

3. 通过第三方物流:供应商委托专业物流公司运货到联想。

今后,第一、三这两种方式会越来越常见,物流外包已是大势所趋。

追求客户满意度

现代企业已从追求销量转为追求客户满意度。只有最大限度地满足客户需求,企业才会获得长足发展。联想电脑的销售系统正是在这一指导思想下运作的。销售一直是联想的强项,这与联想渠道建设的成功密不可分。随着业务在全国范围不断扩展,联想的销售网也越"织"越密。目前,联想除北京总部外,在国内设有深圳、上海、广东惠阳分部,在武汉、成都、西安、沈阳设有外埠平台,在国外设有欧洲、美洲、亚太等海外平台。分布在全国各地的3000个销售点、500多个维修站,是联想业务发展的基础。

销售商总是希望尽量缩短订货周期,恨不能一下单厂商马上送货上门。为了及时准确地向所有网点供货,联想倾心研究最适合本公司特点的配送体系。联想在北京、上海、广东惠阳建设了大型生产基地,使其分别覆盖国内北、中、南三大区域市场。每家生产厂同时也是辐射周边省份的配送中心,另外在距离工厂远且销量大的中心城市如南京、西安等地再建配送中心,使配送能力布局更为合理。联想生产出的产品先集中运到各配送中心,再从配送中心向附近的县市分发。

联想并没有自己的物流公司,大量的运输配送业务交给社会第三方来完成。公司成立运输部,专门负责对运输公司进行筛选、考核、管理。经过多年发展,联想拥有了自己的配送系统,并使之成本最低、效率最高,满足了向星罗棋布在全国几千个销售网点快速供货的需求。2001 年,联想又率先在国内实施 CRM 系统,并以 CRM 为核心梳理市场系统的业务流程。借助 CRM 系统,联想对客户信息进行积累和分析,了解客户的全面需求和使用习惯,实现了客户信息的实时共享,从而更有效地为客户创造价值,提高客户满意度。

新世纪的新联想

2000 年 9 月,联想集团总裁杨元庆率领公司十几位副总裁赴美,对近 20 家国际著名 IT企业进行了考察。这次考察后,杨元庆提出了"新联想"的构想,决心使联想在 10 年内成为全球领先的高科技公司,进入全球 500 强。为实现这一宏伟目标,联想集团进行了战略规划和结构重组。其中,实施 SCM 和 CRM 系统是联想为改善管理所采取的重要措施之一。

目前,新联想最具优势和战斗力的就是拥有一个被其他企业羡慕不已的管理平台。这个平台已引入了客户关系管理系统、产品技术管理系统、供应链管理系统,使联想在物流、资金流、信息流和关系网络各方面的控制管理能力几近完美。

谈到联想实施企业管理信息系统的体会时,乔松感触颇深。联想的初衷是改善管理,以满足业务规模扩大的需要。事实上,联想更大的收获是,在不经意间建设了企业的核心竞争力,使企业越发展越好。

以下一组数据有力地证明了乔松的感观:ERP 系统实施后,联想平均交货时间降到 5.7天,存货周转天数从 35 天降为 19.2 天,应收账从 23 天减为 15 天,订单人均处理量从 13 个增加到 314 个；此外，供货满意率、交货准确率等新的评价指标也得到优化。总之，联想的物流效率提高了，物流成本下降了，市场竞争力增强了，客户满意度有了明显提高。2001 财年联想的目标是，实现销售收入 260 亿元，电脑销量 400 万台，到 2003 财年，整个集团营业额将达到 600 亿元。新联想的未来是美好的。信息系统的实施，为联想的再次腾飞插上了翅膀。

——资料来源：泛联供应链，http://news.interscm.com/world/200902/03-52170_3.html

本章小结

本章作为物流信息系统的开篇章节，介绍了物流与信息的概念与相互关系，给出了信息和物流信息的定义及其内涵，并对物流信息系统进行了概念界定并分析了物流信息系统的功能与组成等。

关键概念

物流　信息　数据　物流信息　物流信息系统

复习思考题

1. 信息在现代物流中扮演着什么样的角色？
2. 如何认知信息与物流的相互关系？
3. 物流信息系统包括哪些构成？

第二章　物流管理信息系统概述

👉　　　　　　　　　　　　　　引　例

　　20 世纪 50 年代末,当第一颗人造卫星上天的时候,全世界商业对现代通信技术还无人问津。而 70 年代沃尔玛就率先使用了卫星通信系统,新世纪开始,沃尔玛又投资上亿美元开始实施"互联网统一标准平台"的建设。凭借先发优势、科技实力,沃尔玛的店铺冲出阿肯色州,遍及美国,走向世界。由此可见,与其说它是零售企业,不如说它是物流企业。

　　沃尔玛领先于竞争对手,先行对零售信息系统进行了非常积极的投资:最早使用计算机跟踪存货(1969 年),全面实现单品级库存控制(1974 年),最早使用条形码(1980 年),最早使用品类管理(Category Management,CM)软件(1984 年),最早采用电子数据交换(Electronic Data Interchange,EDI)(1985 年),最早使用无线扫描枪(1988 年),最早与宝洁公司(Procter&Gamble)等大供应商实现 VMI－ECR(供应商管理库存,Vendor Managed Inventory,VMI;有效客户响应,Efficient Consumer Response,ECR)产销合作(1989 年)。

　　在信息技术的支持下,沃尔玛能够以最低的成本、最优质的服务、最快速的管理反应进行全球运作。尽管信息技术并不是沃尔玛取得成功的充分条件,但它却是沃尔玛成功的必要条件。这些投资都使得沃尔玛可以显著降低成本,大幅提高资本生产率和劳动生产率。

　　——资料来源:沃尔玛信息技术下的"生产商店,经营物流",物流天下,http://www.56885.net/news/2012816/332068.html

第一节　物流管理信息系统

一、物流管理信息系统的总体特征

　　物流管理信息系统(Logistics Information System,LIS)是由人员、计算机硬件、软件、网络通信设备及其他办公设备组成的人机交互系统,其主要功能是进行物流信息的收集、存储、传输、加工整理、维护和输出,为物流管理者及其他组织管理人员提供战略、战术及运作决策的支持,以达到组织的战略竞优,提高物流运作的效率与效益。

　　物流管理系统包括运输系统、储存保管系统、装卸搬运系统、流通加工系统、物流信息系统等方面,其中物流信息系统是高层次的活动,是物流系统中最重要的方面之一,涉及运作体制、标准化、电子化及自动化等方面的问题。由于现代计算机及网络的广泛应用,物流信息系统的发展有了一个坚实的基础,计算机技术、网络技术及相关的关系型数据库、条码技术、EDI 等技术的应用使得物流活动中的人工、重复劳动及错误发生率减少,效率增加,信息流转加速,使物流管理发生了巨大变化。

在企业的整个生产经营活动中,物流管理信息系统与各种物流作业活动密切相关,具有有效管理物流作业系统的职能。它有两个主要作用:一是随时把握商品流动所带来的商品量的变化,二是提高各种有关物流业务的作业效率。

二、物流管理信息系统产生的背景

随着物流供应链管理的不断发展,各种物流信息的复杂化,各企业迫切要求物流信息化,而计算机网络技术的盛行又给物流信息化提供了技术上的支持。因此,物流信息系统就在企业中扎下了根,并且为企业带来了更高的效率。

企业是基于以下背景才大力开发物流信息系统的。

1. 市场竞争加剧

在当今世界中,基本上都是买方市场,由消费者来选择购买哪个企业生产的产品,他们有完全的决策自由。而市场上生产同一产品的企业多如牛毛,企业要想在竞争中胜出,就必须不断地推陈出新,以较低的成本迅速满足消费者时刻变化着的消费需求,而这都需要快速反应的物流系统。要快速反应,信息反馈必须及时,这必然要求企业建立自己的物流信息系统。

2. 供应链管理的发展

现代企业间的竞争在很大程度上表现为供应链之间的竞争,而在整个供应链中,环节较多,信息相对来说就比较复杂,企业之间沟通起来就困难得多。各环节要想自由沟通,达到信息共享,建立供应链物流信息系统就势在必行。

3. 社会信息化

电子计算机技术的迅速发展,网络的广泛延伸,使整个社会进入了信息时代。在这个信息时代,只有融入信息社会,企业才可能有较大的发展。更何况,信息技术的发展已经为信息系统的开发打下了坚实的基础。企业作为社会的一员,物流作为一种社会服务性行业,必然要建立属于物流业自己的信息系统。

三、物流管理信息系统的分类

物流管理信息系统可以按照管理决策层次的不同、系统应用的对象不同、采用技术的不同分为几类。具体分类方法为:

1. 按管理决策的层次分类

物流管理信息系统可分为物流作业管理系统、物流协调控制系统、物流决策支持系统。

2. 按系统的应用对象分类

物流管理信息系统可分为面向制造企业的物流管理信息系统,面向零售商、中间商、供应商的物流管理信息系统,面向物流企业的物流管理信息系统(3PLMIS)。

3. 按系统采用的技术分类

物流管理信息系统可分为单机系统,内部网络系统,与合作伙伴、客户互联的系统。

第二节　物流信息系统的功能

物流信息系统是物流系统的神经中枢,它作为整个物流系统的指挥和控制系统,可以分为多种子系统或者多种基本功能。通常,可以将其基本功能归纳为以下几个方面:

一、数据的收集和输入

物流数据的收集首先是将数据通过收集子系统从系统内部或者外部收集到预处理系统中,并整理成系统要求的格式和形式,然后再通过输入子系统输入到物流信息系统中。这一过程是其他功能发挥作用的前提和基础,如果一开始收集和输入的信息不完全或不正确,在接下来的过程中得到的结果就可能使实际情况完全相左,这将会导致严重的后果。因此,在衡量一个信息系统性能时,应注意它收集数据的完善性、准确性,以及校验能力和预防、抵抗破坏的能力等。

二、信息的存储

物流数据经过收集和输入阶段后,在其得到处理之前,必须在系统中存储下来。即使在处理之后,若信息还有利用价值,也要将其保存下来供以后使用。物流信息系统的存储功能就是要保证已得到的物流信息不丢失、不走样、不外泄、整理得当、随时可用。无论哪一种物流信息系统,在涉及信息的存储问题时,都要考虑到存储量、信息格式、存储方式、使用方式、存储时间、安全保密等问题。如果这些问题没有得到妥善的解决,信息系统是不可能投入使用的。

三、信息的传输

物流信息在物流系统中,一定要准确、及时地传输到各个职能环节,否则信息就会失去其价值。这就需要物流信息系统具有克服空间障碍的功能。物流信息系统在实际运行前,必须充分考虑所要传递的信息种类、数量、频率、可靠性要求等因素。只有这些因素符合物流系统的实际需要时,物流信息系统才是有实际使用价值的。

四、信息的处理

物流信息系统的最根本目的就是要将输入的数据加工处理成物流系统所需要的物流信息。数据和信息是有所不同的,数据是得到信息的基础,其往往不能直接利用,而信息是从数据加工得到,它可以直接利用。只有得到了具有实际使用价值的物流信息,物流信息系统的功能才算发挥。

五、信息的输出

信息的输出是物流信息系统的最后一项功能,也只有在实现了这个功能后,物流信息系统的任务才算完成。信息的输出必须采用便于人或计算机理解的形式,在输出形式上力求易读易懂,直观醒目。

这五项功能是物流信息系统的基本功能,缺一不可。而且,只有五个功能都没有出错,最后得到的物流信息才具有实际使用价值,否则会造成严重的后果。

第三节　几种典型的物流管理信息系统

物流信息系统根据不同企业的需要可以有不同层次、不同程度的应用和不同子系统的划分。例如,有的企业由于规模小、业务少,可能使用的仅仅是单机系统或单功能系统,而另一些企业可能就使用功能强大的多功能系统。一般来说,一个完整、典型的物流信息系统可由作业信息处理系统、控制信息处理系统、决策支持系统三个子系统组成:

一、作业信息处理系统

作业信息处理系统一般有电子自动订货系统(EOS)、销售时点信息系统(POS)、智能运输系统(ITS)等类型。

电子自动订货系统是指企业利用通信网络(VAN 或互联网)和终端设备,以在线连接方式进行订货作业和订单信息交换的系统。电子订货系统按应用范围可分为企业内的 EOS(如连锁经营企业各连锁分店与总部之间建立的 EOS);零售商与批发商之间的 EOS 以及零售商、批发商与生产商之间的 EOS 等。及时准确地处理订单是 EOS 的重要功能。其中的订单处理子系统为企业与客户之间接受、传递、处理订单服务。订单处理子系统是面向整个订货周期的系统,即企业从发出订单到收到货物的期间。在这一期间内,要相继完成四项重要活动:订单传递、订单处理、订货准备、订货运输。其中实物流动由前向后,信息流动由后向前。订货周期中的任何一个环节缩短了时间,都可以为其他环节争取时间或者缩短订货周期,从而保证了客户服务水平的提高。因为从客户的角度来看,评价企业对客户需求的反应灵敏程度,是通过分析企业的订货周期的长短和稳定性来实现的。

销售时点信息系统(POS)是指通过自动读取设备在销售商品时直接读取商品销售信息,如商品名、单价、销售数量、销售时间、购买顾客等,并通过通信网络和计算机系统传送至有关部门进行商品库存的数量分析、指定货位和调整库存以提高经营效率的系统。

智能运输系统(ITS)是典型的发货和配送系统,它将信息技术贯穿于发货和配送的全过程,能够快捷准确地将货物运达目的地。

二、控制信息处理系统

控制信息处理系统主要包括库存管理系统和配送管理系统。

库存管理系统负责利用收集到的物流信息,制订出最优库存方式、库存量、库存品种以及安全防范措施等。

配送系统则将商品按配送方向、配送要求分类,制订科学、合理、经济的运输工具调配计划和配送路线计划等。

三、决策支持系统

物流决策支持系统(LDSS)是为管理层服务的信息系统资源,是给决策过程提供所需要的信息、数据支持、方案选择支持。一般应用于非常规、非结构化问题的决策。但是决策支持系统只是一套计算机化的工具,可以帮助管理者更好地决策,但不能代替管理者决策。

案例分析

现代物流信息技术构筑 UPS 核心竞争力

成立于 1907 年的美国联合包裹公司(United Parcel Service,UPS)是世界上最大的配送公司。2000 年,联合包裹公司年收入接近 300 亿美元,其中包裹和单证流量大约 35 亿件,平均每天向遍布全球的顾客递送 1320 万件包裹。公司向制造商、批发商、零售商、服务公司以及个人提供各种范围的陆路和空运的包裹和单证的递送服务,以及大量的增值服务。

表面上联合包裹公司的核心竞争优势来源于其由 15.25 万辆卡车和 560 架飞机组成的运输队伍,而实际上联合包裹公司今天的成功并非仅仅如此。

20 世纪 80 年代初,联合包裹公司以其大型的棕色卡车车队和及时的递送服务,控制了美国路面和陆路的包裹速递市场。然而,到了 80 年代后期,随着竞争对手利用不同的定价策略以及跟踪和开单的创新技术对联合包裹的市场进行蚕食,联合包裹的收入开始下滑。许多大型托运人希望通过单一服务来源提供全程的配送服务,顾客们希望通过掌握更多的物流信息,以利于自身控制成本和提高效率。随着竞争的白热化,这种服务需求变得越来越迫切。正是基于这种服务需求,联合包裹公司从 90 年代初开始了致力于物流信息技术的广泛利用和不断升级。今天,提供全面物流信息服务已经成为包裹速递业务中的一个至关重要的核心竞争要素。

联合包裹公司通过应用三项以物流信息技术为基础的服务提高了竞争能力:

第一,条形码和扫描仪使联合包裹公司能够有选择地每周七天、每天二十四小时地跟踪和报告装运状况,顾客只需拨个免费电话号码,即可获得"地面跟踪"和航空递送这样的增值服务。

第二,联合包裹公司的递送驾驶员现在携带着以数控技术为基础的笔记本电脑到排好顺序的线路上收集递送信息。这种笔记本电脑使驾驶员能够用数字记录装运接受者的签字,以提供收货核实。通过电脑协调驾驶员信息,减少了差错,加快了递送速度。

第三,联合包裹公司最先进的信息技术应用,是创建于 1993 年的一个全美无线通信网络。该网络使用了 55 个蜂窝状载波电话。蜂窝状载波电话技术使驾驶员能够把适时跟踪的信息从卡车上传送到联合包裹公司的中央电脑。无线移动技术和系统能够提供电子数据储存,并能恢复跟踪公司在全球范围内的数百万笔递送业务。通过安装卫星地面站和扩大系统,到 1997 年实时包裹跟踪成了现实。

以联合包裹为代表的企业所应用和推广的物流信息技术是现代物流的核心,是物流现代化的标志。尤其是飞速发展的计算机网络技术的应用使物流信息技术达到新的水平,物流信息技术也是物流技术中发展最快的领域,从数据采集的条形码系统,到办公自动化系统中的微机、互联网,各种终端设备等硬件以及计算机软件等都在日新月异地发展。同时,随着物流信息技术的不断发展,产生了一系列新的物流理念和新的物流经营方式,推进了物流的变革。今天来看,物流信息技术主要由通信、软件、面向行业的业务管理系统三大部分组成。包括基于各种通信方式基础上的移动通信手段、全球卫星定位(GPS)技术、地理信息(GIS)技术、计算机网络技术、自动化仓库管理技术、智能标签技术、条形码及射频技术、信息交换技术等现代尖端科技。在这些尖端技术的支撑下,形成了以移动通信、资源管理、监控调度管理、自动化仓储管理、业务管理、客户服务管理、财务处理等多种信息技术集成的一体化现代物流管理体系。譬如，运用卫星定位技术，用户可以随时"看到"自己的货物状态，包括运输货物车辆所处的位置（某座城市的某条道路上）、货物名称、数量、重量等，从而，不仅大大提高了监控的"透明度"，降低了货物的空载率，做到资源的最佳配置；而且有利于顾客通过掌握更多的物流信息，以控制成本和提高效率。

联合包裹公司通过在三方面推广物流信息技术发挥了核心竞争优势：

在信息技术上，联合包裹已经配备了第三代速递资料收集器 III 型 DIAD，这是业界最先进的手提式计算机，可几乎同时收集和传输实时包裹传递信息，也可让客户及时了解包裹的传送现状。这台 DIAD 配置了一个内部无线装置，可在所有传递信息输入后立即向联合包裹数据中心发送信息。司机只需扫描包裹上的条形码，获得收件人的签字，输入收件人的姓名，并按动一个键，就可同时完成交易并送出数据。III 型 DIAD 的内部无线装置还在送货车司机和发货人之间建立了双向文本通信。专门负责某个办公大楼或商业中心的司机可缩短约 30 分钟的上门收货时间。每当接收到一个信息，DIAD 角上的指示灯就会闪动，提醒司机注意。这对消费者来说，不仅意味着所寄送的物品能很快发送，还可随时"跟踪"到包裹的行踪。通过这一过程，速递业真正实现了从点到点、户对户的单一速递模式，除了为客户提供传统速递服务外，还包括库房、运输及售后服务等全方位物流服务的发展，从而大大地拓展了传统物流概念。

在信息系统上，联合包裹将应用在美国国内运输货物的物流信息系统，扩展到所有国际运输货物上。这些物流信息系统包括署名追踪系统及比率运算系统等，其解决方案包括：自动仓库、指纹扫描、光拣技术、产品跟踪和决策软件工具等。这些解决方案从商品原起点流向市场或者最终消费者的供应链上帮助客户改进了业绩，真正实现了双赢。

在信息管理上，最典型的应用是联合包裹在美国国家半导体公司（National Semiconductor）位于新加坡仓库的物流信息管理系统，该系统有效地减少了仓储量及节省货品运送时间。今天我们可以看到，在联合包裹物流管理体系中的美国国家半导体公司新加坡仓库，一位管理员像挥动树枝一样将一台扫描仪扫过一箱新制造的电脑芯片。随着这个简单的举动，他启动了高效和自动化、几乎像魔术般的送货程序。这座巨大仓库是由联合包裹的运输奇才们设计建造的。联合包裹的物流信息管理系统将这箱芯片发往码头，而后送上卡车和飞机，接着又是卡车，在短短的 12 小时内，这些芯片就会送到国家半导体公司的客户——远在万里之外的硅谷的个人电脑制造商手中。在整个途中，芯片中嵌入的电子标签将让客户可以实时进行订货跟踪。

由此可见，物流信息技术通过切入物流企业的业务流程来实现对物流企业各生产要素（车、仓、驾等）进行合理组合与高效利用，降低了经营成本，产生了明显的经营效益。它有效地把各种零散数据变为商业智慧，赋予了物流企业新型的生产要素——信息，大大提高了物流企业的业务预测和管理能力，通过"点、线、面"的立体式综合管理，实现了物流企业内部一体化和外部供应链的统一管理，有效地帮助物流企业提高了服务质量，提升了物流企业的整体效益。具体地说，它有效地为物流企业解决了单点管理和网络化业务之间的矛盾、成本和客户服务质量之间的矛盾、有限的静态资源和动态市场之间的矛盾、现在和未来预测之间的矛盾等。

以现代物流信息技术为核心竞争力的联合包裹已经在我国北京、上海、广州开办了代表处。1996 年 6 月，联合包裹与中方合作伙伴中国外运集团共同在北京成立其在中国的第一家合资企业。目前该公司在中国有 130 多名员工，有 60 多辆带有 UPS 的车辆奔驰在国内的大街小巷,业务范围覆盖了 190 多个城市。2001 年 1 月,联合包裹公司的飞机被允许直飞中国,自从其首班飞机飞抵上海后,目前联合包裹在北京、上海、深圳都建立了自己的航空基地,每星期有 10 个货运航班飞往中国。现在联合包裹中国区员工已从以前的 200 人增加到目前的 530 人,预计在未来的 6 到 12 个月还将再增一倍。就此,世界物流业巨头联合包裹公司参与到中国快递行业正方兴未艾的激烈竞争中来。

——资料来源:搜狐财经,http://business.sohu.com/20051125/n240804471.shtml

本章小结

本章对于物流管理信息系统的特点、功能、结构等做了详细的阐述,分析了物流管理信息系统的组成要素及功能要求,并从作业信息处理系统、控制信息处理系统、决策支持系统等三个方面分别进行了讲解。

关键概念

物流管理信息系统　作业信息处理系统　控制信息处理系统　决策支持系统

复习思考题

1. 物流管理信息系统的构成有哪些?
2. 现代物流管理信息系统应实现哪些功能?
3. 物流管理信息系统各子系统如何分工及各自功能。

第三章 物流管理信息系统的应用技术和技术基础

　　中华人民共和国国家标准《物流术语》中规定,物流技术是物流活动中所采用的自然科学与社会科学方面的理论、方法、技能、作业程序,以及工具、设备、设施、装置等物质手段的总称。在物流技术领域,物流信息技术是发展最快的技术,推进了物流的变革。物流信息技术包括物流管理信息系统的应用技术和物流管理信息系统支持技术。物流管理信息系统的应用技术主要指的是落实物流信息化的应用技术和设备,物流管理信息系统支持技术主要研究的是支持物流信息化发展应用的理论、方法、技能和作业程序。

第一节 物流管理信息系统的应用技术

　　物流管理信息系统的应用技术,主要包括实现物流信息自动识别、自动采集、自动存取和分拣的技术,以及技术应用所需的相关物流设备。

一、物流设备概论

　　物流设备是指进行各项物流活动所需的成套建筑和器具等可供长期使用,并在使用中基本保持原有实物形态的物质资料。物流机械设备是物流劳动的工具,是物流系统的物质技术基础,是物流技术水平高低的主要标志,是物流技术的具体载体和实现工具。

(一)物流设备的类型

物流设备门类繁多,型号规格多,品种复杂,可以根据不同的分类标准分成不同的类别。国内外存在着不同的物流设备的分类体系。

1. 根据设备的可移动性划分

根据设备的可移动性,物流设备可以分为固定设备和移动设备。固定设备是指有固定装置连接到固定的框架上,物流作业过程中设备整体不发生位移的设备。此类设备一般输送量大、效率高。例如,铁路、公路、车站、港口、仓库、固定式输送机等;移动设备是指没有固定装置连接到固定的框架上,随着物流作业环境可以转移的设备。此类设备机动性强,利用率高。例如,火车、汽车、轮船、飞机、叉车、轮胎起重机等。

2. 根据设备的作业功能划分

根据设备的作业功能,物流设备可以分为运输设备、装卸搬运设备、仓储保管设备、流通加工设备、包装设备、集装单元化设备、信息处理设备等。

运输设备主要负责较长距离货物的输送。根据运输方式不同,运输设备可分为铁路运输设备、公路运输设备、水运设备、空运设备和管道设备等。

装卸搬运设备主要负责货物的搬移、升降、装卸和短距离输送,使储运等物流各环节紧密联系。根据作业方式的不同,装卸运输设备又可以分为起重设备(例如,桥式起重机、门座起重机、流动式起重机等)、连续运输设备(例如,带式输送机、斗式提升机、螺旋输送机、气力输送家等)、装卸搬运车辆(例如,牵引车、搬运车、叉车、自动导引搬运车等)、专用装卸搬运设备(例如,岸边集装箱装卸桥、跨运车等)等。

仓储保管设备主要负责在仓库内,进行生产和辅助生产作业,保证仓库及作业安全。仓储保管设备是仓库进行保管维护、搬运装卸、计量检验、安全消防和输电、用电等各项作业的劳动手段,它主要包括储存设备(例如,货架、托盘等)、计量设备(例如,地重衡、电子秤流量计、检尺器、自动计数器等)、装卸堆垛设备(例如,堆垛起重机、堆垛机器人等)、分拣设备(例如,电子标签系统、分类机、自动分拣机等)、通风设备(例如,通风机、空气调整系统等)、温湿度控制设备(例如,温度控制器、湿度控制器、光电自动控制设备等)、养护设备(例如,密封设备、空气压缩机、除锈用的摩擦轮等)和消防设备(例如,灭火剂和消防器材、排水系统、防盗系统等)等。

流通加工设备主要负责弥补生产过程加工程度的不足、更有效地满足用户多样化的需要、更好衔接产需、促进销售而进行的加工作业。流通加工设备主要包括包装设备、分割设备、计量设备、分拣设备、组装设备、价格贴附设备、标签贴附设备、商品检验设备等。按照加工对象划分,可以将其分为金属加工设备、混凝土搅拌设备、木材加工设备、冷冻加工设备、其他流通加工设备等。

包装设备主要负责完成部分或者全部包装过程,在流通过程中起到保护产品、方便储存、促进销售等作用。包装过程包括主要包装工序(充填、灌装、裹包、封口等工序)和相关的辅助工序(例如,清洗、干燥、杀菌、堆码、捆扎、拆卸、打印、贴标、计量等工序)。包装设备主要包括充填设备、罐装设备、裹包设备、封口设备、清洗设备、干燥设备、杀菌设备、堆码设备、捆扎设备、集装与拆卸设备、打印与贴标设备、计量设备、多功能包装设备、包装生产线等。

集装单元化设备主要负责用集装单元化的形式进行储存、运输、装卸搬运、配送等物流作业。集装单元化设备易于使货物外形定型,实现物流作业机械化、标准化,利于加速货物周转和保护物流质量安全。集装单元化设备主要包括集装箱、托盘、滑板、集装袋、集装网、货捆和其他集装单元器具。

信息处理设备主要用于物流信息的采集、识别、存取、传输和处理等作业过程。信息处理设备主要包括条码技术应用设备、射频技术应用设备、自动化仓库管理设备、智能标签、自动分拣设备等。

3.根据设备服务范围划分

根据设备服务范围,可分为企业物流设备和社会物流设备。企业物流设备是为方便企业生产、供应和销售过程而购置的固定资产资源,例如,企业自有的运输车辆、装卸搬运设备、包装设备、自有仓库等;社会物流设备是为社会物流提供服务的资源,一般属于公用设备,例如,运输线路、车站、港口、桥隧、涵洞等。

(二)我国物流设备的发展现状

我国从 20 世纪 70 年代以来,物流设备有较快发展,各种物流运输设备数量迅速增长,技术性能日趋现代化,集装箱单元化运输得到了快速发展等。

我国国内主要铁路干线可以分为东西干线和南北干线。东西干线八条,南北干线八条,也称"八纵八横"。国务院还批准了《中长期铁路网规划》,部署规划建设的"四横四纵"高速铁路客运网建设掀起了新的高潮。2005 年 1 月 13 日中华人民共和国交通部公布"国家高速公路网规划"采用放射线与纵横网格相结合的布局方案,形成由中心城市向外放射以及横连东西、纵贯南北的大通道,由 7 条首都放射线、9 条南北纵向线和 18 条东西横向线组成,简称为"7918 网"。2005 年全国销售机动工业车辆 75733 辆,托盘总产量为 25090000 个,年产值达到 31.07 亿元,全国货架行业总产量达到 180000 吨。载货汽车的专业化程度较高,现有重型载货汽车、中型载货汽车、轻型载货汽车、微型载货汽车、冷藏和保温汽车等。现代物流信息技术是"十一五"期间我国研究开发的重点,物流设备自动化水平和信息化程度得到了一定的提高,更多的企业使用条码技术,POS 系统、EDI、GPS 导航与跟踪系统等先进信息技术设备。医药、烟草、图书等行业纷纷建设物流配送中心,配置了自动分拣设备。1976 年,我国起重机械研究所研制出第一台自动导向车(AGV)。2009 年,全国自动化立体仓库保有量超过 2000 座。除此之外,专业化的新型物流设备和新技术设备不断涌现,并在物流各个环节得到了一定的应用。

(三)我国物流设备发展趋势

随着用户需求的不断变化,对物流设备提出了更高的要求,为了适应现代物流的发展,我国物流设备越来越朝着机械化、自动化、智能化、大型化、高速化、信息化、多样化、实用化、标准化、系统化、绿色化方向发展。

1.自动化和智能化

现代社会越来越重视人性化管理,随着科学技术的进步,很多操作困难、劳动强度大、劳动环境差的物流作业过程,需要由机械设备来代替人工操作、分析,也就是需要将机械设备与电子技术结合,实现物流设备的自动化和智能化。例如,全自动数字化控制系统、公路运输智能交通系统(ITS)、自动化立体仓库、自动导向车(AGV)、机械手等的应用。

2.大型化和高速化

大型化是指设备的容量、规模、能力越来越大。在运转速度一定的条件下,提高设备的容量、规模和能力,可以进一步提高物流作业生产效率和效益。高速化是指设备的运转速度越来越快。提高运输速度,可以在无形中拉近距离,增加日工作能力。例如,我国南车青岛四方股份有限公司研发生产的新一代高速动车组持续运营时速达到 350 公里,最高运行时速 380 公里,试验时速超过 400 公里,成为世界上商业运营速度最快的动车。

3.信息化和系统化

信息技术已成为物流技术的核心,物流设备与信息技术的结合成了各大厂商追求的目标,现场总线、无线通信、数据识别与处理、数据库、互联网等高新技术与物流设备的有效结合,不仅改善了物流系统运作效率,更紧密了物流运作环节的衔接,成为物流设备发展的一大趋势。信息技术与物流设备的结合,也使物流设备的供应商从单纯提供单机作业,转变为整体物流系统的成套配置和服务,发挥最佳效用,实现物流的自动化、合理化、集成化。例如,自动化包装生产线、工厂生产搬运自动化系统等,系统化将成为今后物流设备的又一趋势。

4.实用化和轻型化

物流设备是物流各环节紧密联系的物质技术基础,为了保证物流过程的顺利进行,配置的物流设备要易操作、易维护、耐久使用、安全可靠。由于物流设备购置和使用成本较高,今后更加注重成本低、性能好、安全可靠、更实用的设备的开发和研制。有些设备适用的工作场合较多、用途广、结构简单、成本低,在今后的发展中将会得到更快的发展。

5.专用化和标准化

在市场经济中,消费者的需求呈现多样化的发展趋势,对货物的物流过程也就提出了多样性的要求,这就需要物流设备不断更新,一些设备向专用化方向发展,一些设备向标准化方向发展。

物流设备专用化的趋势体现在两点:一是物流设备专用化,二是物流方式专用化。物流设备专用化是物流设备专门针对某种类型物质提供物流作业服务,例如,集装箱跨运车;物流方式专用化是物流设备专门针对某种类型物流方式提供物流作业服务,例如,管道运输。

物流设备标准化包括硬件设备的标准化和软件接口的标准化。通过标准化设备,可以实现企业间物流作业的连贯对接,增强系统的适应性,提高物流作业效率。物流标准化设备主要以集装箱的发展为代表。

6.绿色化和人性化

环保与可持续发展是当前的主流意识,物流设备的研发也将更关注环保和节能。

绿色化就是要达到环保要求,一是注意降低物流设备对环境的污染,包括声音污染、空气污染等,例如,电瓶叉车;二是注意高效利用能源,降低能源消耗量。

人性化主要体现在以人为本,从客户的角度出发,追求研发的物流设备提供的服务速度更快,准确度更高,物流系统的稳定性可靠性更好。

二、物流自动化和信息系统化

物流信息系统的研究主要包括物流自动化和信息系统化的研究,物流自动化是实现信息系统的物质基础和必要手段,信息系统化和物流自动化本质都是追求减少不必要的环节,降低物流成本,提高物流效率。

(一)物流自动化

物流自动化将传统物流作业、物流系统管理方法与计算机信息技术、自动化技术有机结合在一起,为企业提供更省力、更合理、更快速、更准确、更可靠的物流信息,运输、存货、仓储、搬运和包装自动化服务。物流自动化可以方便物流信息的实时采集与追踪,提高劳动生产率,降低误操作率,提高整个物流系统的管理和监控水平等。物流自动化的设施包括条码自动识别系统、自动导向车(AGV)系统、自动分拣系统、自动存取系统、货物自动跟踪系统(如 GPS)等。

物流自动化的内容主要包括三个方面:机械自动化、信息自动化和知的自动化。

1. 机械自动化

物流自动化的主要内容是在货物的存储、运输、配送、加工、装卸、包装等物流作业环节,使用各种自动化的机械设备。例如,自动识别系统、自动存取系统、自动导引系统、自动搬运系统、自动输送分拣系统等机械设备。物流自动化需要依靠机械手段,减少人工劳动强度,提高作业的效率和安全性。因为物流中货物的形状、重量、物流作业要求等不尽相同,物流机械自动化,需要配备不同的作业机械设备,投入不同的成本,例如,对于托盘货物,可以使用叉车叉取,也可以在自动化立体仓库中使用机器人或堆垛机进行货物的存取;货物的传输过程,可以使用自动输送机或自动分拣设备。这些自动化设备均需要机械设备与操作员的配合来完成。

2. 信息自动化

物流自动化的物质基础是机械设备的自动化,而其实现的手段是信息的自动化。物流信息自动化是指能够借助计算机技术、自动识别技术、网络通信技术等信息技术,使用自动化的机械设备,快速准确地采集、识别、传递、储存、加工分析在物流作业过程中所发生的物流信息,为物流自动化提供服务的手段。例如,如果没有分拣信息的输入,自动化分拣设备就不能进行相关操作,如果没有自动选址决策信息的输入,自动化选址设备就无法工作。

3. 知的自动化

知的自动化考虑的是如何改进现有物流作业流程,采取合理的作业方法,使自动化的设备、自动化的信息能够发挥更高的作业水平,提高作业效率,满足客户需求。例如,经过实际作业的调查,取消多余的或改进效率较低的作业环节,提高作业效率,降低作业成本;在配送中心进行分拣时,根据订单的批量和进出货频率,选择摘果式分拣或播种式分拣,来提高分拣配送的效率等。知的自动化属于智慧的范畴,关系到物流企业运营的效率和效益,是物流设备自动化和信息自动化效用的挖掘机,所以,知的自动化是值得物流经营者重视的新的自动化方向。

(二)信息系统化

物流自动化与信息系统化相互补充、相互支援、密不可分。信息系统化就是采用一定的方式,对信息进行归类、整理或加工,使其集中起来排列,便于用户对信息的存取。物流信息系统化,就是将物流环节发生的信息,通过一定的设备进行自动采集、识别、存储、加工、传递,并形成有序的集合,为客户决策提供服务。这必然需要依赖于自动化的物流过程,才能提高系统的效率,例如,POS 系统在商业中的使用,GPS 系统在物流中的应用。

三、自动识别和采集技术与设备

自动识别技术是将数据信息自动采集、识读、加工、存储和传递的重要手段和方法,是一门涵盖条码自动识别技术、射频识别技术、光学字符识别技术、生物识别技术、磁卡识别技术和图像识别技术等集合计算机、光学、电磁、计算、网络通信、机电一体化等知识为一体的高技术学科。条码技术是迄今为止最经济、实用的一种自动识别技术。

(一)条码技术与设备

条码通常用来标识物品,是由一组规则排列的条、空及其对应字符组成的标记,用以表示一定的信息。条码不仅可以用来标识不同类型的物品,还可以用来标识贸易项目、物流单元、资产、位置和服务关系等。为了达到标识的统一化、标准化，在一个信息分类编码标准中，一个代码只能唯一地标识一个分类对象，而一个分类对象也只能有一个唯一的代码，只有当这个对象的特征发生了明显的变化时，才可以申请分配另一个代码。

早在 20 世纪 40 年代后期，美国乔·伍德兰德和贝尼·西尔佛两位工程师就开始研究用代码表示食品项目及相应的自动识别设备，他们的想法是将条和空弯曲成环形，就像射箭的靶子，这样扫描器通过扫描图形的中心，然后对条码符号解码，不管条码符号方向的朝向。到 20 世纪 70 年代左右，条码技术得到实际的应用和发展。1970 年，美国超级市场 Ad Hoc 委员会制定了通用商品代码（Universal Product Code，UPC），并首先在杂货零售业中试用，为以后 UPC 条码在北美地区的统一和广泛采用奠定了基础。1977 年，欧洲共同体在 12 位的 UPC－A 商品条码的基础上，开发出与 UPC－A 商品条码兼容的 EAN 系统，成立了欧洲物品编码协会（European Article Numbering Association，简称 EAN），到 1981 年，发展成为一个国际性组织，改名为"国际物品编码协会"（International Article Numbering Association，简称 EAN International）。1991 年 4 月，中国物品编码中心（ANCC）代表我国加入国际物品编码协会 EAN，为全面开展我国条码工作创造了先决条件。目前，条码技术已广泛应用在计算机自动化管理的各个领域，渗透到政府机关、商业企业、生产制造企业、交通运输业、邮电通信业、物流业、医疗卫生业、安全防伪、金融贸易、餐饮旅游、票据单证、军事后勤、工程项目等国民经济各行各业和人民日常生活中。

1. 条码技术的分类

按照不同的分类方法、不同的编码规则，条码可以分成不同的类型。现在已知的世界上正在使用的条码有 250 种之多。

（1）按条码的长度划分，条码可以分为定长条码和非定长条码。定长条码是一种表示条码字符的个数固定的条码，非定长条码是一种表示条码字符的个数不固定或可变长度的条码。例如，EAN/UPC 商品条码是定长条码，交插 25 条码是非定长条码。定长条码因为表示的条码字符个数固定，降低了条码漏识的机率，降低了误码率，而非定长条码因为表示的条码字符个数可变，比较灵活，但在扫描阅读过程中可能产生因信息丢失而引起错误译码，比较定长条码，其误码率较高。

（2）按条码的排列方式划分，条码可以分为连续型条码和非连续型条码。连续型条码是一种每个条码字符之间不存在间隔的条码，非连续型条码是一种在每个条码字符之间存在间隔的条码。例如，交插 25 条码是一种连续型条码，25 条码是一种非连续型条码。连续型条码由于每个条码字符之间不存在间隔，所以密度相对较高，相反，非连续型条码密度相对较低。条码的密度指的是单位长度的条码所表示的条码字符的个数。连续型条码在可表示的条码信息更多的同时，条码对条空的尺寸误差更加敏感，例如，条码印制过程偶然出现的油墨的滴点，在条码密度高的情况下，很容易造成错误译码，甚至无法读取条码。

（3）按条码的校验方式划分，条码可以分为自校验条码和非自校验型条码。自校验条码是一种条码字符本身具有校验特性的条码，非自校验型条码是一种条码字符本身不能完成校验工作的条码。因出现污点而把一个窄条错认为宽条时，自校验条码能校验出这个印刷缺陷，非自校验型条码则无法自校验出这个错误，当然需要注意的是，对于大于一个的印刷缺陷，任何自校验功能的条码都不可能完全校验出来。例如，39 条码、库德巴条码、交插 25 条码是自校验条码，EAN/UPC 条码和 93 条码是非自校验型条码，需要在编码时进行校验码的设计。

　　(4)按条码的维数划分,条码可以分为一维条码和二维条码。一维条码,如图 3-1 所示,只能在横向位置表示字母或数字等条码字符信息,而且当检验出错误识别情况后,条码符号自身可以通过校验字符进行错误校验,却没有纠错功能,使用条码符号的时候,需要后台数据库的支持,才能完成信息的自动采集,若后台数据库中没有录入相应的条码字符信息,以及其对应的商品特征信息,则会出现条码符号无法识别的现象。二维条码,如图 3-2 所示,在横向位置和纵向位置都包含信息,可以表示字母、数字、汉字、照片、指纹等大量条码信息,相当于一个可移动的数据库。二维条码不仅具有错误校验和纠错能力,还可以根据需求设置不同的纠错级别。使用条码符号的时候,不依赖后台数据库,可以单独使用完成自动信息采集和识别。

图 3-1　一维条码图　　　　　　　　图 3-2　二维条码图

　　一维条码按照应用领域,可以再分为商品条码和物流条码。商品条码主要识别不同的商品项目,包括 EAN 商品条码(EAN－13 商品条码和 EAN－8 商品条码)和 UPC 商品条码(UPC－A 商品条码和 UPC－E 商品条码),UPC 商品条码通用于北美地区,EAN 则是国际通用,为适应市场需要,EAN 系统和 UPC 系统目前已经合并为一个全球统一的标识系统——EAN・UCC 系统。物流条码主要对不同的物流单元、物流项目进行识别,包括 128 条码、ITF条码、39 条码、库德巴(Codabar)码等。128 条码和 39 条码都属于非定长条码,可以根据需要确定条码的长度,表示的信息可以是数字,也可以包含字母,主要应用于工业生产线领域和图书管理等;ITF 条码主要用于物流单元的标识,例如,托盘、集装箱等;25 条码主要应用于包装、运输和国际航空系统的机票顺序编号等;库德巴(Codabar)码主要应用于血库、图书馆、包裹等的跟踪管理。

　　国外对二维条码技术的研究始于 20 世纪 80 年代末。在二维条码符号表示技术研究方面,已研制出多种码制,常见的有美国的 PDF417,日本的 QR Code,Code 49,Code 16K,Code One 等。2008 年 12 月,矽感科技自主研发的网格矩阵码(简称 GM 码)二维条码,正式成为国际标准,这是我国条码产业取得的第一个国际码制技术标准。按照编码原理划分,二维条码可以再分为行排式二维条码和矩阵式二维条码。行排式二维条码,是在一维条码编码原理的基础上,将多个一维条码在纵向堆积成二行或多行。因为继承了一维条码的一些特点,行排式二维条码的识读设备与条码印刷技术可以与一维条码技术兼容。但是行排式二维条码允许多行一维条码堆积,从垂直纵向位置也可以表示更多的信息,比一维条码的密度大很多,还具有自校验和纠错功能。例如,如图 3-3 所示,PDF417、CODE 16K、CODE49。PDF417 条码是一种高密度、高信息含量的便携式数据文件,是实现证件及卡片等大容量、高可靠性信息自动存储、携带并可用机器自动识读的理想手段,可以容纳约 500 个汉字信息,采用密码防伪、软件加密及利用所包含的信息如指纹、照片等进行防伪,保密性高。许多国家也已在身份证或驾驶证上采用这种条码,我国对香港地区恢复行使主权后,香港居民新发放的特区护照上采用的就是二维条码 PDF417 技术。矩阵式二维条码,是在一个矩形空间通过黑和白两种像素的不同分布进行编码。在矩阵相应元素位置上,用黑像素(黑点)的出现表示二进制"1",黑像素(黑点)的不出现表示二进制的"0",再定义二进制数不同组合的含义,以此确定条码符号表示的信息。这就需要结合计算机图像处理技术和组合编码技术,对图形符号自动识读处理。例如,QR Code、Data Matrix、Maxi Code、Code One、矽感 CM 码(Compact Matrix)、龙贝码等。QR Code 码是由日本 denso 公司于 1994 年 9 月研制的一种矩阵二维码符号,有超高速、全方位(360°)识读特点,有独立定位功能,能够有效地表示中国汉字、日本汉字。QR 码容量密度大,仅用 13bit 即可表示一个汉字,可以表示 1817 个汉字、7089 个数字、4200 个英文字母。例如,将 300 个字符用 QR Code 码表示,如图 3-4 所示。

PDF417

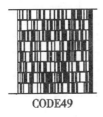
CODE49

CODE16K

图 3-3 行排式二维条码图

图 3-4 矩阵式二维条码图

2.条码技术的编码方法

条码技术一般是利用"条"和"空"对扫描设备光线的反射率不同,将反射回的光信号转换成电脑识别的二进制的"0"和"1",然后不同的条码符号类型按不同的编码规则定义二进制数"0"和"1"的组合,表示字符信息,反映或描述要采集的信息。不同类型的条码在编码方式上有所不同,一般可以分为宽度调节编码法和模块组配编码法。

(1)宽度调节编码法是指条码符号中的条和空由宽、窄两种单元组成,以窄单元(条或空)表示计算机识别的二进制"0",宽单元(条或空)表示二进制"1",通过宽窄单元的分布和组成不同来定义条码信息的方法。宽单元通常是窄单元的 2~3 倍。对于条码符号表示中两个相邻的二进制数位,由条到空或由空到条,均需存在明显的印刷界限。常见的宽度调节编码的条码主要有 25 条码、交插 25 条码、39 条码、库德巴条码等。

交插 25 条码是在 25 条码的基础上发展起来的,由美国的 intermec 公司于 1972 年发明的,广泛应用于运输包装、仓储单元识别、工业生产线、图书情报等领域的自动识别管理。交插25 条码是一种条和空依次表示信息的连续型、非定长、具有自校验功能的双向条码。每一个条码数据符由 5 个单元组成,要求有两个宽单元,三个窄单元,可以表示 0~9 数字字符。辅助字符中,起始符由两个窄条和两个窄空表示,终止符由一个宽条、一个窄空和一个窄条表示。条码数据字符的二进制表示如表 3-1 所示。因为交插25 条码由条和空交插表示条目数据符,所以交插25 条码表示的条码数据符都是成对出现的,如图 3-5 所示,从左向右排列,奇数位用条表示,偶数位用空表示,如果需要表示的数据符是不成对的,则需要在整个字符的最左边加一个"0",使表示的数据符成为成对的,再用条码图形表示。

表 3-1　交插 25 条码数据字符的二进制表示表

字符	二进制表示	字符	二进制表示
0	00110	5	10100
1	10001	6	01100
2	01001	7	00011
3	11000	8	10010
4	00101	9	01010

　　39 条码(code 39)是由美国的 intermec 公司于 1975 年研制的一种条码,广泛应用在仓储业、运输业、汽车行业、工业生产线、图书情报、经济管理、医疗卫生和邮政、储运单元等领域。39 条码的每一个条码字符由 9 个单元组成,5 个条单元和 4 个空单元,要求其中 3 个单元是宽单元,如图 3-6 所示。能够表示 0~9 的数字、A~Z 英文字母、特殊字符:－ · MYM ％ 空格 / ＋、起始符:/、终止符:□。每个 39 条码最长可以表示 16 个字符,由于它具有自检验功能,使得 39 条码具有误读率低的特性。

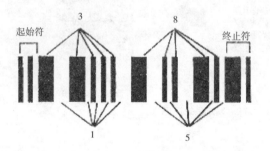

图 3-5　交插 25 条码数据符

图 3-6　39 条码

　　(2)模块组配编码法是指表示条码字符信息的条码符号由规定的模块组成,其中,一个模块用条表示的,表示二进制"1",一个模块用空表示的,表示二进制"0",一个条(或空)可以由若干个条(或空)模块组合而成。常见的模块组配编码型条码主要有 EAN 商品条码、UPC 商品条码、93 条码等。

　　EAN 商品条码主要标识不同的商品项目,广泛用于商店自动销售管理系统(POS)、实现商品信息的电子数据交换(EDI)等领域。EAN 商品条码的每一个条码字符由 7 个模块组配而成,其中要求每一个条或空由 1~4 个同一宽度的模块组成,每一个条码字符由 2 个条和 2 个空构成。商品条码模块的标准宽度是 0.33mm,如图 3-7 所示,表示了两个数据字符,第一个数据字符表示的是二进制 0011001,第二个数据字符表示的是二进制 0011011,再查 EAN 商品条码字符集对应的具体的数字信息,完成译码过程,再在后台数据库中调取相应代码对应的信息,以便实现自动数据采集与识别。

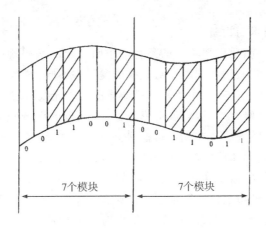

图 3-7 商品条码模块组配编码法

典型案例

EAN 商品条码的结构

商品条码是用来表示商品信息的一种手段,是商品标识代码的一种载体。EAN 商品条码通常表示为 13 位数字代码,如图 3-8 所示。

图 3-8 EAN 商品条码

在我国,EAN-13 代码可以分为三种结构,如表 3-2 所示。

表 3-2 EAN-13 代码结构表

结构种类	前缀码	厂商识别代码项	商品项目代码	校验码
结构一	$X_{13} X_{12} X_{11}$	$X_{10} X_9 X_8 X_7$	$X_6 X_5 X_4 X_3 X_2$	X_1
结构二	$X_{13} X_{12} X_{11}$	$X_{10} X_9 X_8 X_7 X_6$	$X_5 X_4 X_3 X_2$	X_1
结构三	$X_{13} X_{12} X_{11}$	$X_{10} X_9 X_8 X_7 X_6 X_5$	$X_4 X_3 X_2$	X_1

前缀码由 2～3 位数字($X_{13} X_{12}$ 或 $X_{13} X_{12} X_{11}$)组成,是 EAN 分配给国家(或地区)编码组织的代码。前缀码由 EAN 统一分配和管理。

厂商识别代码用来在全球范围内标识厂商,其中包含前缀码,由 7～9 位数字代码组成,我国企业申请条码标识时,由中国物品编码中心负责注册分配和统一管理。

商品项目代码由 3～5 位数字代码组成,由获得厂商识别代码的厂商自己负责编制,一般根据本企业生产研发产品的顺序依次给码。

为了保证条码识读设备在读取商品条码时的可靠性,我们在商品标识代码和商品条码中设置校验码。校验码根据 $X_{13} \sim X_2$ 的数值按一定的数学算法计算而得,用来检验条码识读的准确性。

3.条码技术的识读技术与设备

条码符号是由宽窄不同,反射率不同的条和空按照一定的编码规则组合起来的一种信息符号。条码技术的识读主要利用不同颜色对光线的发射率不同的特点,设计条码识读技术。

(1)条码技术的识读原理。首先由条码扫描器光源发出光线,经过光学系统照射到条码符号的图形上,深颜色的区域吸光率较高,反射率较低,浅颜色的区域吸光率较低,反射率较高,反射回来的光线经过光学系统成像在光电转换器上,经过光电转换器转换成电信号,由于扫描光斑具有一定尺寸限制、条码印刷时的边缘模糊、印刷缺陷、保管不当造成的污渍等原因,收集到的电信号不够规则和明显,需要通过放大电路放大条码电信号。形成一种平滑的模拟电压起伏信号,也就是常说的"模拟电信号",如图3-9所示。这种信号还须经整形电路整形、滤波,尽可能准确地将边缘恢复出来,形成与模拟电信号对应的方波信号,再经过译码器的翻译解释,转换为计算机可以识读的二进制"数字信号"。

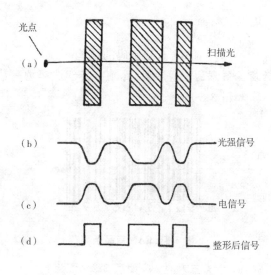

图3-9   条码技术的识读原理

(2)条码技术的识读设备,是指能够自动识别条码符号,读取条码信息的设备。它使用一个光学装置将条码的条空信息扫描后,获取光学信息,再通过光电探测器转换成电信号,电子电路将电信号放大、滤波、整形,转换成电平方波信号,再由专用译码器翻译成相应的数据信息。条码识读设备一般不需要驱动程序,主要由条码扫描和译码两部分组成。

根据不同的分类方法,条码技术的识读设备可以分成不同的类别。

①根据扫描方式的不同,可以分为接触式条码扫描器和非接触条码扫描器。

接触式识读设备需要将条码图形与条码识读设备接触,近距离识别、采集信息,包括光笔与卡槽式条码扫描器,如图3-10所示。这种扫描设备通常内部不配备自动扫描装置,发射的照明光束的位置相对固定,需要人工配合,手持扫描器横向扫过条码符号。光笔扫描器,在光笔内部有扫描光束发生器及反射光接收器,在使用时需要人工持笔从左向右划过条码图形;卡槽式扫描器内部的结构和光笔类似,只是它上面有一个卡槽,需要人工将带有条码符号的卡槽中横向滑过,来实现条码信息的扫描,广泛用于身份验证、考勤和生产管理。

图 3-10　光笔扫描器和卡槽式扫描器

非接触式识读设备不需要将条码图形与条码识读设备接触,只要在一定的识读范围内,可以灵活识别、采集信息,包括 CCD(Charge Coupled Device)扫描器、激光扫描器,如图 3-11 所示。这种扫描设备一般可以在一定的范围内,远距离阅读条码,其性能优越,因而被广泛应用。CCD 扫描器主要采用了电荷耦合装置 CCD,内部的光电转换装置可以实现对条码符号的自动扫描,不需人工辅助扫描,同时,其识读的条码的长度会受 CCD 扫描器识读最大范围的限制。它利用了光电耦合(CCD)原理,对条码印刷图案进行成像,然后再译码,根据作业环境,还可以细分为手持式 CCD 扫描器、固定式 CCD 扫描器。激光枪,利用定向发射的激光束直接照射到条码图形上,再将接收到的光信号转换成电信号,通过译码转换成数字信号。由于激光光束比较集中,光线较强,所以激光枪识读距离适应能力强,且具有穿透保护膜识读的能力,识读的精度和速度比较高,有的扫描速度可以达到 1200 次/秒,但对识读的角度要求比较严格,只能识读行排式二维码和一维条码。

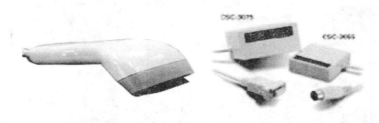

图 3-11　激光枪和 CCD 扫描器

②根据操作方式不同,可以分为手持式条码扫描器和固定式条码扫描器。手持式条码扫描器需要工作人员手持扫描器,到条码图形前,进行扫描识别。它特别适用于条码尺寸不一、识读环境复杂的应用场合。常见的手持式扫描器包括光笔、激光枪、手持式全向扫描器、手持式 CCD 扫描器和手持式图像扫描器;固定式扫描器不需要工作人员移动扫描器,只需将条码图形移动到扫描器前,进行扫描识别。它特别适用于条码识读工作劳动强度大、条码形状较为规整的场合。常见的固定式扫描器包括卡槽式扫描器、固定式单线扫描器、单向多线式(栅栏式)扫描器、固定式全向扫描器和固定式 CCD 扫描器。

③根据识读码制的能力不同,可以分为光笔、激光条码扫描器、CCD 条码扫描器和拍摄式条码扫描器。光笔操作简单,但因为属于固定光束扫描器,所以只能识读一维条码;激光条码

扫描器因为利用定向发射的激光束获取光学反应,对识读的角度要求比较严格,所以只能识读一维条码和行排式二维条码;CCD条码扫描器和拍摄式条码扫描器都属于图像式条码识读设备,但CCD条码扫描器利用光电耦合原理,对条码图形进行成像,实现模拟/数字转化,再译码获得信息,所以只能识读一维条码和行排式二维条码;拍摄式条码扫描器通过光学透镜成像在半导体上,再通过模拟/数字转化技术或直接数字化(CMOS)技术输出图像数据,而后进行图像处理、解码、纠错、译码,获得要表述的信息,所以它可以识读一维条码、行排式二维条码和矩阵式二维条码。

④根据扫描方向不同,可以分为单向条码扫描器和全向条码扫描器。单向条码扫描器光源发射出的光线只有一个方向,只能在一个方向识读经过的条码图形,常见于条码形状较规整、质量较好、识读环境要求较低的工作场合,例如,超市结算收银台使用的条码扫描枪、仓储入库、出库和盘点中使用的条码识读设备等。全向条码扫描器光源发射出的光线一般有3~5个方向,每个方向有4个左右扫描线,当规定尺寸的商品条码从任何方向通过扫描器识读范围时,都会被识读出来。使用时,通常安装在输送台面下面或侧面。例如,超市收银台使用的全向扫描平台、工业生产线的自动识别等。全向条码扫描器又可以细分为平台式条码扫描器和悬挂式条码扫描器,在使用时更加灵活方便。

条码技术的识读设备和具有数据存储、处理、通信功能的手持数据终端结合在一起,称为数据采集器。它比条码扫描器多了自动处理、自动传输的功能。数据采集器根据处理方式不同,可以分为批处理式数据采集器(如图3-12所示)和在线式数据采集器(如图3-13所示)。根据产品性能不同,可以分为手持终端、无线手持终端、无线掌上电脑、无线网络设备。

图3-12　批处理式数据采集器　　　图3-13　在线式数据采集器

4.条码技术的应用

条码技术目前已在世界100多个国家和地区广泛应用于贸易、物流、食品安全、医疗卫生、工业制造业、电子商务、电子政务等领域,成为全球通用的标准语言。

(1)条码技术在物流供应链管理中的应用。条形码技术已经成为物流现代化的一个重要组成部分。同时,它还有力地促进了物流体系各个环节作业的自动化、机械化,对物流各环节的计算机管理起着基础性的作用。一个完整的物流供应链过程,包括商品从生产企业生产的组织,到产成品的销售、运输、仓储、加工、配送直到最终用户的物流过程。利用条码技术对全过程发生的信息进行采集跟踪,发挥各环节的最大优势,实现整个物流供应链过程的效率化、迅速化、准确化、信息化、自动化等。

典型案例

条码技术在物流供应链管理中的应用

下面以某商品的物流供应链为例,介绍条码技术在物流供应链管理中的应用。

在生产物料的备料和管理中,对需要进行标识的物料进行编码,建立数据库记录信息,建立物料的档案,并打印条码标签,实现对该物料的单件信息跟踪,以便于物料的有序管理,提高生产效率。

在生产流水线管理中,根据企业规则和行业规则,采用条码技术,将生产订单号、生产所需零件种类、产品数量进行编码,设计成条码标签,在产品零件和装配的生产线上打印并粘贴该条码,这样便于获取产品生产订单在某条生产线上的生产工艺及所需的物料和零件。还可以在不同的生产工位或生产线设置信息采集点,随时跟踪生产线上每一个物料的情况,形成自动化程度较高的电子车间。尤其当产品的组成零件或物料种类繁多的时候,使用条码技术可以对每一个零部件进行在线控制,避免差错,确保生产的顺利进行。当产品在生产线上完成后,由生产线质检员通过生产线采集质量检测数据,检验合格的产品打印产品条码、生产线条码号,并按工序顺序扫入工作人员的条码。对于不合格的产品,粘贴不合格标志的条码标签,并送车间维修,直到检验合格后,方可打印并粘贴合格产品的条码标签。

在零部件和产成品仓储管理中,要根据货物的名称、型号、规格、供应商、包装等信息,将储存的货物分类,建立储存货物档案,并分配编码。将现有库房分成若干库位,建立库位档案,为了便于分配储存货位,需要给每个货位编码,并贴上条码标签。当有入库任务时,只需扫描准备入库的物料的条码标签和准备存放此物料的货位的标签,就可以自动完成入库分配货位任务。当有出库任务时,如果是生产用物料的出库,只需在便携式条码数据采集器或数据终端上,扫描输入生产任务单的条码号,数据采集器的屏幕上就会显示存放在哪些货位的哪些物料或半成品可以出库,工作人员在相应的货位完成物料的拣选后,扫描货位的条码号,确认拣选完毕,再到出库口进行验证,在出口通过条码识读设备的识读,系统自动采集并记录出库的物料信息,即可完成生产用物料的出库任务。如果是产成品销售出库,则需要在便携式条码数据采集器或数据终端上,扫描输入销售订单的条码号,数据采集器的屏幕上就会显示存放在哪些货位的哪些产成品可以出库,工作人员在相应的货位完成产成品的拣选后,扫描货位的条码号,确认拣选完毕,再扫描拣货物流单元的物流条码,使系统确认拣货单元里是否含有销售订单上的产品,产品的数量和类别是否一致等。再到出库口进行验证,在出口通过条码识读设备的识读,系统自动采集并记录出库的产成品的信息,即可完成产成品销售出库的出库任务。储存管理工作一段时间后,一般还要进行盘点,查证账面信息和实际库存信息是否一致,也可以使用条码识读设备到不同的货位扫描货物的条码编码,自动进行账实比较,操作起来比人工点数记录盘点省时省力,又准确。

在销售管理中,条码技术的应用是目前使用最多、见效最快的应用。可以使用条码识读设备扫描商品条码,结合 POS 系统,从后台数据库中调取出对应的商品名称、型号、规格、销售价格、会员价格、赠送情况等信息,不仅能快速验货、结算和统计,还可以实时将销售该商品的时间、部门、消费者有关信息等传递给销售后台、供应商,便于供应商及时了解产品的销售情况,了解消费者的需求,调整生产计划,帮助商家减少库存积压,提高资金利用率。

在运输配送管理中,将要运输配送的货物详细信息(包括收货人、收货地址、发货人、发货地址、货物名称、货物的数量、经过的站点、对应的路单等信息)使用二维条码进行编码,并设计物流标签,粘贴在运输单元的外包装明显的地方,同时印制在运单和路单上,便于实现货物全程追踪。

在售后服务的管理中,如果用户来投诉或保修,可以使用可移动的条码识读设备,扫描保修的产品上的条码,和产品包装上、保修单和产品档案上贴的条码信息,马上就可以查到该产品是何时在何地由何人售出的,产品是否在保修期内,价格是多少,销售合同的内容,保修记录,发生问题的零部件是哪一个供应商提供的等信息,便于及时解决问题,满足顾客需求。同时,可以通过条码号反馈产品售后维修服务的记录,监督维修点信息,记录统计维修原因和维修档案。

(2)条码技术在食品安全追溯中的应用。食品安全可追溯性工作起源于欧盟。自从英国出现全球首例疯牛病之后,欧盟就开始着手食品安全追溯工作。食品安全追溯也是我国"条码推进工程"的重点开发领域,应用和推广范围涵盖了肉类、果蔬类、水产类、酒类、饮料和其他一些地方特色食品。

食品安全可追溯性工作的实施,首先对食品原料的种养殖、加工、储藏和零售等供应链环节的管理对象进行条码标识与信息记录,并相互链接,然后将这些标识用条码表示出来。一旦出现食品安全问题,可以通过这些条码标识进行追溯,直至食品加工的源头,准确地缩小食品安全问题的范围,查出出现问题的环节。例如,如果猪肉产品出现问题,可以追溯到消费者购买的猪肉是哪个农场饲养的猪,成长过程的记录,有何病史等信息;如果果蔬类产品出现问题,可以追溯到该产品在哪里的果园生长结果,有何技术改良、土地施肥情况、浇水情况、环境指标等信息,这样就可以方便快捷地找到原因,对症下药。

2002年Zespri公司首次销售贴有UCC/EAN-128条码标签的水果,2004年该公司有一半的出口生鲜农产品和ZESPRITM金牌猕猴桃都使用了UCC/EAN-128条码标签。

我国,山东亚太中慧集团在不断的发展和壮大过程中,也逐渐认识到了产品质量安全和生产追溯的重要性,对原料(饲料)加工、养殖、屠宰加工、储运、销售等环节使用条码技术实现质量追溯,提高了企业的综合竞争力。茶叶制品质量安全信息追溯示范系统在四川峨眉山仙芝竹尖茶业有限公司成功使用,效果良好。

(3)条码技术在医疗卫生中的应用。医疗卫生关系到了每个人的身体健康,医疗卫生是商品条码应用的主要领域之一,我国条码推进工程专门设立项目,加以推动。例如,上海市120多家医院使用条码技术系统,应用在医疗器械产品的跟踪追溯中,有力打击了医疗器械非法生产、销售和使用,促进了医疗卫生的信息化建设;在医药连锁超市,通过使用POS系统,实现自动扫描结算,同时使后台管理有序化;条码技术在血液及其制品上的应用,通过对每一袋血液唯一标识,在遵循国家有关法律法规的基础上,对整个采供血过程进行信息采集、传递和标识,并保证可追溯性,减少了误差,保证了用血的安全;在病历信息的自动采集和识别上,使用PDF417条码,将病人的姓名、出生年月、血型、既往病史、亲属姓名、联系电话等信息编码录入条码标签中,再将该条码标签粘贴在医疗卡上,当病人入院治病时,只需使用条码识读设备扫描条码图形,该病人所有信息就会显示在电脑中,为医生的诊治提供了可参考的依据,尤其在发生突发事件时,可以节省救治病员的宝贵时间。

为进一步推广商品条码在医疗卫生领域的应用,普及相关知识,为更多的企业提供更多的指导,2009 年 7 月,中国物品编码中心组织编写了《医疗卫生产品商品条码应用指南》。在《医疗卫生产品商品条码应用指南》中,明确描述了商品条码在生产企业、物流配送企业、销售企业及医疗卫生机构等各种不同类型企业的应用流程,列举了具体案例。

(4)条码技术在其他领域中的应用。汽车制造公司为满足汽车召回制度要求,需要对整车关键零部件的装配信息(例如,零部件的供应商、组配物料、生产班次等信息)实现可追溯,以便在出现质量问题时,可以对同批的其他零件进行处理。这就需要采用条码技术系统对装配数据进行采集和自动识别。例如,河北长安汽车有限公司条码追踪系统的运行,实现了生产线许多作业的高效自动运转,节约了工厂用在返修车上的费用,提高了长安汽车的整车品质。

在纺织服装领域,一批具有较强实力的品牌服装企业已采用条码技术,对其产品进行统一标识,在产品储运和销售过程中,通过条码自动采集和传递信息,使总部能够实时了解到不同季节,不同地区对不同款式、不同颜色的服装的实际需求数值,以便及时调整生产和营销计划,效果显著。

自从推进条码工程实施以来,中国物品编码中心加大了条码技术新领域的行业推广力度,在建材家具、珠宝玉石、金融贸易、票证管理、机械电子等领域都取得了一定的效果。

(二)射频技术与设备

射频识别技术(Radio Frequency Identification,简称"RFID"),是 20 世纪 90 年代开始兴起的一种非接触式的自动识别技术。特别适合在各种恶劣环境中,或无需要人工的环境工作。射频识别技术利用无线射频方式在阅读器和射频卡之间进行非接触双向数据传输,以达到目标识别和数据交换的目的。

1.射频识别系统的组成

射频识别技术的工作原理是带有射频卡的标签进入射频识别范围内的磁场后,读写器的天线发出射频信号,感应标签芯片中存储的产品信息,读写器读取信息并解码后,通过计算机通信网络送至中央信息系统进行有关数据处理,还可以将信息系统的命令通过读写器写入标签芯片中。所以,射频识别系统通常由标签、读写器和天线三部分组成。

(1)标签。标签通常用来存储被识别对象相关信息,附着在物体上标识目标对象。每个标签具有唯一的电子编码,来区分不同的被识别对象。射频识别标签一般由天线、调制器、编码发生器、时钟及存储器组成,如图 3-14 所示。时钟的作用,是使存储器中的数据在精确的时间内传输至读写器。当需要从标签中读取数据信息时,编码发生器对标签的存储器中存储的数据信息进行编码,调制器接收由编码发生器编码后的信息,并通过天线电路将信息发射给读写器,读写器再将信息通过网络传到服务器或信息中心。当需要向标签中写入数据时,由读写器将信息中心传来的信息发射给标签,由标签的控制器控制,将天线接收到的信号解码并存入标签的存储器。

目前标签的种类有很多,可以根据不同的划分标准分成不同的类别。

可以根据标签的工作方式不同,分为主动式标签和被动式标签。主动式标签指的是用自身的射频能量主动地发送数据给读写器,主要用于有障碍物的应用;被动式标签指的是由读写器发出的查询信号触发后进入通信状态,适合在门禁或交通管理中应用,因为读写器可以确保只激活一定范围之内的标签。

可以根据标签的读写方式不同,分为只读型标签和读写型标签。只读型标签在识别过程

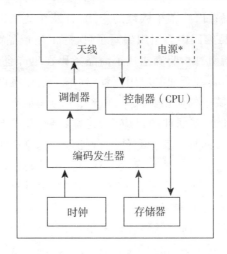

图 3-14   射频识别标签结构图

中,标签存储器中的内容只能读出不可写入;读写型标签在识别过程中,标签存储器中的内容既可以被读写器读出,又可以接受由读写器发射的写入命令。

可以根据标签的供电方式不同,分为有源标签和无源标签。有源标签在标签内有电池提供电源,其识别距离较远,但寿命有限、体积较大、成本高,需要及时更换电池;无源标签用波束供电技术将接收到的射频能量转化为直流电源,为标签内电路供电,其识别距离相对较短,但寿命长。

可以根据标签的工作频率不同,分为低频标签、高频标签和微波标签。低频标签工作频率在 500kHz 以下,主要用于短距离、低成本的应用,例如门禁控制、校园卡、畜牧业的管理系统、行李识别、货物跟踪、汽车防盗和无钥匙开门系统等应用;高频标签工作频率在 500kHz～1GHz,主要应用于需要较长的读写距离和较高读写速度的场合,例如,在火车监控、电子门票、瓦斯钢瓶管理等系统中的应用;微波标签工作频率在 1GHz 以上,主要适合长距离的读写和高速的读写环境,例如,生产线自动化、高速公路不停车收费等系统中的应用。

可以根据标签工作距离远近,分为远程标签、近程标签和超近程标签。远程标签一般工作距离在 100cm 以上;近程标签一般工作距离在 10cm～100cm;超近程标签工作距离在 0.2cm～10cm。

还可以根据射频识别标签形状和载体不同,分为盘形射频识别标签(如图 3-15 所示)、玻璃射频识别标签、塑料外壳射频识别标签、钥匙扣型射频识别标签(如图 3-16 所示)、手表型射频识别标签、智能射频识别标签等。

(2)读写器。读写器是向标签发射信号,读取或写入信息的设备,可设计为手持式或固定式。一般由天线、射频模块、读写模块组成。天线是发射和接收射频载波信号的设备,射频模块可发射和接收射频载波信号,读写模块可以接收射频模块发射的信号,解码后获得标签存储器内的信息,或者将要写入标签存储器内的信息编码后经射频模块向标签发射信号,完成写标签操作。还可以通过标准接口将读写模块接收到的标签内容和其他信息传给计算机。目前市面上性价比较高的有 YW－201、YW－601U 和 YW－601R 等。

(3)天线。天线主要负责在标签和读取器间传递射频信号,要求能提供最大可能的信号给标签的芯片。天线一般可以分为全向天线、定向天线、机械天线、电调天线和双极化天线。

图 3-15 盘形射频识别标签　　　图3-16 钥匙扣型射频识别标签

2.射频识别系统的分类

射频识别系统根据射频识别系统的应用功能不同,可以分为 EAS 系统、便携式数据采集系统、物流控制系统和定位系统。

(1)EAS 系统。电子防窃系统(Electronic Article Surveillance,简称"EAS"),是一种设置在需要控制物品出入的门口的射频识别系统。最早在 20 世纪 60 年代中期被研究出来,最初应用于服装行业,现在已经扩展到全世界 80 多个国家和地区,应用领域也扩展到数据中心、超市、图书等各种行业,尤其在大型超市的应用得到充分的开发。当未经允许,从这些地方非法取走物品时,EAS 系统会发出警告。根据 EAS 系统应用的检测信号方式不同来划分,可分为无线电系统、电磁波系统、微波系统、分频系统、自报警智慧型系统和声磁系统。

EAS 系统主要由三部分组成:检测器、解码器和电子标签。电子标签需要附着在监控的商品上,而且每个标签有不同的信息特征,在检测器监视空间感应信号;解码器一般是非接触式设备,有一定的解码高度,当收银员收银或装袋时,电子标签无须接触消磁区域即可解码,而未经解码的商品被带离现场时,一般在出入口的监视空间,会触发报警命令,从而提醒工作人员及时处理;检测器一般在出口,发射器以一定的频率向接收器发射信号,造成一定区域的监视空间。EAS 技术的应用可以有效防止物品被盗,对偷盗者来说,EAS 系统在心理上给其造成巨大的威慑,简化了企业的管理。

(2)便携式数据采集系统。便携式数据采集系统是使用带有 RFID 识读设备的手持式数据采集器,自动识别、采集 RFID 标签上的数据。便携式数据采集系统需要工作人员手持识读设备,识读射频标签上的信息,并通过无线网络通信系统实时地向服务器或信息中心传输数据,也可以暂时将数据存储在数据采集器中,采集完所有信息后,再一批一批地向服务器或信息中心传输数据。这样操作比较灵活,适合于不宜安装固定式 RFID 系统的应用环境。

(3)物流控制系统。在物流控制系统中,使用射频识别技术进行自动信息跟踪和采集,便于物流过程的控制,基本的原理是将 RFID 读写器分散固定在不同的区域,并且直接与数据管理信息系统相连,将射频识别标签安装在移动的标识物体上,当带有射频识别标签的物体经过读写器的监控区域时,读写器会自动扫描标签上的信息并把扫描到的数据信息传递给服务器或信息中心的数据管理信息系统,进行存储、加工、分析、处理,达到控制物流的目的。

(4)定位系统。定位系统使用可移动的 RFID 读写器,读取进入磁场区域的,表示不同位置信息的射频识别标签,再将信息传递给服务器或信息中心,对携带可移动 RFID 读写器的物体进行定位。主要用于自动化加工系统中的定位以及对车辆、轮船等运行定位支持。

　　3.射频识别技术的应用

　　射频识别技术与其他自动识别技术相比,具有非接触、阅读速度快、无磨损、不受环境影响、寿命长、便于使用的特点,能同时处理多张卡片。所以,射频识别技术广泛地应用于各行各业,例如,物流和供应管理、自动生产装配线、邮件/快运包裹处理、动物身份标识、商业自动化、交通监控、高速公路自动收费系统、停车场管理系统、安全检查等。

典型案例

射频识别技术的应用

　　"十一五"期间,根据国家高技术研究发展计划("863"计划)安排,我国将推动射频识别(RFID)技术与应用的发展,"863"计划重点突出了五个方向的 RFID 技术应用,分别是 RFID 技术在邮政行业、离散制造业生产线、物品安全追溯管理、酒类等物品防伪、票证与金融管理方面的应用。2007 年,正式发布科技部联合 15 部委共同编写的《中国射频识别技术政策白皮书》,明确提出技术实施进程的培育期(2006—2008 年)和成长期(2009—2012 年)两个发展阶段。

　　在射频识别技术的诸多应用中,供应链与物流管理被认为是 RFID 技术最大的舞台。RFID 系统使供应链的透明度大大提高,标识的物品能在供应链的任何地方被实时地追踪,自动化的信息采集避免了许多以往各环节上的人工错误。安装在生产企业生产线、配送中心、仓库及商场货架上的读写器能够自动记录物品在整个供应链的流动——从生产线到最终的消费者。例如,借助 RFID 技术,可以保证汽车在流水线各位置准确地完成装配任务;在运输环节,将运输的货物和工具贴上射频识别标签,运用运输路线上设置的射频读写器进行信息的读写和转发,再经由卫星或网络线将信息传输给运输调度中心;在仓储环节,在仓库出入口设置射频识读设备,形成一定的检查空间,不仅防盗,保证库内货物的安全,还有利于出入库货物的检验,在指定货位的情况下,可以将供应链计划系统制定的收货、出货和装运等计划与射频识别技术结合,高效完成各项物流作业。在入库管理中的应用,当货物通过入库口传送带进入仓库时,每个托盘的货物信息通过入库口读写器写入托盘标签,然后通过仓储管理信息系统指定货位,再通过网络系统将存货指令传递给叉车系统,按照要求存放到相应货位。在出库管理中的应用,叉车系统接到出货指令后,根据射频识别系统的识别,找到指定货位,叉取托盘货物,然后将托盘货物送到出库口传送带,出库口传送带安装的读写器读取托盘标签信息是否准确,校验无误出货。在配送环节,采用射频识别技术,将配送中心的所有商品贴上射频识别标签,给分拣所用的托盘粘贴射频识别标签,在完成一个配送过程中,首先通过射频识读设备读取托盘标签内容,了解托盘上要拣选的货物,然后通过射频检测设备为托盘选址,完成自动分拣过程,最后出口区设置读写设备,检测分拣质量,然后将标签内容更新为最新的商品存放状态和信息,以确保精确的库存控制。

　　(三)其他自动识别技术

　　自动识别技术除了条码技术和射频识别技术应用比较广泛,还有生物识别技术、语音识别技术、图像识别技术、磁卡识别技术和光学字符识别技术等自动识别技术。

　　生物特征识别是通过计算机,利用人体所固有的生理特征或行为特征,来进行个人身份鉴定的技术。人体所固有的生物特征目前主要有人体的指纹、掌纹、眼虹膜、声音、笔迹、面貌及

DNA等。由于这些特征具有不可复制性、唯一性和稳定性，所以能准确地鉴别每个人的身份。例如，指纹识别、掌形识别、眼虹膜识别、声音识别、签字识别、人体面像识别和DNA识别等人体生物特征识别技术已得到开发和良好的应用。随着人们对社会安全和身份鉴别的准确性和可靠性需求的日益提高，以及生物特征识别技术装备和应用系统不断完善，生物特征识别产业的发展越来越明显，因此，可广泛应用于出入口控制、安全验证、安防监控与搜寻罪犯等有关方面。

语音识别技术，根据每个人发音的不同习惯、频率和振幅，将人类的语音转换成电子信号，再转化成电脑能够识读的形式。语音识别技术是一种非接触的识别技术，常用于汽车行业、仓储业、配送中心和运输业等工作场合。语音识别技术输入的准确率高，但声音会随着音量、速度和音质的变化而影响到采集与比对的结果。

图像识别技术，主要研究图像信息的获取、传输、存储、加工、转换、理解与利用的过程。具有数据量大、运算速度快、可靠、智能化等特点，广泛应用于通信、国防、工业自动化等领域。目前，图像识别技术主要包括遥感技术、医用图像处理技术、工业领域的应用、军事公安方面的应用、文化艺术方面的应用等。

磁卡识别技术，主要是从磁条中读取数据的技术，磁条技术的优点是储存的数据信息可以读写，储存大量信息，有一定的安全性，成本较低，常见的磁卡识别技术有信用卡、贷记卡、会员优惠卡、机票、电话磁卡等。

光学字符识别技术（Optical Character Recognition，简称"OCR"），主要采用光学的原理，将文字信息转换成黑白点阵的图像文件，然后通过识别软件将图像中的文字转换成文本格式，以便文字处理软件的进一步加工。光学字符识别技术是文字电子化过程中最重要的环节，也是银行界用于支票的专用技术，在特定领域中，成本高、可靠性高，广泛应用在金融业、保险业、报纸期刊业、税务、工商等行业。

四、自动存取和分拣系统

物流管理中，自动存取系统的应用，最常见的是自动化立体仓库系统。自动分拣系统的应用，最常见的是自动分拣机系统。

（一）自动化立体仓库系统

自动化立体仓库作为现代物流系统中的主要组成部分，是采用高层货架存放货物的仓库系统，使用相应的自动物料装卸搬运设备，按指令自动完成货物的入库和出库作业，并对库存的货物进行自动管理的仓库。

1. 自动化立体仓库的优势

自动化立体仓库有许多优势，以致在我国得到了迅速的发展，并应用于机器制造业、电器制造业、化工业、商业、物流业等行业。例如，自动化立体仓库高层货架储存货物，可以充分利用仓库空间，储存更多的货物，节约占用的土地；自动化立体仓库中的自动化设备可以减轻人工劳动强度，降低作业差错率，提高仓储自动化水平及管理水平；自动化立体仓库需要科学的管理方法，发挥其最大的作用，有利于降低储运损耗，有效地减少流动资金的积压，提高管理和操作人员素质，提高物流效率等。

2. 自动化立体仓库的构成

自动化立体仓库由货物储存单元、货架、堆垛机、AGV（Automatic Guided Vehicle）系统、出入库输送机系统、自动控制与管理系统等设备构成。

货物储存单元,指的是货物储存在自动化立体仓库的形式,为了便于自动化的存取货物作业,自动化立体仓库通常使用标准托盘(包括平式托盘、箱式托盘、柱式托盘和轮式托盘等)规范货物储存形式,也可以使用集装箱作为货物的储存单元,或者直接使用货物的包装箱作为货物的储存单元。

货架,指的是存放和保管货物的钢结构,自动化立体仓库的货架通常是采用几层、十几层乃至几十层高的高层货架储存单元货物。自动化立体仓库的货架,根据货架的构成原理不同,可以分为焊接式货架和组合式货架两种基本形式。根据货架的形式不同,又可以分成横梁式货架、牛腿式货架、流动式货架等。配置货架时,需要综合考虑货物储存单元的外形尺寸、重量及其他相关因素,再做出合理的选择。

堆垛机,指的是用于自动存取货物的设备,可以通过人工手动操作、半自动操作或全自动操作实现把货物从一处搬运到另一处。它是整个自动化立体仓库的核心设备,对于低层货位,可以使用叉车叉取,对于中、高层自动化立体仓库货位,需要配置巷道式堆垛机或桥式堆垛机。堆垛机的形式多种多样,根据服务方式不同,可以分为直道、弯道和转移车三种基本形式;根据结构形式不同,可以分为单立柱和双立柱两种基本形式。配置堆垛机时,需要综合考虑仓库的高度、自动化程度、货物的特征等因素,确定主要性能参数,合理选择合适的类型。

AGV 系统,即自动导向小车,它是 20 世纪 80 年代发展起来的智能搬运型机器人,一般采用轮式驱动,具有电动车的特征。AGV 小车如图 3-17 所示,能在地面控制系统的统一调度下,自动搬运货物,自动寻址,实现自动化的物料传送。AGV 系统是自动化物流系统、柔性加工制造和装配系统、自动化立体仓库的重要设备。AGV 依靠自带的蓄电池提供动力,运行过程中无噪声、无污染,可以应用在许多要求工作环境清洁的场所,根据导向方式不同,可以分为感应式导向小车和激光式导向小车。

出入库输送机系统,主要负责将货物按指令运送到堆垛机,或从堆垛机将货物移走。输送机种类非常多,常见的有辊道输送机、链条输送机、皮带输送机、升降台、分配车,提升机等。出入库输送机系统的选择应综合考虑自动化立体仓库货架的设置、各种装卸搬运设备和堆垛设备的配置等因素,来选择合适的类别。

自动控制与管理系统,是全自动化立体库系统的核心。主要负责整个系统各个子功能区设备的作业连续性和高效性,包括现场总线通信模块,实现信息的传递;立体仓库控制中心,由管理人员发出指令,引导并控制自动化设备的操作;

图 3-17　轻型自动导向小车图

运动控制接口板,用于连接电机编码器反馈和限位等专用输入输出信号等。

(二)自动分拣系统

自动分拣系统(Automatic Sorting System,简称"ASS"),是第二次世界大战后率先在美国、日本的物流中心广泛采用的一种自动化作业系统,系统的分拣效率很高,通常每小时可分拣商品 6000~12000 箱,目前已经成为大中型物流中心和配送中心不可少的一部分。

1.自动分拣系统的组成

自动分拣系统一般由控制装置、分类装置、输送装置及分拣道口组成。这四部分相互协助,再配合人工控制,构成一个完整的自动分拣系统。

控制装置,主要负责分拣过程中信息的决策和传递。包括根据分拣信号的要求决策安排分类装置,按货物的性质、货主名称、配送区域等特征对商品进行自动分类,再根据分拣信号判断决策哪种货物输送到哪个分拣道口作业。

分类装置,主要负责接收控制装置发出的分拣命令,并按命令执行分类任务。当具有相同分拣信号的货物由输送装置送到识别区域时,经过适当的识别后,送入分类装置对货物进行辨识和分类,分类装置按命令改变该货物在输送装置上的运行方向,进入其他输送机或进入分拣道口。目前分类装置的种类很多,一般有倾倒式、斜皮带式、浮出式、推移式、台车式、侧翼式、旋转挡臂式等,不同的装置对分拣货物的包装材料、货物重量、包装物底面的平滑程度、维护性等有不完全相同的要求。

输送装置,主要负责将待分拣的货物顺序通过控制装置、分类装置,并将分好类的货物输送到指定的分拣道口,等待货物的集货和装配作业。主要的输送装置有输送机或传送带。输送机又可以分为螺旋式、地轨式、悬吊式、升降式。不同的输送装置适合不同的货物形状、包装材料等特点。

分拣道口,主要负责将已经过分类、输送的货物进行集货等待配装,或入库储存。分拣道口一般由钢带、皮带、滚筒等组成滑道,使货物从主输送装置滑向集货站台。

2. 自动分拣作业

自动分拣系统的作业过程可以概括为:物流中心或配送中心接收到客户订单后,借助条码识别技术和射频识别技术,进行信息的自动识别,在最短的时间内将客户订单所需货物,从高层货存架存储系统中,准确找到要出库的货物所在位置,根据控制装置发出的命令,从不同储位上取出不同数量的货物,按配送区域的不同和客户名称不同,输送到不同的理货区域或配送站台集中验货或加工,以便装车配送。

自动分拣系统借助自动识别技术,能够最大限度地减轻工作人员的劳动强度,提高效率,基本实现了无人化,能够采用流水线自动作业方式,连续、大批量地分拣货物。借助条码识别技术和射频识别技术,可以降低信息采集、识别和传递的误差率,提高自动分拣系统的可靠性和可得性。

3. 自动分拣系统的类别

自动分拣系统常见于邮局和车站的货物自动分拣,还可用于食品工业、机械制造、化工、商业、出版业等领域,在不同应用领域,自动分拣系统根据传送货物的方式不同,可以分成交叉带式分拣系统、堆块式分拣系统、斜导轮式分拣机、轨道台车式分拣机、垂直式拣选系统等多种类别。

(1)交叉带式分拣系统,如图 3-18 所示,由主驱动带式输送机和带有小型带式输送机的台车组合在一起,当带有小型带式输送机的台车移动到自动识别设备检测区时,根据自动识别技术采集识别的信息和命令,转动皮带,完成把货物分拣送出的任务。因为主驱动带式输送机与带有小型带式输送机的台车上的带式输送机呈交叉状,所以称为"交叉带式分拣系统"。交叉带式分拣系统比较适合分拣各类小件物品的工作环境,如小食品、化妆品、衣物等。在机场行李分拣和安检系统中常用的是大型交叉带式分拣系统。

图 3-18　交叉带式分拣系统图

（2）堆块式分拣系统，如图 3-19 所示，由链板式输送机和具有独特形状的滑块在链板间左右滑动进行商品分拣的堆块等组成。堆块式分拣系统是由堆块式分拣机、供件机、分流机、信息自动采集系统、控制系统和网络通信系统等组成。分拣时轻柔、准确，对物件无冲击、无损伤、无落差，适应袋状、箱状、扁平状等物品的分拣，广泛应用在物流配送中心、邮政、烟草、医药、机场等，是一种高速、宽适应性的物件分拣设备。

（3）斜导轮式分拣机，如图 3-20 所示，当转动着的斜导轮在平行排列的主窄幅皮带间隙中浮上或下降时，达到商品的分拣目的。分拣过程快速准确，对商品冲击力小，分拣轻柔，适用于各类硬纸箱、塑料箱等平底面商品分拣。

图 3-19　堆块式分拣系统图　　　　　图 3-20　斜导轮式分拣机图

（4）轨道台车式分拣机，先将被分拣的物品放置在沿轨道运行的小车托盘上，当到达分拣识别口时，台车托盘倾斜 30 度，该物品利用重力原理，自动倾斜被分拣到指定的目的地。轨道台车式分拣机适用于大批量产品的分拣。

（5）垂直式拣选系统，如图 3-21 所示，是在多层仓储空间，实现不同楼层间平面输送系统的连接装置。一般用于拣选任务需跨越多层楼层库位进行货物拣选的场合。

图 3-21　垂直式拣选系统

第二节　物流管理信息系统支持技术

物流管理信息系统的技术基础,不仅包括各种与物流要素活动相关的操作方法和管理技能,还包括物流规划、评价、设计和决策等技术,例如,数据分析技术、电子数据交换技术、地理信息系统、全球定位系统等。

一、数据分析技术

企业只要运营一天,就会产生大量重要的数据信息,通过使用数据库技术、数据仓库技术和数据挖掘技术,可以使企业的工作效率大大提高,并帮助企业做出科学的决策。

(一)数据库技术

物流管理信息系统是现代物流的重要组成部分,而数据库是物流管理信息系统的核心。数据库技术最早产生于 20 世纪 60 年代中期,随着计算机管理数据的规模越来越大,应用越来越广泛,数据库技术也在不断地发展和提高,先后经历了第一代的数据库管理系统,包括网状模型数据库系统和层次模型数据库系统两种;第二代的数据库管理系统是在 20 世纪 70 年代,由 IBM 的研究员 E. F. Codd 博士提出的关系数据库系统;第三代的数据库管理系统是在 20 世纪 80 年代,将对象技术和数据库技术相结合的数据库管理系统。随着市场需求的变化,进入 20 世纪 90 年代后,信息管理的内容不断扩展,新技术层出不穷,数据库技术面临着前所未有的挑战,具有数百万甚至数十亿字节信息的数据库已经普遍存在于科学技术、工业、农业、商业、服务业和政府部门的信息系统。

1. 数据库的概念

数据库(Database,简称"DB")顾名思义就是存放数据的仓库,但所有存放的数据相互之间是有联系的,并按某种存储模式组织管理。严格意义上讲,所谓数据库就是以一定的组织方式存储在计算机存储设备中,并且互相关联的数据的集合。它能以最佳方式、最少冗余、最大独立性为多种应用提供共享服务。

数据库可以分三个层次,反映观察数据库的三种不同角度,包括物理数据层、概念数据层和逻辑数据层。

(1)物理数据层。它是数据库的底层结构,是数据在数据库内部的表示方式,是计算机外存储器等物理设备上实际存储的数据的集合。物理层的数据可以看作原始数据,是用户加工的对象,由位串、字符和字组成。

(2)概念数据层。它是数据库的中间一层,是数据库组织的整体逻辑表示,反映数据库的整体组织和逻辑结构,指出了每个数据的逻辑定义,以及数据间的逻辑联系,是存贮记录的集合。概念层的数据是数据库管理员操作的对象,以某一种数据模型为基础,统一综合地考虑所有用户的需求,并将这些需求有机地结合成一个逻辑整体。

(3)逻辑数据层。它是数据库的外层结构,是用户所看到的和使用的数据库。它根据用户需求,将数据以逻辑方式组织起来,并显示在用户面前,表示了一个或一些特定用户使用的数据集合,即逻辑记录的集合。用户可以用查询语言或应用程序去操作数据库中的数据。

2. 数据库系统的组成

数据库系统（Database System，简称"DBS"），是指引入数据库的计算机系统，一般由数据库、数据库管理系统（及其开发工具）、相关的硬件、软件和各类人员组成。

（1）数据库。数据库是数据库系统的工作对象，是以一定的组织方式长期存储在计算机存储设备中，并且互相关联、可以共享的数据集合。针对应用所需，对数据进行收集、加工、分析、存储等操作，尽量减少不必要的数据冗余，提高数据的独立性和易扩展性，并为多种应用提供服务。

（2）数据库管理系统。数据库管理系统（Database Management System，简称"DBMS"），是指位于用户与操作系统之间的，能帮助用户建立数据库、使用数据库和维护数据库的一层数据管理软件，是数据库系统的核心。它能为数据库提供数据定义、建立、维护、查询和统计等操作功能，并完成对数据完整性、安全性控制的功能，保证多用户对数据的并发使用及发生故障后的数据库系统恢复。

目前，市场上的数据库管理系统产品较多，市场占有率较大的产品有：Microsoft Office Access、Microsoft SQL Server、Oracle、Sybase、Visual FoxPro、IBM DB2、KingbaseES 等。

Microsoft Office Access（前名 Microsoft Access），它结合了 Microsoft Jet Database Engine 和图形用户界面两项特点，是 Microsoft Office 的组件之一，是微软公司推出的基于 Windows 环境下非常流行的桌面型关系数据库管理系统。它也是用户在目前的市场上，能够找到的最简单而且最灵活的数据库管理系统。而且 Microsoft Office Access 与其他微软办公软件紧密联系。它为用户提供了建立数据库系统的 7 种操作对象：表、查询、窗体、报表、页、宏、模块；提供了对各种对象操作的帮助功能，如使用向导、生成器和模板，把数据存储、数据查询、界面设计、报表生成等操作规范化，为用户提供入门指导；用户不必编写代码，就可以完成大部分数据管理的任务。Microsoft Office Access 在很多地方得到了广泛使用，例如，小型企业数据库系统的开发、大公司的部门内数据库系统的设计、喜爱编程的开发人员专门利用它来制作处理数据的桌面系统等。

Microsoft SQL Server，是一个典型的关系型数据库管理系统，由美国微软公司推出，最新的版本是 Microsoft SQL Server 2008。Microsoft SQL Server 的内置语言是由美国国家标准协会（ANSI）和国际标准组织（ISO）所定义的关系型数据库管理系统的标准语言——SQL 语言，微软公司对它进行了扩充，使用 Transact-SQL 语言，可以完成更多的数据操作，具有可靠、可用、可伸缩、高效、智能、可持续等特点，适用于各类企业的数据库管理。

Oracle，是一个最早商品化的关系型数据库管理系统，是世界第一个支持 SQL 语言的数据库，不仅具有完整的数据管理功能，还支持各种分布式功能，支持网络的应用，用户界面友好，功能齐全，可移植，可伸缩。它被广泛用于各个市场领域，例如电子商务、财务记录、人力资源及订单编制等。

Sybase，由 Mark B. Hiffman 和 Robert Epstern 于 1984 年创建 Sybase 公司，并在 1987 年推出了 Sybase 数据库产品。它主要有三种版本，一个是在 UNIX 操作系统环境下运行的版本，第二个是在 Novell Netware 环境下运行的版本，第三个是在 Windows NT 环境下运行的版本。近年来，Sybase 在服务水准、服务流程的专业性与标准化日益增强，在北京设置的热线技术支持中心，向全国用户提供全天候 24 小时连续的技术支持，并且凭借其网络布局，以最快响应速度提供覆盖全国的现场技术支持服务。Sybase 凭借世界领先服务实力和用户良好口碑,2001年至2003年连续三年获得"数据库最佳用户满意度奖"、2007年获得"IT服务十年成就奖"、2008年度和2009年度连摘"数据库管理系统产品的服务满意金奖"桂冠。

Visual FoxPro,是一个比较有特色的数据库管理系统,是由美国微软公司推出的数据库开发软件,在桌面型数据库应用中,处理速度极快,用户使用简单方便,是日常工作中的得力助手。它可以提供多种可视化编程工具,支持面向对象程序设计的方法,强大的功能,使它在许多领域得到应用。

IBM DB2,是IBM公司研制的一种关系型数据库管理系统,是IBM五个软件品牌之一,支持手持设备和嵌入式Linux环境,并提供了与更大型系统的数据同步。它可以用作数据仓库、数据分析、数据挖掘、媒体资产管理、企业内容管理和信息集成,可以自主计算要求服务器、操作系统和中间件在无人干涉的情况下诊断和纠正问题;利用较好的可伸缩性(可以支持单机操作,也可以支持大型网络的分布操作;可以应用在UNIX、Linux和Windows等平台),以高度可用的方式来支持大型数据库和同一时间内的大量用户。广泛应用于大型应用系统。

KingbaseES,中文名称是金仓数据库,由中国人民大学与人大金仓信息技术有限公司(教育部数据库与商务智能工程研究中心)共同研发的大型通用数据库产品,是国产数据库产品的典型代表。从2002年到2005年得到国家"863计划"数据库重大专项,以及北京市重大科技计划项目的支持。经过4年多的研发和产品化工作,具有了自主知识产权,已在电子政务、教育、水利、农业和制造业信息化等领域得到应用推广,经济效益和社会效益显著。

(3)相关的硬件、软件。数据库系统相关的硬件软件指的是数据库管理系统运行所必需的计算机硬件资源和基本的软件资源。硬件资源指的是存储数据库和运行数据库管理系统(操作系统)的硬件资源,包括CPU、存储器、输入输出设备等;软件资源主要是指负责数据库存取、维护和管理的软件资源,包括支持数据库管理系统的操作系统、与数据库接口的高级语言和编译系统、以数据库管理系统为核心的应用开发工具(例如,C++、Java、Studio.net、Informix等)。

(4)各类人员。数据库系统涉及的各类人员包括数据库管理员、系统分析员、数据库设计员、应用程序员和最终用户等。其中,数据库管理员(Database Administrator,简称"DBA"),专门负责数据库的建立、使用和维护。数据库管理员的主要职责包括定义数据库系统,帮助最终用户安全使用数据库系统,监督与控制数据库系统的使用和运行,及时处理可能出现的问题,保证数据的完整性,根据需要改进数据库系统,调整数据库系统的性能,数据库的备份与恢复等;系统分析员主要负责数据库系统的需求分析。其主要职责包括负责应用系统的需求分析和文档说明,确定系统的基本功能、数据库结构,确定系统的软硬件配置并组织整个系统的开发;数据库设计员主要负责确定数据库中的数据,设计数据库各级模式,实现各级模式的映射等;应用程序员主要负责设计、编写和维护应用系统的程序,例如,库存控制系统、最优路线选择等系统,并进行调试和安装;最终用户,主要是通过应用系统的用户界面,使用数据库数据,完成各项应用任务。

3.数据库的设计

数据库设计,就是在一个给定的应用环境,构造最优的数据库模式,建立数据库及其应用系统,有效存储数据,满足各种用户信息要求和处理要求。它包含了从需求分析出发到设计出整个数据库模型,并用于实际的全过程。在众多数据库设计方法中,比较著名的有新奥尔良方法,将数据库设计划分为需求分析—概念设计—逻辑设计—物理设计四个步骤。较为规范的数据库设计方法是将数据库设计分为需求分析—概念结构设计—逻辑结构设计—物理结构设计—数据库实施—数据库运行和维护六个步骤。

(1)需求分析。设计数据库之前需要深入理解客户需求,分析客户需求,通常用数据流图和数据字典描述,并确定数据库要储存什么,要输出什么。这是整个数据库设计过程的基础,是最困难、最耗费时间的阶段,也是最重要的阶段。

(2)概念结构设计。通过对用户需求分析和理解,形成一个独立的概念模型,通常用实体—联系图(Entity Relationship Diagram,简称"E—R"图)表示。

概念模型是将现实世界在人们头脑中的反映信息抽象建模,从用户的角度看数据库,通常由实体型、属性和联系三个要素组成。实体型指的是现实世界客观存在的,并且相互联系相互区别的一个事物(人或事)或一类事物,例如,一个仓库、一辆汽车、一条物流信息等;属性指的是关于实体型或联系的某一方面的特征,例如,一个仓库的属性包括仓库的名称、地址、负责人、编码等,一辆汽车的属性包括车牌号码、生产日期、购置日期、维修费用、驾驶人员等,一条物流信息的属性包括物品名称、物品编码、始发站、终点站、托运人、收货人等。联系主要指的是实体型内部的联系和实体型之间的联系,实体型内部的联系通常是指组成实体型的各属性之间的联系,实体型之间的联系通常是指不同实体集之间的联系。联系可以分为一对一联系(1∶1)、一对多联系(1∶n)和多对多联系(m∶n)三种联系。

"E—R"图,通常用矩形表示实体型,矩形框内写明实体型的名称;用椭圆形表示属性,并用无向边将其与相应的实体型连接起来,确定属性描述的对象;用菱形表示联系,菱形框内写明联系的名称,并用无向边分别与描述的有关实体型连接起来,同时在无向边两旁注明联系的类型(1∶1、1∶n 或 m∶n),如图 3-22 所示。

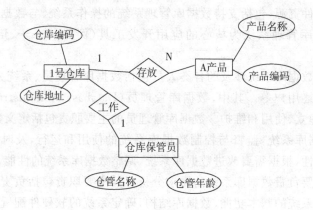

图 3-22　一个仓库的简单"E—R"图

(3)逻辑结构设计。将概念结构设计的成果"E—R"图转换成具体的数据库产品支持的数据模型,例如关系模型、非关系模型(网状模型、层次模型)、面向对象模型。非关系模型的数据库系统在 20 世纪 70 年代至 80 年代初非常流行,现在已逐渐被关系模型的数据库系统取代,20 世纪 80 年代以来,面向对象模型得到了较大的发展,但目前最重要的数据模型是关系模型,20 世纪 80 年代以来,计算机厂商新推出的数据库管理系统几乎都支持关系模型,下面以关系模型为例,介绍逻辑结构的设计。

通常来说,每一个实体型可以转换为一个关系,实体型的名称就是关系的名称,实体的属性就是关系的属性,而数据模型中的关系可以看作一张表,关系的属性可以看作表中每一列的名称。例如,仓库保管员的表,如表3-3所示。实体之间的联系,也可以转换成一个关系,联系的名称就是关系的名称,没有属性描述的联系可以不转换。属性又可以分为主属性和非主属性。主属性指的是关系中某一属性(组)可以唯一确定一行,非主属性指的是关系中某一属性不能唯一确定一行。

表 3-3 仓库保管员表

仓管编码	仓管姓名	仓管年龄
001	李一	29
002	张二	25

需要注意的是,关系是规范化的,必须满足给定的条件。当关系中每一属性都是不可分的时,符合第一范式的要求,成为第一范式(1NF);满足第一范式的基础上,所有非主属性完全依赖于主属性时,符合第二范式的要求,成为第二范式(2NF);满足第二范式的基础上,任何一个非主属性都不传递依赖于任何主属性时,符合第三范式的要求,成为第三范式(3NF)。通过三次范式的规范,使关系模型消除了数据冗余、操作异常和修改复杂等问题。

(4)物理结构设计。为逻辑结构设计的成果——数据模型,选取一个最适合应用环境的物理结构,进行存取。

(5)数据库实施。根据逻辑结构设计和物理结构设计的结果建立数据库,编制与调试程序,采集数据入库,并进行试运行。通常使用关系数据库标准语言——SQL完成。

基本表的建立:Create table<关系名称>(属性1 数据类型,属性2 数据类型……)

基本表的修改:Alter table <关系名称> Add 属性名 类型

基本表的删除:Drop table<关系名称>

数据的查询:Select <属性名>From<关系名称>Where<条件表达式>

数据的更新:Update<关系名称>Set<属性名> = <表达式>

数据的删除:Delete From<关系名称> Where<条件表达式>

数据的插入:Insert into <关系名称><属性名>Values<常数>

数据的授权控制:Grant on<关系名称>to 用户名

数据授权回收控制:Revoke on<关系名称>from 用户名

(6)数据库运行和维护。当数据库经过试运行顺利后,可以将数据库投入运行,并在使用中给予评价,当系统运行中出现问题时,要及时解决调整,以保证数据库的安全和完整。

(二)数据仓库

数据库是面向事务的设计,数据仓库是面向主题设计的。数据仓库技术是数据库技术的一个重要发展方向。

著名的数据仓库专家 Bill Inmon 在其著作《Building the Data Warehouse》一书中将数据仓库(Data Warehouse)定义为,"是一个面向主题的(Subject Oriented)、集成的(Integrated)、相对稳定的(Non-volatile)、随时间变化(Time Variant)的数据集合,用于支持企业管理决策(Decision Making Support)的分析过程"。

数据仓库系统是一个信息提供平台,至少应该包含数据获取(Data Acquisition)、数据存储(Data Storage)和数据访问(Data Access)三个基本功能。数据获取,主要负责从外部数据源获取数据,包括各类法律法规、市场信息和竞争对手的信息等,然后,进行数据抽取、清理、转换等处理,再存放到数据仓库内;数据存储,是整个数据仓库系统的核心,将处理过的数据按照主题有效集成分类存储,并进行必要的维护;数据访问,主要面向用户提供服务,为用户访问数据仓库提供手段,例如,数据查询和报表工具、多维分析工具和数据挖掘工具等。

(三)数据挖掘

数据挖掘技术是人们长期对数据库技术进行研究和开发的结果。数据挖掘技术就是从大量的数据中提取或挖掘出有效的、新颖的知识的过程。利用数据挖掘技术将数据加工转换成有价值的信息,供决策人使用,已经成为 IT 行业的研究热点问题。

常用的数据挖掘的方法有:神经网络方法、机器学习方法、统计方法和数据库方法。神经网络方法应用领域包括文字识别、声音识别、图像识别、手臂控制、最优控制、网络控制、故障诊断、产品检查、预测预知、信号处理等;机器学习方法主要包括遗传算法、决策模型算法等方法;统计方法主要利用统计学原理对数据库中的信息进行分析,包括回归分析、判别分析、聚类算法、探索性分析等;数据库方法主要包括多维数据分析方法。

当前数据挖掘在很多行业得到了应用,例如,电力、电信、零售业、制造业、运输业、农业、银行金融业、生物、天体、化工、医药、软件开发、远程教育和通信等方面。

二、电子数据交换

20 世纪 60 年代末,欧洲和美国几乎同时提出了 EDI 的概念,早期它只是应用在两个商业合作伙伴之间,依靠计算机之间的通信技术完成统一标准的数据信息的传递。20 世纪 80 年代末,我国也开始了对电子数据交换技术(Electronic Data Interchange,简称"EDI")的应用和发展的研究。20 世纪 90 年代初,全球采用 EDI 的大型企业达到了 25000 家。20 世纪 90 年代以来,美、日等许多国家和地区陆续宣布,对不采用 EDI 进行统一标准的数据信息的传递的商家,推迟交易信息的处理,甚至不予办理,这就给不采用 EDI 的企业带来了巨大的商业损失,也给他们带来了更大的压力。为了促进经济的发展,提升我国企业的国际竞争力,必须在我国大力推广电子数据交换技术的应用。

电子数据交换是一种利用计算机技术、网络技术、通信技术、标准化技术,在计算机应用系统间,按照国际统一的语法规则,进行商务数据(包括贸易、运输、保险、银行和海关等行业的信息)交换和处理的新方法。由于使用电子数据交换技术,能够有效地减少直到最终消除贸易过程中的纸面单证,所以,电子数据交换也被俗称为"无纸交易"。

(一)电子数据交换的作用

近些年的实践证明,凡是采用 EDI 的国家和地区,都获得了可观的经济和社会效益,EDI的作用主要表现在以下几个方面。

1. 减少纸质文件的消费

EDI 的重要特征就是将企业间格式化的数据信息,如订购单、报价单、货运单、采购合同、报关单、发票等信息,使用电子化手段,在计算机之间进行电子数据的传递,自动处理,无须人工干预。这样既节省了纸张,又去除了对纸质文件重复性的记录、打印、审核、修改、邮寄等。美国国际贸易单证委员会的调查表明,美国过去出口一批货物要打印编制 46 种单证,连同正副本一共要 360 份,制单需要 36 小时之多,单证费用一般占货物价值的 7.5% 左右,因此,采用 EDI 可以大大节约纸质文件的成本消耗。

2.提高工作效率和质量

使用 EDI 后,使用统一的格式在企业间传递商业信息,在各种不同处理环节和阶段,不需要重复输入信息,可以减少与文件录入、传递和检验等相关的行政管理工作,进而提高工作效率。

因为减少了重复输入信息的次数,从而减少了出错的机会,降低了数据对人的依赖性。同时,EDI 一般具有编辑查错功能,能够尽早发现输入性错误,当对方接收到信息后,还能向企业发送收到确认信息,以便及早发现信息是否安全传递,进而提高工作的质量。

3.减少员工支出成本

因为可以实现计算机之间自动传递和处理交易双方的信息数据,相应的,企业可以把一部分专门从事相关行政管理的工作人员解放出来,以从事更有效率的工作,用更少的员工从事相关工作,进而可以减少这部分员工的支出成本。

4.缩短交易的时间

采用 EDI 可以减少企业间交易信息传递的环节,通过计算机传递信息还可以提高信息传递的速度,从而使各种交易信息可以瞬间在不同的地区和国家完成全部传递过程,缩短和减少结汇清算的时间,总体来说,缩短了交易的时间。

5.改善客户服务

使用 EDI 后,可以改善公司内部的经营管理,密切与客户的联系,更快更有效地与客户联系,为客户提供满足客户切实需求的更好的服务,从而树立良好的形象,改善客户关系。

6.构建良好的伙伴关系

EDI 可以加快信息传递的速度,减少交易的环节,缩短交易的时间,提高交易的安全性和可靠性,进而促进交易的达成。交易双方还可以通过 EDI 共享信息,使生产厂商准确地估计商品的需求情况,通过双赢合作,提高他们的竞争能力,构建良好的伙伴关系。

7.优化库存管理

适当的库存量是企业维持正常生产所必需的,通过 EDI 及时传递销售信息,可以使生产厂商准确地估计商品的需求情况,为其管理决策提供更好的信息,减少安全库存量,减少存货占用的资金,又能减少脱销现象的发生,实现库存的优化管理。

(二)电子数据交换的实施

1.电子数据交换系统的构成

构成电子数据交换系统的要素主要有系统硬件和软件、通信网络、标准。

(1)系统硬件和软件。一个部门或企业要实现 EDI,首先必须有一套计算机数据处理系统,既包括硬件设备的配置,又包括软件设备的配置。

电子数据交换系统所需的硬件设备主要为电子化数据信息的生成、加工和传递提供物质基础,主要指的是本企业与网络互联的服务器和工作站,包括计算机、调制解调器和电话线等。

电子数据交换系统所需的软件设备主要是将用户数据库系统中的信息翻译转换成标准格式,方便信息的传输和交换。所以,主要包括转换软件、翻译软件和通信软件等。转换软件可以帮助使用者将原有计算机系统的源文件,转换成翻译软件能够理解的平面图文件,或者将计算机接收到的信息经过翻译软件的翻译后,再进行格式转换,转换成计算机系统文件;翻译软件可以将平面文件翻译成统一的标准格式文件后传输,或者将从网络接收到的标准格式的文件翻译成平面文件;通信软件可以将经过翻译的标准格式的文件传递到系统的交换中心的邮箱,等待传递到目的计算机系统,或者将系统交换中心信箱中的信息传递回计算机系统。为了保证传递过程的安全和传递行为的确认,需要将要传递的标准格式的文件外层加上通信信封(也就是将标准格式的文件经过数字加密技术加密)。

(2)通信网络。通信网络是实现电子数据交换的手段,通信环境的优劣是关系到 EDI 成败的重要因素之一。通信网络方式主要有四种:第一种是点对点方式,由交易双方协商,使用专线连接,互通信息。这种方式比较适用于贸易伙伴较少、贸易方式不多的情况;第二种是一点对多点方式,有一家企业和多家有业务往来的企业连接网络。这种方式比较适用于较大企业的分支机构与总部的联系;第三种是多点对多点方式,多家企业与各自有业务关系的多家企业间建立网络连接,这种方式比较适用于企业与贸易伙伴间的通信;第四种是增值网络方式,企业之间的网络连接需要经过增值网络这个中介的电子邮箱、电子公告板或远程登录系统来联系,传递信息,这样可以减少企业间重复性的传递行为,降低了信息传递的难度,提高了电子数据交换的效率。目前,第四种方式应用较广。

(3)标准。为使本企业内部数据比较容易地转换为 EDI 标准格式,须采用 EDI 标准。EDI 标准是整个 EDI 系统中最关键、最核心的部分。

电子数据交换系统标准是由各企业、各地区代表共同讨论、制定的电子数据交换的共同标准协议,通过标准的实行,来消除语言、商务规定、理解等方面的歧义,相互理解。EDI 标准可以分为语言标准和通信标准。语言标准主要是将传递的信息结构化地表达出来,使计算机相互理解。它是国际社会共同制定的信息书写规范和国际标准,主要用于描述传统结构化的信息,进而消除理解的歧义,促进交易的达成。通信标准是要传递的信息如何传递的规则,主要规范信息从某企业计算机系统传递到另一企业计算机系统的规则。目前广泛采用的 EDI 标准是 UN/EDIFACT,UN/EDIFACT 是主要用于行政管理、商业、运输等部门的电子数据交换的联合国规则。

2.电子数据交换实现步骤

为了更好地理解电子数据交换系统是如何实现的,从一个生产企业的 EDI 系统为例,简单介绍实际的电子数据交换实现步骤。

首先生产企业通过网络接收到一份订单,一般会标明要购买的货物的名称、规格、数量、价格、时间等信息,系统会自动处理该订单,EDI 系统软件把订单自动翻译成生产企业设定的格式,同时自动生成一份表明订单已经收到的功能性回执,这份回执被电子传递给客户,EDI 系统还会检查订单的内容和格式是否符合系统中已设定的要求,然后,向客户发送订单确认函,同时安排企业内部生产系统的生产计划和组织,并向产品生产所需零部件的供应商发送采购订单,供应商通过 EDI 接收到采购订单后,确认并组织所需零部件的供应,生产企业接收单确认函后,向物流公司发送托运申请信息,物流公司收到托运申请后,经过审核确认承运,向生产企业发送承运确认函,并组织运输过程,使用条码自动读取物流信息,并将货物运输信息通过 EDI 传递给生产企业,对货物的运输过程进行跟踪管理,必要时,还需要向海关、商检等机构提交申请,传递单证信息,当货物运达生产企业时,利用扫描设备读取货物标签,进行核对确认,再通过 EDI 向物流公司和供应商发送收货确认函,通知银行结算,开具 EDI 发票,向保险公司申请保险单,组织完生产过程后,再联系物流公司送货。EDI 的应用,自动完成了整个交易过程,不仅降低了成本、提高了效率,也降低了出错率,节约了时间,使交易双方建立起更稳定的合作伙伴关系。

(三)电子数据交换的应用

电子数据交换广泛应用于制造业、运输业、仓储业、外贸、金融保险、报关通关、税务等领域。

在制造业,EDI 的应用主要体现在生产企业与原材料或零部件的供应商之间的商业交易,生产企业与客户之间的交易过程,生产企业与第三方物流公司之间的商业交易,生产企业与金融保险机构之间的信息传递,生产企业与相关政府机构的信息传递等。首先,生产企业利用 EDI 能充分理解并满足客户的需要,制订出供应计划,达到降低库存,然后,以 EDI 方式传送订单,保证数据的正确性,节省人力,引入银行 EDI 转账系统,实现自动转账,提高资金利用效率。

在运输业,EDI 的应用主要体现在采用 EDI 能实现货运单证信息的电子数据传输,充分利用运输设备、网点,为客户提供高层次和快捷的服务。运输企业通过 EDI 收到客户的 EDI 托运单信息,可以确认托运详情,减少人为差错,减少重复录入,同时,EDI 系统可以自动生成发送明细单、组织车辆等资源的调动,明显改善了托运、送货、信息跟踪等作业流程。

在仓储业,EDI 的应用主要体现在可以加速货物的提取及周转过程,通过 EDI 系统实现信息实时共享,减少安全库存量,提高空间利用率。

在外贸领域,EDI 的应用可以增加交易的市场范围,加速交易的达成,确保信息的安全快速传递,提高用户的竞争力。

在金融保险业,EDI 的应用可以实现商务活动的快速循环和可靠的支付,降低银行间转账的时间消耗,加快资金的流动,提高资金的利用率,简化手续,降低作业成本。

在通关和报关中 EDI 的应用,通过电子化单证信息的传递,可加速货物的通关过程,提高对外服务能力,减轻海关业务的压力,防止人为弊端,实现货物通关自动化和国际贸易的无纸化。

在税务业务中,EDI 的应用可以准确地传递税务信息,并实现信息共享,税务部门可以利用电子报税系统,实现纳税申报的自动化,提高报税的工作效率和透明度。

三、地理信息系统

地理信息系统(Geographic Information System,简称"GIS")从 20 世纪 60 年代开始发展,在 20 世纪 90 年代得到了普及。我国地理信息系统方面的工作自 80 年代初开始。以 1980 年中国科学院遥感应用研究所成立全国第一个地理信息系统研究室为标志,中国地理信息系统事业经过十几年的发展,取得了重大的进展。它是在计算机硬件和软件系统的支持下,对整个或部分地球表层(包括大气层)空间中的有关地理分布数据,采用地理模型分析方法,进行地理信息的采集、储存、管理、运算、分析、显示和描述的技术系统。

地理信息系统所描述的地理信息,是对地理实体的性质、特征和运动状态等地理数据的解释。地理数据主要包括空间位置、属性特征(简称属性)和时域特征三部分。空间位置,主要描述目标所在的位置,可以用经纬度坐标表示,也可以用相对位置关系表示;属性,主要针对不同地理位置的地理特征、居住人口特征或其他指定区域特征的信息进行定性或定量的指标描述;时域特征,主要描述地理数据采集或地理现象发生的时刻或时段。空间位置、属性特征和时域特征是地理空间分析的三大基本要素。

(一)地理信息系统的组成

任何一个系统的开发和执行都离不开硬件系统、软件系统、操作人员和操作数据。地理信息系统主要由四个部分构成:计算机硬件系统、计算机软件系统、系统管理操作人员和地理空间数据,其中,核心的部分是计算机硬件和软件系统。地理空间数据反映了 GIS 的地理内容,是最基础的系统组成部分。系统管理操作人员是地理信息系统开发和应用的关键,是地理信息系统重要的构成因素,决定了系统的工作方式和信息表示方式。

1. 计算机硬件系统

计算机硬件系统是开发和应用地理信息系统所需要的计算机物理设备资源,可以是电子的、电的、磁的、机械的、光的元件或装置。计算机硬件系统主要由四部分组成:计算机主机、存储器、传输设备、输入设备和输出设备。计算机主机主要负责地理空间数据的分析、处理和加工,是计算机硬件系统的核心,既包括服务器,又包括若干的工作站;存储器主要负责地理空间数据的存储和查询提取,包括计算机主存储器和辅助存储器(例如,移动硬盘、磁盘、磁带、光盘、U 盘等);传输设备主要负责地理空间数据的传递工作,采集到的数据信息需要传递给计算机分析处理和存储,然后传递给用户提供查询和分析等数据服务,包括电缆、网络连接系统等;输入设备主要负责将地理空间数据信息输入计算机,是操作人员和计算机之间的媒介和连接桥梁,常规的输入设备主要有数字化仪、扫描仪、通信端口、键盘和鼠标等,还有一些专用的输入设备,包括解析测图仪、数字测量仪、摄影测量仪、遥感图像处理系统、光笔、全球定位系统等;输出设备主要负责将地理信息系统中的地理数据,或经过分析处理后的数据,以用户理解的方式输出给用户,包括电脑屏幕显示器、胶片拷贝、刻录机、磁盘、移动硬盘、笔式绘图仪、喷墨绘图仪(打印机)、激光打印机等。

2. 计算机软件系统

计算机软件系统是开发和应用地理信息系统所必需的计算机程序,是地理信息系统的核心,主要负责存储、分析、显示地理空间数据。计算机软件系统一般可以分为计算机系统软件和地理信息系统软件两部分。计算机系统软件是计算机主机运行的基础和大脑,为用户使用计算机、开发程序提供软件服务,包括操作系统、汇编程序、编译程序、诊断程序、各种维护使用手册和程序说明等;地理信息系统软件主要负责地理空间数据的输入、分析处理、存储、加工、校验、管理、输出和表示等工作,包括数据库管理软件、图像处理软件、CAD、计算机图形软件包等基本功能软件,空间分析、网络分析、数字模型分析、地理查询等应用软件和为用户发出操作指令提供方便的用户界面。

3. 系统管理操作人员

系统管理操作人员是地理信息系统重要的构成因素,从地理信息系统的设计、开发到系统的投入使用、运行维护,没有一个环节能在无人状态下进行,而且各环节的完成质量取决于相应的工作人员的素质,既包括系统设计、开发和维护的专业人员,也包括系统的最终用户。各个环节齐心协力、分工协作是地理信息系统成功建设的重要保证。

4. 地理空间数据

地理空间数据是最基础的系统组成部分,主要指的是以地球表面空间位置为参照的自然、社会和人文景观数据,这些数据可以是图形、图像、文本、表格、数字和声音等,由系统的建立者通过输入设备输入地理信息系统,是客观世界经过模型抽象概况的实质性信息,主要由点、线、面组成,来描述空间位置以及发生在相应位置的其他关系信息。同时,对输入的数据加工转换,建立相应的数据库关系,为用户的查询和分析操作提供方便的服务,所以,地理空间数据也是地理信息系统程序作用的对象。

地理空间分析的三大基本要素,也就是空间位置、属性和时间,决定了地理空间数据可以分为空间数据、属性数据和时间数据。空间数据,主要反映事物地理空间位置的信息,例如,经纬度坐标、平面直角坐标、极坐标、海拔高度、地形、地貌、地质数据等,通常这些数据需要使用一定的工具(例如,地图、遥感、测绘仪、全球定位系统等)进行测绘获得;属性数据,主要反映某个地理位置可以标示的其他地理属性特征,例如,人口、经济总量、交通、行政区划、房地产、建筑情况、河流长度、水土流失量、环保、公用事业数据等;时间数据,主要反映地理数据采集或地理现象发生的时刻或时段。

(二)地理信息系统的工作流程

地理信息系统的使用,首先需要向系统输入数据,然后对地理数据进行存储、加工分析和转换,最后将地理信息输出。具体如下:

1.地理数据的输入

首先通过观察或工具(例如,测量仪、全球定位系统等),获取空间数据,再转换成适当的数字格式,使用扫描仪或键盘等输入设备,将数据输入计算机系统。

2.地理数据的加工

向计算机系统输入的数据,需要去伪存真、去粗取精的过程,还需要使用应用软件,编辑加工数据(例如,属性编辑、表格编辑、图形编辑等),为进一步分析提供服务。

3.地理数据的分析

地理数据的分析是地理信息系统的核心功能,包括空间拓扑叠加分析和空间模型分析。通过空间拓扑叠加分析,可以实现空间数据特性在地图空间上的连接;通过空间模型分析,可以使用网络分析、三维模型分析、数字地形高程分析等模型更好地分析和解决问题。

4.地理数据的存储

地理数据采集输入后,可以存储在计算机中,经过加工和分析的过程,可以建立数据库储存,例如,采用"分层"技术,将地图中的不同构成要素,存储在不同的"层"中。将不同的"层"要素进行重叠,就形成不同属性主题的地图,方便使用者的调阅和查询。

5.地理数据的输出

当用户有位置查询的需求或地理分析查询需求时,需要将编辑好的空间数据信息在计算机显示器的屏幕上显示,或通过绘图仪、打印机等输出设备输出报告、表格、地图等式样。

(三)地理信息系统的应用

地理信息系统在最近的30多年内取得了惊人的发展,不仅为国家宏观决策和区域多目标开发提供依据,也为区域经济发展服务,其应用领域大致可以分为基本应用和物流应用。

1.基本应用

地理信息系统的基本应用包括以下几方面。

(1)资源管理(Resource Management)。资源管理包括资源的清查、管理和分析,是地理信息系统最基本的职能,也是应用最广泛的领域。我国的自然资源很多,包括农业、林业、矿产、海洋、国土、水利、气象、野生动植物保护等领域,地理信息系统主要解决各种资源(如土地、森林、矿产、野生动植物等)分布、分级、统计、制图等问题,使用户可以通过用户界面进行查询、显示、统计和分析等,为合理地利用资源、开发资源和保护资源提供服务。

（2）城市规划和管理（Urban Planning and Management）。城市规划有高度综合性，需要信息系统提供交通流量、土地利用情况、人口数据、绿化情况、公共设施、教育、文化、金融、资源等数据，帮助政府部门完成科学的规划和开发，帮助规划人员进行分析预测。例如，如何科学地进行城市绿化的规划和分布设计，如何保证教育卫生系统、公共设施、运动场所、服务设施等能够有最大的服务面等。

（3）土地管理（Cadastral Applicaton）。土地管理主要研究土地利用动态变化、地块轮廓变化、地籍权属关系变化、环境质量等内容，不仅包括土地的测绘，还包括地质变化的研究、土地相关属性的研究和分析。使用地理信息系统可以更科学地计算出国土情况，研究国土特征。

（4）生态、环境管理与模拟（Environmental Management and Modeling）。生态、环境管理与模拟主要研究生态规划、环境现状，并使用地理信息系统对生态和环境的影响因素影响过程和结果进行模拟预测，便于及早做出对策，保护生态平衡和环境，实现可持续发展。

（5）应急响应（Emergency Response）。在发生洪水、地震、飓风、战争、核事故等重大自然或人为灾害时，可以通过地理信息系统进行灾情的检测和损失的估算，分析灾害影响范围，确定最佳救助方案。例如，在防洪减灾研究中，借助地理信息系统，通过模型分析决策功能，可以计算出泄洪区域的分布和预测损失，安排最佳的人员撤离路线、财产转移和救灾物资供应的最佳路线，并配备相应的运输和保障设施，有效及时对抗灾害的发生。

（6）基础设施管理（Facilities Management）。基础设施管理主要研究为公众生活和工作提供方便的公共基础设施的管理、统计。每个城市都建有错综复杂的基础设施网，例如，水道、陆上交通、燃气管道、排污设备、电网等，每个网的每个节点直接关系群众的生活起居，有一个点出现问题，都会给群众的生活带来不便，需要及时排除网络和节点上的故障，而这些基础设施因为分布面广，需要地理信息系统辅助定位导航，排除隐患和障碍，提高群众的生活质量。

（7）商业与选址（Business and Location）。任何一个商业实体，在建立时，都应考虑经营的业务是否有市场潜力，这就需要结合不同区域人口特征、文化特征、经济特征等因素合理预测，利用地理信息系统可以更方便地进行地域特征的分析，准确进行市场定位，分析潜在客户和客户空间动态变化，同时，还可以研究客户、经销商和网点的分布，为客户提供空间定位和导航的信息服务等。例如房地产的开发和销售。商家不仅要考虑业务的市场，还要考虑选址问题，如何让更多的客户更容易看见自己的店，走进自己的店接受服务，这就需要综合考虑交通条件、地形特征、设施配套情况等因素，在区域范围内选择最佳位置。

（8）可视化应用（Visualization Application）。在城市建设和规划中，为了更好地宣传，带动城市的旅游，需要将空间地理数据转换成数字形式，方便网民的查询，这就需要借助地理信息系统将城市空间地理数据建立模型，建立城市、区域、大型建筑、旅游景区等的三维可视化模型，仿真空间布局，给网民直观感觉，提高城市的知名度和竞争力。

（9）交通管理（Traffic Management）。随着交通需求的增大，交通运输面临的问题也在增多，例如，交通拥挤、环境污染等，这就需要借助地理信息系统，提供数字交通服务，并对车辆进行调度跟踪，保证交通的安全、顺畅。

2. 物流应用

地理信息系统将地理位置与其相应的属性有机结合，为用户提供图文并茂的数据采集、存储、分析加工和决策等服务。地理信息系统应用在物流环节，主要使用地理信息系统的数据功能合理组织物流活动，分析物流过程，解决路线选择、仓库选址、车辆调度等问题。

(1)运输中的应用。在运输中,地理信息系统能够帮助用户选择最佳线路,例如,在一个起点、多个终点的货物运输中,如何降低运输费用,保证运输质量,用最少的车,走最佳的路线。还可以帮助监控中心进行车辆调度、监控定位和导航,帮助设计师分析运输路线轨迹,为客户提供实时运输跟踪信息。

(2)仓储中的应用。在仓储中,地理信息系统能够帮助用户选择最佳仓库的位置、规模和分布,还可以将仓库货位建立空间数据,合理分配货位。

(3)配送中的应用。在配送中,地理信息系统能够帮助用户自动采集信息,确认客户的位置和所在的区站,通过地理信息系统,还可以辅助用户实现合理的调度和顺序的安排。对于配送企业的客户来说,也可以通过电子地图,了解货物的配送实情,查询货物动态信息。例如,将货物从多个仓库运往多个客户,可以借助地理信息系统进行分析,决策哪个仓库出货,送到哪个客户成本最低,哪几个客户可以顺路顺序配送。

四、全球定位系统

全球定位系统(Global Positioning System,简称"GPS"),是目前世界上应用最广泛的导航定位系统,该系统从提出到组建完毕,历时 20 年,耗资 200 多亿美元。GPS 以全天候、高精度、自动化、高效益等显著特点,赢得了广大测绘工作者的信赖。目前已遍及国民经济各个部门,并开始逐步深入人们的日常生活,例如,导航、定位、勘探测绘、工程施工、农业、林业、电力、军事等。

(一)全球定位系统的特点

全球定位系统的特点主要体现在以下几点:

1.全球、全天候工作

GPS 的空间部分是由 24 颗工作卫星组成的,其中,21 颗用于导航,3 颗用于备用,在地球表面上任何地点、任何时间都可以连续同步观测到至少 4 颗卫星,从而保证了为客户提供全球、全天候 24 小时的实时定位与导航服务,不受恶劣地理环境和天气环境的影响。

2.定位精度高

GPS 能够连续为客户提供高精度的实时三维位置、三维速度和精确的时机信息。实时定位精度可高达 50 米,速度精度可达 0.1 米/秒,静态相对定位精度可达毫米级。GPS 的核心部件有高精度的时钟,时间准确度优于 100 纳米。

3.操作简便

GPS 的接收机客户端,主要为用户接收空间卫星信息,并根据客户需求传递信息。为了适应客户多领域多专业的应用,GPS 的接收机客户端设计了几百种不同的类型,而且,自动化的程度越来越高,体积越来越小,界面越来越友好,操作越来越简单,趋于自然语言,极大方便了用户的使用。

4.应用广泛

随着人们对 GPS 认识的深入,GPS 的应用范围不断扩大,不仅应用于海陆空军事技术的导航定位,而且应用于生活中的测量、测速、导航、跟踪、定位、调度、通信、智能遥控、救援等。

5.保密性强

由于 GPS 采用了扩频技术和伪码技术,使得 GPS 发送的信息不易受信号噪声干扰,保密性能强。

6.测站间无需通视

GPS测站间不需要相互通视,只要测站上空开阔,能够接收到空间部分卫星的信号,并能相互传递信息即可。所以,GPS对于测站位置没有通视的限制,设点更加灵活,可以节省大量的测站造标成本的支出。

(二)全球定位系统的功能

全球定位系统的广泛应用,源自全球定位系统的多种功能,具体表现在以下几点:

1.定位

全球定位系统定位精度高,采用GPS对车辆进行定位,在任何时候,都可以查询到车辆的具体位置,可以了解到多长时间能回到公司。当遇到突发事件时,可以迅速找到用户的位置,实现快速救援,例如,沙漠中迷途等情况的救援。

2.导航

三维导航是GPS的首要功能,用户可以使用GPS的导航接收机接收空间卫星发出的有关速度、目标位置坐标、前进方向、时间等信号信息,将行驶路线与电子地图匹配,指示正确的行驶路线,帮助用户寻找最佳路径。

3.双向通信

GPS的对讲设备有语言功能,可以实现指挥中心与GPS终端的语音或短信通信,有利于工作中心及时了解并控制作业过程,实现有效管理。

4.动态调度

可以通过GPS实时了解自有车辆的位置及状态,当发生特殊情况时,可以根据车辆的位置及任务状态,临时调度,以满足客户的特殊需求,并能争取时间,节约运输成本,充分利用车辆的能力,实现合理运作。

5.路线规划

根据GPS的定位信息,可以自动设计最佳的行驶路线,配合GIS可以在电子地图上制定成本更低、路径更短、时间更短、通过高速公路路段次数最少的路线,使运行线路更合理。

6.信息查询

根据GPS的定位信息,可以为用户提供电子地图按需检索查询,还可以根据已发生信息储存数据库系统的有效管理,提供行驶路径回放等信息查询,为各部门决策提供详细的判断依据。

(三)全球定位系统的组成

全球定位系统主要由三部分组成:空间部分(GPS卫星)、地面监控部分和用户部分(GPS接收机)。

1.GPS空间部分

GPS的空间部分是由均匀分布在6个轨道面上(每个轨道面4颗)的24颗卫星(其中21颗工作卫星,3颗备用卫星。目前的卫星数已经超过32颗)组成。卫星轨道高度20200km,轨道倾角55°,运行速度为3800米/秒,运行周期11小时58分。每颗卫星可覆盖全球38%的面积,这样就可以保证在世界各地任何时间可见到至少4颗以上卫星,GPS可以全球、全天候实时连续地向用户提供位置信息和时间信息。GPS的卫星外形,如图3-23所示。

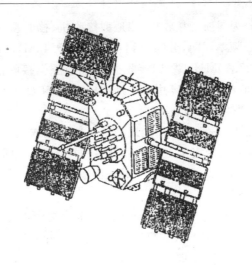

图 3-23 GPS 的卫星外形图

GPS 的核心部件有高精度的时钟,时间准确度优于 100 纳米。在时钟的控制下,GPS 自动生成测距码和载波,以提高 GPS 的保密性和抗干扰能力。其中,测距码分为两组,一组是 C/A 码(Coarse/Acquisition Code11023MHz),另一组是 P 码(Procise Code 10123MHz),P 码因频率较高,不易受干扰,定位精度高,因此受美国军方管制,并设有密码,一般民间无法解读,主要为美国军方服务。而 C/A 码则人为采取措施,刻意降低精度后,主要面向民间开放使用。

2.GPS 地面监控部分

GPS 的空间卫星所播发的星历都是由地面监控部分提供的,卫星是否在预定的轨道上运行,卫星上的各种设备是否正常工作,卫星上的时间是否一致,都是由地面监控部分进行监控。GPS 的地面监控部分主要由主控站、注入站和全球监控站组成。主控站有一个,位于美国的科罗拉多(Colorado),主要负责从全球各监控站采集跟踪数据,计算出卫星的轨道和时钟参数,编辑导航电文,判断卫星的运行状态,及时调度卫星到预定轨道,然后将结果发送到各注入站;注入站有三个,分别设在大西洋的阿松森(Ascencion)群岛、印度洋的迭哥·伽西亚(Diego Garcia)和太平洋的卡瓦加兰(Kwajalein)三个美国军事基地上,主要负责将主控站计算的卫星星历、卫星时钟的调整数、导航数据和其他指令注入到卫星中,每天注入三次,每次注入十四天星历。同时,注入站还需要向主控站发射信号,每分钟报告一次自己的工作运行情况;监控站有五个,除了主控站外,其他四个分别位于夏威夷(Hawaii)、阿松森群岛(Ascencion)、迭哥伽西亚(Diego Garcia)、卡瓦加兰(Kwajalein)。监控站主要负责对 GPS 卫星进行连续观测,收集卫星测距信息,并将观测数据传送到主控站。每个监控站都配置有 GPS 双频信号接收机,每隔六分钟进行一次伪距测量和积分多普勒观测,采集气象要素等数据,经过整理判断,将数据发送到主控站。

3.GPS 用户部分

全球定位系统的用户设备部分,包括 GPS 接收机、数据处理软件和用户终端设备(例如,计算机、气象仪等)。其中,核心部分是 GPS 信号接收机。

GPS 信号接收机,用来接收卫星发射的信号信息,并计算出定位数据,跟踪卫星的运行,对接收到的信号进行变换、放大等处理,信号传递时间、三维位置、三维速度等信号。GPS 接收机根据用途不同可以分为导航型接收机、测地型接收机、授时型接收机和姿态型接收机；还可以根据接收的卫星信号频率不同，分为单频（Ll＝1575.42MHz 载波）接收机和双频（Ll＝1575.42MHz 和 L2＝1227.60MHz 载波）接收机；还可以根据接收信号通道数量不同，分为多通道接收机、序贯通道接收机和多路复用通道接收机；根据工作原理不同，可以分为码相关型接收机、平方型接收机和混合型接收机。

　　在精密定位测量工作中，一般均采用测地型单频接收机或双频接收机。单频接收机适用于小于 15km 的较短基线的精密定位工作，而双频接收机由于能同时接收到卫星发射的两种频率 Ll 和 L2 的载波信号，所以，比较适用于较长距离（可达到几千公里）的精密定位工作，但双频接收机结构复杂，价格昂贵。

　　GPS12 是美国 GARMIN 公司于 1998 年推出的全中文接收机，是目前国内市场上的一款主流机型。如图 3-24 所示，用 GPS 接收机定位时，首先按开机键开机，接收卫星信号，显示收星画面，然后，连续按翻页键或退出键，切换至数据查询画面，显示用户接收点位的具体信息。使用 GPS 接收机导航时，首先要按定位键，记录各个位置建立航路点，或者直接输入经纬度建立航路点，然后才能进行导航。

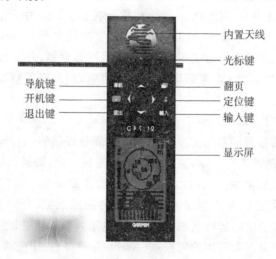

图 3-24　GPS12

（四）全球定位系统的应用

　　GPS 技术目前已经发展成为多领域、多模式、多用途、多机型的国际性高新技术产业。它已经融入了国民经济建设、国防建设和社会发展的各个应用领域，主要是为船舶、汽车、飞机等运动物体进行定位导航。

　　1.陆上应用

　　陆上应用，主要包括陆上车辆定位与导航、车辆跟踪、城市智能交通管理、景点导游、野外勘测与探险、应急反应与救援、个人通信终端（与手机，PDA，电子地图等集成一体）、高精度时频对比、大气物理观测、大地测量、地球物理资源勘探、农业监测、生态研究、工程测量（包括城市和矿区油田地面沉降监测、大坝变形监测、高层建筑变形监测、隧道贯通测量等精密工程）、地壳运动监测、市政规划控制等。

　　2.海洋应用

　　海洋应用，主要包括船舶远洋导航、最佳航程航线测定、船舶实时调度与导航、进港引水、水下地形测量、海上救援、海底寻宝、水文地质测量以及海洋油井平台定位、海平面升降监测等。

3.航空航天应用

航空航天应用,主要包括飞机航路引导、进场降落、航空遥感姿态控制、低轨卫星定轨、导弹制导、航空摄影测量、航空救援和载人航天器防护探测等。

案例分析

某库存管理系统的数据库设计

库存管理工作主要由仓库部门完成,负责物流的入库、出库和库内保管工作。下面以某仓库的库存管理系统为例设计数据库。

首先,进行需求分析。在库存管理工作中,需要记录和处理的数据有入库数据、出库数据和库存数据等。入库工作包括接收货主的货物入库,并指定存储库位;出库工作包括按出库订单,从指定库位取出货物,按要求出库,由客户领取货物;库存保管工作包括库内货物与库位的盘点工作。

其次,进行概念设计。在仓库的库存管理系统中,实体型有仓库、货物、货主、客户等。联系主要有保管(M:N)、出库(M:N)、入库(M:N)。属性有:

仓库的属性有仓库编号、库位编号、库管人员。

货物的属性有货物编号、货物名称、货物规格、货主名称。

货主的属性有货主编号、货主名称、货主联系电话。

客户的属性有客户编号、客户名称、客户联系电话。

保管的属性有仓库编号、库位编号、货物名称、货物数量、库管人员。

出库的属性有货物编号、货物名称、出库数量、出库时间、出库订单号、客户名称、经办人。

入库的属性有货物编号、货物名称、入库数量、入库时间、货主名称、入库单号、经办人。

用 E—R 图表示库存管理系统的保管工作的概念模型,如图 3-25 所示。

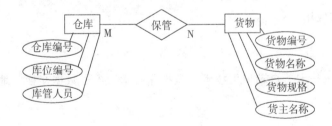

图 3-25　库存管理系统的保管工作的 E—R 图

再次,进行逻辑结构设计。将概念模型转换为数据模型,库存管理系统的关系数据模型初步确定为:

仓库(仓库编号、库位编号、库管人员);

货物(货物编号、货物名称、货物规格、货主名称);

货主(货主编号、货主名称、货主联系电话);

客户(客户编号、客户名称、客户联系电话);

保管(仓库编号、库位编号、货物名称、货物数量、库管人员);

出库(出库订单号、客户名称、货物编号、货物名称、出库数量、出库时间、经办人);

入库(入库单号、货主名称、货物编号、货物名称、入库数量、入库时间、经办人)。

对上述七个关系模型进行规范,实现 3NF。

最后,用数据库设计工具实现物理设计,使用关系数据库标准语言——SQL 完成数据库实施。例如,使用 SQL 完成创建仓库关系的设计,命令语句如下:

CREATE TABLE 仓库 (仓库编号 numeric,库位编号 numeric,库管人员 character);

也可以使用桌面型数据库设计工具,完成创建仓库关系的设计,例如,使用 Visual FoxPro 设计仓库关系如表 3-4 所示。

表 3-4　仓库关系

字段名	字段类型	字段宽度	说明
CKBH	NUMERIC	20	仓库编号
KWBH	NUMERIC	20	库位编号
KGRY	CHARACTER	8	库管人员

当数据库经过试运行顺利后,可以将数据库投入运行,并在使用中给予评价。当系统在运行中出现问题时,要及时解决调整,以保证数据库的安全和完整。

请思考:

参照案例中给出的例子,完成整个库存管理系统的数据库设计,要求画出整个系统的 E－R 图,并转换成满足 3NF 的数据模型,再上机完成该数据库的实施。

本章小结

本章主要介绍了物流管理信息系统的应用技术和支持技术。学习本章,需要熟悉物流技术和物流设备的界定和类型,了解我国物流设备的发展现状与发展趋势,熟悉物流信息自动识别、自动采集、自动存取和分拣的技术,了解相关的设备。理解数据库的概念,了解数据库系统的组成,掌握数据库设计技术,理解电子数据交换、地理信息系统和全球定位系统的工作原理和组成,了解它们的应用。

关键概念

物流技术　条码技术　自动识别技术　数据库技术　电子数据交换　地理信息系统　全球定位系统

复习思考题

1.什么是物流技术?

2.请简述条码的识读原理。

3.请简述 RFID 系统的组成和工作原理。

4.请简述物流自动化和信息系统化的关系。

5.简述 GIS 和 GPS 如何在物流领域发挥作用。

6.数据库系统有哪几部分组成?

7.请思考物流管理信息系统的技术未来的发展趋势。

第四章　系统规划和开发

第一节　系统规划

一、物流管理信息系统规划的方法和步骤

(一)诺兰模型

诺兰的阶段模型把信息系统的成长过程分为初装、蔓延、控制、集成、数据管理和成熟六个不同的阶段,如图 4-1 所示。

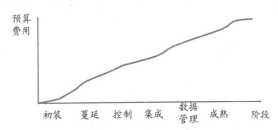

图 4-1　诺兰模型

(二)信息系统规划及其特点

物流管理信息系统规划的内容包括信息系统的目标、约束与结构；物流企业当前的能力状况；对影响计划的信息技术发展的预测和近期计划等。它的特点是：系统规划是面向全局、面向长远的关键问题，具有较强的不确定性，结构化程度较低。信息系统规划是高层次的系统分析，高层管理人员是工作的主体。因为系统规划整个工作过程是一个管理决策的过程。它确定利用现代信息技术有效支持管理决策的总体方案。但此系统规划不宜过细。并且该系统规划必须采用多种方法相互配合，取长补短。此物流信息系统规划是企业规划的一部分。

(三)关键成功因素法(CSF)及其实施步骤

关键成功因素是对企业组织的成功起关键作用的因素，关键成功因素法重视那些必须经常得到管理人员关注的活动区域，对这些区域的运行情况要经常不断地进行度量，并提供这些度量信息以供决策使用。在规划管理信息系统时要经常强调以下三点：一是系统必须适合企业或组织所属的行业以及它采用的特殊策略；二是系统必须能够识别那些为使企业成功而在管理上要经常给予认真关注的"成功因素"；三是在系统提供给各管理阶层的报告中必须突出有关成功因素的情况。CSF方法的步骤如图4-2。①了解企业目标；②识别关键成功因素；③识别性能的评价指标和标准；④识别度量性能的数据。CSF的目标是开发数据库，因此，输出是一个数据字典。关键成功因素法就是要识别联系于系统目标的主要数据类及其关系。CSF法的关键是识别关键成功因素，可借助于树枝因果图来分析，如图4-3所示。

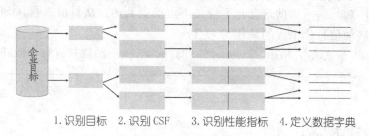

1.识别目标　2.识别CSF　3.识别性能指标　4.定义数据字典

图4-2　CSF方法的步骤

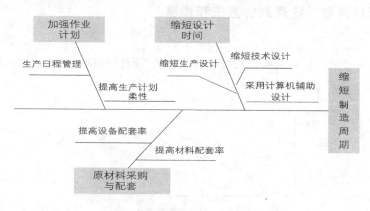

图4-3　树枝因果图示例

(四)企业系统规划法(BSP)及其实施步骤

企业系统规划法(Business System Planning，简称"BSP")是一种对企业管理信息系统进行规划的结构化方法,它主要是基于用信息技术支持企业运行的思想。在总的思路上与 CSF 法一样,也是自上而下识别系统目标,识别企业过程,识别数据,然后自下而上设计系统,以支持系统目标的实现。

BSP 法从企业目标入手,逐步将企业目标转化为管理信息系统的目标和结构。它摆脱了管理信息系统对原组织结构的依从性,从企业最基本的活动过程出发,进行数据分析,分析决策所需数据,然后自下而上设计系统,以支持系统目标的实现。

它的作用和优点在于:确定出未来信息系统的总体结构,明确整个系统的子系统组成以及开发这些子系统的先后顺序。对数据进行统一规划、管理和控制,明确各子系统之间的数据交换关系,保证信息的一致性。能保证 MIS 独立于企业的组织机构,使其具有对环境变更的适应性。即使将来企业的组织机构或管理体制发生变化,MIS 的结构体系也不会受到太大的冲击。

企业系统规划法的步骤分八步:①准备工作;②调研;③定义业务过程;④业务过程重组;⑤定义数据类;⑥定义信息系统总体结构;⑦确定总体结构中的优先顺序;⑧完成 BSP 研究报告,提出建议书和开发计划。

二、物流管理信息系统规划、可行性分析和系统再造

(一)可行性分析

可行性分析的内容包括信息系统规划的必要性,经济和技术上的可行性以及组织管理上的可行性等几个方面。可行性报告是开发人员对现行系统的调查、分析和规划的结论,是系统开发过程中的第一个正式文档,是系统规划阶段工作的总结,它反映了系统研制人员对研制工作的看法。这个报告要提交讨论,由用户单位的领导、管理人员、系统研制人员共同参加,还应尽可能邀请一些有经验的局外系统分析专家参加。通过可行性分析得出结论可以指导信息系统的再造工作。所有的信息系统的可行性分析与后期的再造工作都离不开对现有系统详细精准的调查与分析工作。

(二)系统详细调查和管理业务:调查与分析

详细调查的任务:详细调查是为了弄清原系统的状况,查明其执行过程,发现薄弱环节,收集数据,为设计新系统提供必要的基础资料。具体的调查内容包括管理业务状况的调查和分析、数据流程的调查和分析。

1.系统详细调查

详细调查的方法包括:

①收集资料;②发调查表征求意见;③开调查会;④访问;⑤直接参加业务实践。除此以外还要对管理业务进行调查与分析。

2.管理业务:调查和分析

管理业务的调查包括四方面内容:

①系统环境调查

系统环境调查包括现行系统的管理水平,原始数据的精确程度,规章制度是否齐全和切实可行,各级领导对开发新的 MIS 是否有比较清楚的认识,用户单位能否抽调出精通本行业管理业务、对本单位存在的问题有深刻了解而又热心于改革的工作人员。此外,还要调查原系统的设备情况。

②组织机构和职责的调查

调查中应详细了解各部门人员的业务分工情况和有关人员的姓名、工作职责、决策内容、存在问题和对新系统的要求等。

③功能体系的调查与分析

系统有一个总的目标,为了达到这个目标,必须完成各子系统的功能,而各子系统功能的完成,又依赖于下面各项具体功能来执行。功能结构调查的任务,就是要了解或确定系统的这种功能构造。

④管理业务流程的调查与分析

管理业务流程的调查与分析就是要弄清管理职能是如何在有关部门具体完成的,以及在完成这些职能时,信息处理工作的一些细节情况。

第二节　系统开发

一、物流管理信息系统的开发方法

(一)结构化生命周期法

结构化系统开发方法(Structured System Development Methodologies),即生命周期法,是最常用的管理信息系统开发方法。它是用系统工程的方法,以用户至上为原则,以结构化、模块化的方式,自顶向下地对系统进行分析与设计。用结构化系统开发方法开发一个系统,将整个开发过程分为五个首尾相接的阶段,即系统开发的生命周期(Life Cycle)。包括:系统调查、系统分析、系统设计、系统实施与运行、系统维护与评价。生命周期法实际上就是从系统提出请求开始,然后进行调查、分析、设计、实施、运行和维护的整个过程。生命周期法强调系统整体性和全局性,严格区分各个阶段,一步一步地进行分析设计,及时总结、反馈和纠正,避免混乱状态。

生命周期法可分五个步骤进行,即系统调研分析、数据库设计实现、界面设计实现和系统功能设计实现。其中系统调研分析阶段是最基础、也是最容易被开发人员忽视的环节。

1.系统调研阶段

系统分析员要对现行系统进行调查研究,弄清系统组织结构业务情况、资源、系统的界限和存在问题,然后确定新系统的目标,进行可行性研究并提出可行性研究的书面报告。

用户需求调研涉及用户和系统分析人员两方。为了使用户需求调研工作顺利进行,必须事先制订一个调研计划,以便双方有关人员,特别是用户方面的人员,安排好工作时间。由表4-1可知,调研计划包含了调研内容、接待部门和人员、调研成果三方面的信息。

表 4-1　调研计划

调研内容	接待部门和人员	调研成果
了解公司概况,组织目标和公司的组织结构	公司总经理,人力资源部负责人	公司概况,组织结构图,人员分工表
了解公司信息技术现况	信息中心负责人	软硬件及网络应用现况报告
了解公司库存管理现况	计划部负责人	公司库存管理现况报告

续表

了解零部件库存管理业务	零部件仓库管理员和计划部负责人	零备件仓库业务流程图,入库单,出库单,零部件台账,库存报表及其他单据材料
了解成品库存管理业务	成品仓库管理员和计划部负责人	成品仓库业务流程图,入库单,出库单,成品台账,库存报表及其他单据材料
到各相关业务部门调研	生产,采购,财务,销售等部门负责人	生产与库存,采购与库存,销售与库存,财务与库存等相关业务流程图
对收集到的资料进行分析	计划部负责人	相应报告编写
细化零部件和成品业务图	零部件和成品仓库管理员	相应报告编写
调研报告的鉴定审批	总经理,总工程师,专家,各部门负责人,仓库管理员	提交调研报告并交公司确认

制订好详细、周全的调研计划后,就着手确定使用什么样的调研方法和工具开展调研、收集哪些方面的信息资料、如何绘制各种业务流程图等。

经常采取的调研方法主要有:表格调查法、座谈调查法、查阅资料法和现场观察法四种。同时,还要使用相应的调研工具,如统计表格、图形等。

(1)表格调查法。对于那些结构性强、指标含义明确并且有具体内容的调查,应使用表格来调查。一般可利用目标调查表、组织机构调查表、任务调查表、文件类信息调查表、报表数据调查表、计算机资源调查表、计算机应用项目调查表等表格来配合调查。

(2)座谈调查法。这是一种通过调查人员与被调查人员进行面对面的有目的的谈话获取所需资料的调查方法。一般有按纲问答法和自由畅谈法两种座谈方式。

(3)查阅资料法。该方法就是查阅企业各种各样的定性和定量的文件。

(4)现场观察法。这是一种深入现场直接对调查对象的情况进行观察、记录,从而取得第一手资料的调查方法。采用这种方法可以提高信息的可靠性。观察可以分为对人的行为的观察和对非行为的客观事物的观察。

2.系统分析阶段

在详细占有资料的基础上,认真分析用户的要求,确定新系统的逻辑功能,并通过一系列图表工具表达出来,最后编写系统分析说明书。

3.系统设计阶段

根据系统分析阶段确定的各种功能要求及数据流程图,转化为具体的物理系统。

4.系统实施与运行阶段

此阶段包括:程序设计及测试、系统的转换及运行、设备的安装与调试、人员培训工作。

5.系统维护与评价

维护可保证系统正常运行。系统评价是对新系统进行技术、运行和经济效益的综合评价。

生命周期法强调用户参与系统的开发;按照系统的观点,自顶向下地完成开发工作;按照工程的观点分层次地安排开发计划;充分考虑到新系统适应系统变化的情况等。

(二)原型法

原型法的基本思想是1977年开始提出来的,是在关系数据库系统、第四代程序生成语言(4th Gneration Language,4GL)和开发环境基础上的一种开发方法。其基本思想是弥补生命周期法的不足,在短期内开发一个功能并不十分完善的、实验性的、简易的信息系统原型。由用户与系统分析设计人员合作,在短期内定义用户的基本需求。先运行这个原型,再不断评价和改进原型,使之逐步完善。其开发是一个分析、设计、编程、运行、评价多次重复、不断演进的过程。

1.原型法的开发过程分为四个阶段

(1)确定用户的基本需求;

(2)开发初始原型系统;

(3)对原型进行评价;

(4)修正和改进原型系统。

2.原型法的开发步骤(如图 4-4)

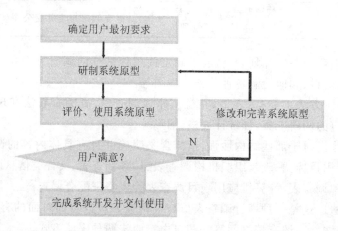

图 4-4　原型法的开发步骤

3.原形法的适用场合和优缺点

原型法适用于用户事先难以说明需求的较小的应用系统,或者为决策支持系统。原型法与结构化系统开发方法结合起来使用。即整体上仍使用结构化系统开发方法,而仅对其中功能独立的模块采用原型法。

原型法的优点包括:认识论上的突破;改进了用户和系统设计者的信息交流方式;用户满意程度提高;开发风险降低;减少了用户培训时间,简化了管理;开发成本降低等。

它的缺点有:开发工具要求高;解决复杂系统和大型系统问题困难;管理水平要求高等。

(三)面向对象的开发方法

面向对象(Object Oriented,OO)的开发方法主要有以下几个特点。

(1)以对象为基础,整个系统是各独立对象的有机结合。

(2)对象是一个被严格模块化的实体,即封装。

(3)对象按属性进行归类(Class)。类有一定的结构,类上可以有超类(Superclass),类下可以有子类(Subclass)。它们之间靠继承关系维持。

(4)各种对象之间有统一、方便、动态的消息传递机制。

面向对象的程序设计方法是把数据和对数据的特定操作组合成一个“对象”,这个对象综合了数据和程序代码。它不像传统的程序设计方法那样将数据传递给程序,而是由程序给对象传递“消息”执行某个以嵌入到程序里的过程。过程在面向对象语言中被称为“方法”。相同的消息可以传递给多个不同的对象,每个对象使用这些消息执行不同的任务。典型工具有 Ja-

Va、VB、PB、VFP、C++Builder 等。其优点为：面向对象方法描述的现实世界更符合人们认识事物的思维方法，因而用它开发的软件更易于理解，易于维护。并且面向对象的封装性在很大程度上提高了系统的可维护性和可扩展性。另外面向对象的继承性大大提高了软件的可重用性。

遗憾的是，在 OO 中只有能提供代码的对象/类才能被重用，这对实际应用环境来说，是一个十分苛刻的要求，使开发人员面对丰富的软件资源只能望洋兴叹。面向对象是人们提出重用性的第一个尝试，由于 OO 开发环境本质上不够完善，缺少解决对象互操作性的公共基础设施等原因，妨碍了它对重用性的有效支持。

（四）基于软件组件的开发方法

软件中组件技术的出现是传统软件开发过程的又一次变革。基于软件组件（Based-on Component）的开发方法是在面向对象软件开发方法的基础上逐渐发展起来的一种新技术。现在，主要的组件接口标准有 COM/DCOM、CORBA、JavaBean、EJB 和 OpenDoc 等。有了这些标准，软件开发人员就可以独立地开发或利用组件。

目前，典型的数据库信息系统开发工具有：Microsoft Visual FoxPro 6.0 数据库管理系统（VFP）、Delphi 6.0 面向对象的数据库开发环境（Delphi）、C++Builder 面向对象的程序开发环境、Microsoft Visual C++ 程序开发环境（VC）、Microsoft Visual Basic 程序开发环境、Power Builder 数据库开发环境等。在软件业界有句话："真正的程序员用 VC，聪明的程序员用 Delphi。"

二、物流管理信息系统开发过程

（一）系统开发策略

1. 接收式的开发策略

经过调查分析，认为用户的信息需求是正确的、完全的和固定的，现有的信息处理过程和方式也是科学的，这时可采用接收式的开发策略。

2. 直接式的开发策略

经调查分析后，即可确定用户需求和处理过程，且以后不会有大的变化，则系统的开发工作就可以按照某一种方法的工作流程按部就班地走下去，直至最后完成开发任务。

3. 迭代式的开发策略

当问题具有一定的复杂性和难度，一时不能完全确定时，就需要进行反复分析，反复设计，随时反馈信息，发现问题，修正开发过程的方法。

4. 实验式的开发策略

当需求的不确定性很高时，一时无法制订具体的开发计划，则只能用反复试验的方式来做。

（二）系统开发的指导原则

1. 系统的目的性

系统的开发是为实现特定组织目的，所以目的性是系统开发的首要原则。

2. 系统的整体性

为使信息系统能够满足用户的功能需求，又摆脱手工系统传统工作方式的影响，寻求系统的整体优化，系统开发应采取整体化的开发方式，即先确定逻辑模型，再设计物理模型。

3. 系统的相关性

信息系统是由多个子系统(功能)组成的,整个系统是一个不可分割的整体,其总功能比所有子系统的功能总和还要大得多。各子系统均有其独立功能,同时又相互联系、相互作用,通过信息流把它们的功能联系起来,因此,系统开发须以相关性为重要原则。

4. 系统的扩展性和易维护性

信息系统的开发须具有一定的超前意识,确保系统在较长时间内保持稳定和先进。同时,随着业务的发展,系统的开发必然面对规模和性能方面的扩展问题。因此,系统开发要以扩展性和易维护性为原则,便于向新一代设备硬件或技术平台的平滑升级,以保证未来发展的需要,保护用户投资。

在开发物流管理信息系统的时候,除了必须遵循以上原则以外,还需要注意我们开发的管理信息系统所要达到的目标一定要明确,有了明确的目标才能指导我们开发出真正适合我们自己的物流管理信息系统;再有就是需要建立具体的项目领导小组,以便对各个项目的实施进行有针对性的负责与领导;另外在开发阶段必须做到工作划分清晰明确,各司其职;在开发物流管理信息系统的过程中始终面向用户,因为我们开发的系统最终是为用户服务的;最后就是做好相关人员的培训工作,使得我们开发的系统可以尽快投入使用。

案例分析

上海联华生鲜食品加工配送中心物流配送运作流程

上海联华生鲜食品加工配送中心是我国国内目前设备最先进、规模最大的生鲜食品加工配送中心,总投资 6000 万元,建筑面积 35000 平方米,年生产能力 20000 吨,其中肉制品 15000 吨,生鲜盆菜、调理半成品 3000 吨,西式熟食制品 2000 吨,产品结构分为 15 大类约 1200 种生鲜食品;在生产加工的同时配送中心还从事水果、冷冻品以及南北货的配送任务。连锁经营的利润源重点在物流,物流系统好坏的评判标准主要有两点:物流服务水平和物流成本。联华生鲜食品加工配送中心是对这两个方面都做得比较好的一个物流系统。联华生鲜食品加工配送中心的软件系统,由上海同振信息技术有限公司开发。生鲜商品按其秤重包装属性可分为定量商品、秤重商品和散装商品;按物流类型可分为储存型、中转型、加工型和直送型;按储存运输属性可分为常温品、低温品和冷冻品;按商品的用途可分为原料、辅料、半成品、产成品和通常商品。生鲜商品大部分需要冷藏,所以其物流流转周期必须很短;生鲜商品保质期很短,客户对其色泽等要求很高,所以在物流过程中需要快速流转。两个评判标准在生鲜配送中心通俗地归结起来就是"快"和"准",下面分别从几个方面来说明一下联华生鲜配送中心的做法。

1. 订单管理

门店的要货订单通过联华数据通信平台,实时地传输到生鲜配送中心,在订单上制定各商品的数量和相应的到货日期。生鲜配送中心接收到门店的要货数据后,立即生成到系统中,生成门店要货订单,按不同的商品物流类型进行不同的处理:

(1)储存型商品:系统计算当前的有效库存,比对门店的要货需求以及日均配货量和相应的供应商送货周期,自动生成各储存型商品的建议补货订单,采购人员根据此订单再根据实际的情况做一些修改即可形成正式的供应商订单。

(2)中转型商品:此种商品没有库存,直进直出,系统根据门店的需求汇总按到货日期直接生成供应商的订单。

（3）直送型商品：根据到货日期，分配各门店直送经营的供应商，直接生成供应商直送订单，并通过 EDI 系统直接发送到供应商。

（4）加工型商品：系统按日期汇总门店要货，根据各产成品、半成品的 BOM 表，计算物料耗用，比对当前有效的库存，系统生成加工原料的建议订单，生产计划员根据实际需求做调整，发送采购部生成供应商原料订单。

各种不同的订单在生成完成或手工创建后，通过系统中的供应商服务系统自动发送给各供应商，时间间隔在十分钟内。

2. 物流计划

在得到门店的订单并汇总后，物流计划部根据第二天的收货、配送和生产任务制订物流计划。

（1）线路计划：根据各线路上门店的订货数量和品种，做线路的调整，保证运输效率。

（2）批次计划：根据总量和车辆人员情况设定加工和配送的批次，实现循环使用资源，提高效率；在批次计划中，将各线路分别分配到各批次中。

（3）生产计划：根据批次计划，制订生产计划，将量大的商品分批投料加工，设定各线路的加工顺序，保证和配送运输协调。

（4）配货计划：根据批次计划，结合场地及物流设备的情况，做配货的安排。

3. 储存型物流运作

商品进货时先要接收订单的品种和数量的预检，预检通过方可验货，验货时需进行不同要求的品质检验，终端系统检验商品条码和记录数量。在商品进货数量上，定量的商品的进货数量不允许大于订单的数量，不定量的商品提供一个超值范围。对于需要重量计量的进货，系统和电子秤系统连接，自动去皮取值。

捡货采用播种方式，根据汇总取货，汇总单标识从各个仓位取货的数量，取货数量为本批配货的总量，取货完成后系统预扣库存，被取商品从仓库拉到待发区。在待发区，配货分配人员根据各路线各门店配货数量，对各门店进行播种配货，并检查总量是否正确，如不正确向上校核，如果商品的数量不足或其他原因造成门店的实配量小于应配量，配货人员通过手持终端调整实发数量，配货检验无误后使用手持终端确认配货数据。在配货时，冷藏和常温商品被分置在不同的待发区。

4. 中转型物流运作

供应商送货同储存型物流先预检，预检通过后方可进行验货配货；供应商把中转商品卸货到中转配货区，中转商品配货员使用中转配货系统按商品—路线—门店的顺序分配商品，数量根据系统配货指令的指定执行，贴物流标签。将配完的商品采用播种的方式放到指定的路线门店位置上，配货完成统计单个商品的总数量、总重量，根据配货的总数量生成进货单。

中转商品以发定进，没有库存，多余的部分由供应商带回，如果不足在门店间进行调剂。

三种不同类型的中转商品的物流处理方式：

（1）不定量需称重的商品

设定包装物皮重；由供应商将单件商品上秤，配货人员负责系统分配及其他控制性的操作；电子秤称重，每箱商品上贴物流标签。

（2）定量的大件商品

设定门店配货的总件数，汇总打印一张标签，贴于其中一件商品上。

（3）定量的小件商品（通常需要冷藏）

在供应商送货之前先进行虚拟配货，将标签贴于周转箱上；供应商送货时，取自己的周转箱，按箱标签上的数量装入相应的商品；如果发生缺货，将未配到的门店（标签）作废。

5.加工型物流运作

生鲜的加工，按原料和成品的对应关系可分为两种类型：组合和分割，两种类型在 BOM 设置和原料计算以及成本核算方面都存在很大的差异。在 BOM 中每个产品设定一个加工车间，只属于唯一的车间，在产品上区分最终产品、半成品和配送产品，商品的包装分为定量和不定量的加工，对于称重的产品、半成品需要设定加工产品的换算率（单位产品的标准重量），原料的类型区分为最终原料和中间原料，设定各原料相对于单位成品的耗用量。

生产计划、任务中需要对多级产品链计算嵌套的生产计划和任务，并生成各种包装生产设备的加工指令。对于生产管理，在计划完成后，系统按计划内容做出标准领料清单，指导生产人员从仓库领取原料以及生产时的投料。在生产计划中考虑产品链中前道与后道的衔接，各种加工指令、商品资料、门店资料、成分资料等下发到各生产自动化设备。

加工车间人员根据加工批次加工调度，协调不同量商品间的加工关系，满足配送要求。

6.配送运作

商品分拣完成后，都堆放在待发库区，按正常的配送计划，这些商品在晚上送到各门店，门店第二天早上将新鲜的商品上架。在装车时按计划依路线门店顺序进行，同时抽样检查准确性。在货物装车的同时，系统能够自动算出包装物（笼车、周转箱）的各门店使用清单，装货人员也据此来核对差异。在发车之前，系统根据各车的配载情况做出各运输的车辆随车商品清单，各门店的交接签收单和发货单。

商品到门店后，由于数量的高度准确性，在门店验货时只要清点总的包装数量，退回上次配送带来的包装物，完成交接手续即可，一般一个门店的配送商品交接只需要五分钟。

——资料来源：百度文库，http://wenku.baidu.com/view/2f0d6222dd36a32d737581b3.html

本章小结

本章主要介绍了物流信息系统开发的几种典型方法，并阐述了物流信息系统规划的具体内容以及相关要素。通过模型的设立，引导学生掌握物流信息系统规划开发的内涵与外延。

关键概念

结构化系统开发方法　原型法　接收式的开发策略　直接式的开发策略　迭代式的开发策略　实验式的开发策略

复习思考题

1.物流信息系统开发有哪些方法类型？
2.如何利用生命周期法进行物流信息系统开发？
3.原型法开发方法的思路及其优缺点有哪些？
4.物流管理信息系统规划的内容包括什么？

第五章 系统分析

☞ **导入案例:安吉天地汽车物流公司物流信息系统分析与规划**

  安吉天地汽车物流有限公司是一家主要从事汽车、零部件物流以及相关物流策划、培训等服务的第三方物流供应商。随着整车销售利润逐渐摊薄,整车物流的利润空间也越来越小,而由于汽车零部件物流领域的利润空间较大,于是,从 2003 年下半年开始,安吉天地决定逐渐将业务拓展到汽车零部件物流领域,转型为一体化的汽车物流服务商。安吉天地找到了有着良好合作历史的软件提供商——唯智(vTradEx)信息技术有限公司,将零部件入厂物流信息系统的建设外包给 vTradEx。随着零部件信息系统的成功上线,如今上海大众通过安吉天地的 IT 系统可以监控物流运作的全过程,包括某种零部件在哪个仓库以及实时查询到其数量。通过 IT 系统的数据支持,安吉天地根据实际需要还优化了上海大众的零部件仓库布局,精简了人员。目前,上海大众以前采用的全手工管理零部件的模式逐步被可实时监控所有零部件状态的 IT 系统所替代。通过入厂物流信息系统的实施,也实现了安吉天地和上海大众"双赢"局面,为企业的未来发展提供了更有利的基础。

  ——资料来源:根据原文改编,原文出自比特网,http://solution. chinabyte. com/206/8256706. shtml

  系统分析是物流管理信息系统开发过程中最基础、最重要的一环,是信息系统开发过程的基石。系统分析的准确、全面与否,将决定着后面系统设计和实施的成败。

  系统分析的基本任务是解决系统"做什么"的问题,需提出系统的逻辑模型。系统分析阶段的主要任务是:在详细调查的基础上,分析用户的需求和现行系统,在对组织的结构和功能分析的基础上对企业业务流程进行优化,设计数据流程图,进而抽象出新系统的逻辑模型。

  物流管理信息系统是多个不同功能的物流要素的集成。各要素相互联系、相互作用,形成众多的功能模块和各级子系统,使整个系统呈现多层次结构,体现固有的系统特征。对物流管理信息系统进行系统分析,可以了解物流系统各部分的内在联系,清楚物流系统内外的流程处理,把握物流管理系统的规律性。物流系统分析是系统开发的关键。

第一节 需求分析

  系统需求分析以详细调查为基础,对用户的需求进行分析。包括分析现行系统的信息需求、功能需求、辅助决策需求等,提出对新系统的设计要求,确定对系统的功能要求、系统性能要求、运行要求和将来可能提出的要求。需求分析的结果是否能够准确地反映用户的实际要求,将直接影响到后面各个阶段的设计,并影响到系统的设计是否合理和实用。

一般物流企业的需求特点是:业务覆盖地域广,区域与线路监控要求突出;车辆众多,信息量大且运行中的车辆位置分散,流动信息沟通困难,需要完善车辆统一信息管理;与货运单据配合紧密;对货物安全保障要求高;要求系统响应具有灵活性、及时性;需要位置服务信息的用户多;数据共享程度要求高等。

货运车辆是一种活动范围大的移动目标,对"货运车辆监控管理"的需求有:车辆、司机和货物的安全;对车辆(货物)位置和状态的及时掌握;及时与车辆进行信息沟通。状态信息和沟通信息是小数据量,如果不考虑实时传输货物条形码信息,或者发送调度信息,其信息量一般也不会超过短信息的长度范围。所以,利用 GSM 的短消息业务基本可满足系统通信的需要。

因此,需求分析需要详细调查,并掌握一些综合理论和有关知识。

一、详细调查

系统分析阶段的详细调查是根据系统规划的新系统的目标、范围、规模和要求,解决开发系统要做什么的问题。调查对象是现行系统,搞清现行系统的信息处理,包括分析数据规格、数据的环境、数据的处理、数据的流程等,收集原始资料,发现其问题环节,为提出新系统的逻辑模型做准备。系统规划阶段的初步调查主要针对系统存在的主要问题和用户的目标要求,范围包括总公司和子公司,但只对现行的系统做一个概括性的、模糊性的调查。

(一)详细调查的原则

系统详细调查工作量大,所涉及的业务、人员、数据、信息非常多,所以系统详细调查必须按一定的原则进行,才能保证调查工作的客观性、正确性,保证信息的翔实、全面。在详细调查过程中要把握"基于现行系统,又高于现行系统"的指导思想,对现行系统不能一味否定,要客观对待。调查过程中要遵循以下原则:

1.用户参与详细调查

应遵循用户参与的原则,即由使用部门的业务人员、主管人员和设计部门的系统分析人员、系统设计人员共同进行。设计人员虽然掌握计算机技术,但对使用部门的业务不够清楚,而管理人员则熟悉本身业务而不一定了解计算机,两者结合,就能互补不足,更深入地发现现行系统存在的问题,共同研讨解决的方案。

2.自顶向下全面展开系统调查

工作应该严格按照自顶向下的系统化观念全面展开。首先根据管理的层次,先从高层管理入手,了解其需求,然后再调查下一管理层为高层管理提供的支持,直至摸清组织的全部管理工作。这样做的好处是使调查者既不会被组织内部庞大的管理机构弄得不知所措,无从下手,又不会因调查工作量太大而顾此失彼。

3.深入细致的调查

在调查研究中,要实实在在地弄清现实工作和它所在的环境条件,不能让先入为主的观念和设想影响了对现有业务的准确认识。

4.全面调查与重点调查相结合

如果要开发整个组织的信息系统,应开展全面的调查工作。如果近期内只需要开发某一局部的信息系统,就应该坚持全面调查和重点调查相结合的方法,即在自顶向下全面展开的同时,侧重于与要开发的子系统相关的部分。

5.主动沟通、亲和友善的工作方式

系统调查涉及组织内部管理工作的各个方面,涉及不同类型的人,所以调查人员应主动与被调查者在业务上沟通,应当具有虚心、热心、耐心和细心的态度,创造出一种积极、主动、友善的工作环境和人际关系,这是调查工作顺利开展的基础。同时,在调查过程中,调查人员要善于引导、不断启发,尤其在考虑计算机处理的特殊性而进行的专门调查中,更需要按用户能够理解的方式提出问题,打开用户的思路。

(二)详细调查的内容

物流管理信息系统具有特殊性,现代物流企业的规模和形式又各有不同,由于物流的功能包括了运输、库存、包装、装卸搬运、流通加工等内容,所以在进行详细调查时,应包含上述几个方面物流作业的内容。另一方面,针对一个具体的物流系统,在对其进行需求分析之前,首先应分析该物流系统是处于服务供应链的下游企业,还是独立于供应链之外的为社会大众服务的企业物流系统。

详细调查的内容应该是围绕着企业内部所涉及的领域而全面展开,不能仅局限于信息和信息流,主要应该包括:现行系统边界和运行状态,组织机构与功能,业务流程,决策方法,资源情况和约束条件,薄弱环节和用户要求等企业的生产、经营、管理等各个方面。

1.工作目标和发展战略调查

初步调查中,已经了解了企业的目标和发展战略,企业各部门围绕总目标都有相应的企业目标和发展战略。详细调查阶段的任务是弄清各个部门的工作目标及战略。

2.组织机构调查

企业的组织机构是根据企业目标设置并组织起来的,弄清业务内部的部门划分及各部门的职能范围,可以帮助系统分析人员认识未来的新系统所处的环境,为进一步调查指明路线和方向。组织机构的调查就是调查现行系统的组织机构设置、行政隶属关系、岗位职责、业务范围等。

3.业务功能与流程调查

功能指业务具有的作用和效能,业务功能分配到组织的某个部门或某个岗位时,形成了职能范围或岗位职责。业务功能相对于组织结构是独立的。不同的系统有着不同的业务功能,它们进行着不同的业务处理。系统分析人员需要尽快熟悉业务,全面细致地了解整个系统各方面的业务流程,主要目的是为发现和消除业务流程中不合理的环节,并为数据流程的处理做准备。

4.数据与数据流程调查

在业务流程的基础上舍去物质要素,对收集的数据及统计和处理数据的过程进行分析与整理,绘制原系统的数据流程图,编制数据字典。

5.处理逻辑调查

数据与数据流程的调查结果只强调了处理流程,而没有对每个信息处理的细节进行详细说明,所以,还需要对每个处理的逻辑做详细的调研。

6.查询和决策要求调查

企业的各管理层的人员根据自己的需要常常要查询一些信息,这些查询有的经常发生,有的偶然发生。详细调查时,必须向各层次的人员了解查询要求,以便有针对性地组织数据库和数据仓库。

除了查询以外,企业的各管理层都需要做决策,特别是对于组织的高层决策者来说,用信息系统辅助它们的决策,是信息系统开发的主要目标。在详细调查阶段,要认真听取基层决策人员的要求,如决策的内容、信息需求、决策模型等。

详细调查还包括可用资源和限制条件的调查、现存问题和改进意见的调查、系统外部环境的调查等。

（三）详细调查的方法

对现行系统的调查研究是一项繁琐而艰巨的工作,为了使调查工作能顺利进行并获得预期成效,需要掌握有关的方法、要领和技巧。在信息系统开发中所采用的调查方法通常有以下五种。

1. 查阅资料

就是将各部门和科室日常业务中所用的工作流程图、计划、原始凭据、单据和报表等格式或样本收集起来,以便进行详细研究。

2. 召开调查座谈会

这是一种集中征询意见的方法,适合于对系统的定性调查。调查会可按两种组织方式进行:一是按职能部门召开座谈会,了解各个部门业务范围、工作内容、业务特点以及对新系统的想法和建议;二是召集各类人员联合座谈,着重听取各个部门介绍目前作业方式存在的问题,对新系统解决问题的具体要求等。调查座谈会要求吸收业务和技术骨干参加。

3. 个别访问

开调查座谈会有助于大家的见解互相补充,以便形成较为完整的印象。但是由于时间限制等其他因素,不能完全反映出每个与会者的意见,因此,往往在会后根据具体需要再进行个别访问。访问是一种个别征询意见的办法,是收集信息的主要渠道之一。通过调查人员与被访问者的自由交谈,充分听取各方面的要求和希望,获得较为详细的定性信息。

4. 问卷调查

根据系统特点设计调查表,用调查表向有关单位和个人征求意见和收集数据。即将要调查的问题设置成表格,规划好表格栏目,然后分发给企业不同层次、不同管理岗位的人员,让他们直接填写。这是一种广泛被采用的快速调查方法,但是,采取这种方法时应注意和考虑几个方面:是否要针对不同的调查对象设置不同的调查表?设计的调查表是否包含了系统建设所需的全部基础资料信息?调查表及问题的设计是否合理?以下以一个办公自动化系统的调查表中一些开放式问题设计举例:

你认为哪些领域需要改进?

你认为哪些信息是工作中必须获得,但获得却比较困难?

你目前掌握的信息,哪些难以很好地支持你的工作?

在你每天的工作进程中,存在哪些关键的障碍?你认为应该如何解决这些障碍?

5. 跟踪现场业务流程

需要按照业务的处理流程制定跟踪路线,在跟踪过程中可以亲身了解到企业的作业和管理状况,通过和各部门的业务人员进行沟通和交流,为详细调查提供准确、翔实的资料,特别是能提供一套系统业务流程资料。系统开发人员亲自参加业务实践是了解现行系统情况的最好方法,它能有效地了解主要业务流程的具体细节,获得一手的业务资料。通过参加业务实践,还可以加深开发人员和用户的思想交流,这将有利于下一步工作的开展。

除此之外，系统开发人员还可以采用电子邮件或者网页调查的方法；如果有条件还可以利用打电话和召开电视会议进行调查，但这只能作为补充手段，因为许多资料需要亲自收集和整理。

二、根据需求获取模型

(一)需求分析方法

常见的分析方法有功能分析方法、结构化分析方法、信息建模法和面向对象的需求分析方法。

1. 功能分析方法

功能分析方法将系统看作若干功能模块的集合，每个功能又可以分解为若干子功能，子功能还可继续分解。根据模块的分解我们可以对每一个模块逐一进行分析，在分析的基础上综合得出系统的需求。

2. 信息建模法

信息建模法是从数据的角度对现实世界建立模型。大型信息系统通常十分复杂，很难直接对它进行分析设计，人们经常借助模型来分析设计系统。信息系统包括数据处理、事务管理和决策支持等部分。实际上，信息系统可以被看成是由一系列有序的模型构成的，这些有序模型通常为：功能模型、信息模型、数据模型、控制模型和决策模型。所谓有序是指这些模型是分别在系统的不同开发阶段、不同开发层次上建立的。

3. 面向对象的需求分析方法

面向对象的需求分析方法通过提供对象、对象间消息传递等语言机制，为需求建模活动提供直观、自然的语言支持和方法指导。关键是识别问题域内的对象，分析它们之间的关系，并建立起三类模型：对象模型、动态模型和功能模型。

4. 结构化分析方法

结构化分析方法(Structured Analysis,SA)是一种以数据及数据的封闭性为基础，从问题空间到某种表示的映射方法，由数据流图表示。在现有软件开发方法中，它是最成熟和应用最广泛的方法。

结构化分析方法是面向数据流的需求分析方法，20世纪70年代末由Yourdon、Constaintine及DeMarco等人提出和发展，并得到广泛应用的。它适合于分析大型的数据处理系统，特别是企事业管理系统，也适用于物流管理信息系统的分析与开发。SA法也是一种建模的活动，主要是根据软件内部的数据传递、变换关系，自顶向下逐层分解，描绘出满足功能要求的软件模型。

(1)SA的基本思想是"分解"和"抽象"。分解是指对于一个复杂的系统，为了将复杂性降低到可以掌握的程度，人为地把大问题分解成若干小问题，然后分别解决。顶层抽象地描述了整个系统，底层具体地画出了系统的每一个细节，而中间层是从抽象到具体的逐层过渡。抽象分解可以分层进行，即先考虑问题最本质的属性，暂把细节略去，以后再逐层添加细节，直至涉及最详细的内容，这种用最本质的属性表示一个子系统的方法就是"抽象"。

(2)SA常用的描述工具有分层的数据流图、数据字典、处理逻辑的表达工具(结构化语言、判定表或决策树)和数据立即存取图。

(3)SA的步骤：

首先，建立当前系统的"具体模型"。

系统的"具体模型"就是现实环境的真实写照,即将当前系统用数据流图(Date Flow Diagram,DFD)描述出来。这样的表达与当前系统完全对应,便于用户理解。

其次,抽象出当前系统的逻辑模型。

分析系统的"具体模型",抽象出其本质的因素,排除次要因素,获得用DFD图描述的当前系统的"逻辑模型"。

再次,建立目标系统的逻辑模型。

分析目标系统与当前系统逻辑上的差别,从而进一步明确目标系统"做什么",建立目标系统的"逻辑模型"(修改后的DFD图)。

最后,为了对目标系统做完整的描述,还需要考虑人机交互界面和其他一些问题。

(二)根据不同视角的需求获取模型

物流企业的需求描述可以从两个方面进行:一是对客户现行系统的描述,二是对系统未来的设想。两种描述都要包括企业信息系统的五个基本要素,即企业的组织结构、流程、数据、商务规则与功能(性能)。如果从用户的角度看,流程是核心要素,通过流程将其他几个要素贯穿起来,需求分析人员应该从这个角度和用户沟通;如果从开发人员的角度看,数据、商务规则与功能是核心要素,开发人员应做好这些要素的分析,以便于系统的实现;如果从实施者的角度看,企业的组织结构与功能是核心要素,解决好这方面的问题便于系统的发布和实施。从各个不同视角的需求来分析,可以得出企业的组织模型、流程模型、数据模型、商务规则模型和功能模型。

物流企业的组织模型就是前面讲到的物流企业的组织结构,包括部门设置、岗位设置和岗位职责等,一般用树型组织结构图来描述,表示各部门之间的从属关系,每个部门的人员配备和职责分工等情况。它是划分系统范围,进行系统网络划分的基础。在组织结构图中逐层详细地描述用户的组织结构,简单地描述部门的职责。组织结构是用户企业业务流程与信息的载体,对分析人员理解企业的业务及系统的范围具有很好的帮助,也是需求获取步骤的基础工作之一。

企业的流程模型包括作业流程和管理流程。一个企业可能有多条作业流程和管理流程,而每个流程都由活动、活动间逻辑关系、活动承担者及活动的方式四个要素构成,流程及其四个要素又涉及部门和岗位等。描述企业流程首先要有一个总的业务流程图,将企业中各种业务之间的关系描述出来。然后对每项业务进行详细描述,把业务流程与部门职责结合起来。为便于管理,对一个企业,需要定义关于业务流程图的描述标准,即采用相同的图例来描述。

企业的数据模型主要指企业中的信息载体的类型,以及对各类信息载体的详细刻画,包括企业的各种单据、账本、台账、计划和报表的描述,最好对各类信息载体进行汇总和分类。在需求报告中,应特别将单据的描述格式化。需求描述的内容有:单据的用途、格式、数据项的具体长度、填写数据项的角色、单据填写的必要性、单据流量、单据分类和单据间的关系等。企业载体汇总如表5-1所示。

表5-1　企业载体汇总

载体编号	载体名称	类型	描述	用途	联数	先关载体
2376411	货物出仓单	单据			3	
2376412	运输计划	计划				
2376413	运费结算报表	报表				
2376414	……	……				

企业的商务规则模型即企业中的商务规则有哪些,这些规则用在哪些地方。商务规则可以从影响的范围划分为两类,一类是局部的规则,如不允许出现负库存;另一类是整体的规则,如对所有的物料管理到批次。商务规则一般隐藏在功能模型或流程模型中,不需要单独描述。但有些复杂的商务规则需要单独抽出来描述,如企业的各种单据记账的商务逻辑。

功能需求是用户最主要的需求,对用户功能需求的描述可以采用文字描述,也可以采用语言加图形的描述方式,只要能够将用户的需求描述得完整、准确并易于理解即可。对功能需求比较复杂的系统.可以先描述一个概要;而对简单的系统可以直接进行详细描述。对于用户的功能需求要进行分类,分类的方法应便于用户理解,如按照用户的部门设置进行分类,分别描述每个部门的需求,便于组织用户进行评审。功能需求和性能需求是相关的,必须具体到某项功能需求。

可以将上述的五个基本元素描述为一个五元组——组织、流程、功能、数据和业务逻辑,用户习惯于从组织维度来看待系统,即某个部门有哪些岗位,它们都参与了哪些流程的哪些活动。在某个功能上操作了哪些数据,对这些数据进行了哪些逻辑处理;而开发人员则习惯于从功能维度来看待系统,即某个功能操作了哪些数据,然后进行了哪些逻辑处理,这个功能属于哪个流程,可以由哪些岗位来使用;设计人员可能习惯于从数据维度来看系统,即系统中有哪些数据,在这些数据上可以做哪些处理,这些都利用面向对象的操作。对这几个基本元素之间关系的描述可以采用矩阵的方式,列的排列顺序可以根据面向的用户不同而改变,如表 5-2 所示。

表 5-2　矩阵描述方式

岗位(角色)业务流程	功能	数据	商务规则
配送员			
保管员			
核算员			
配载员			

第二节　组织结构和功能分析

在系统详细调查的基础上,要对系统进行组织结构与功能分析。组织结构与功能分析是整个系统分析工作中最基础的一个环节。

组织结构与功能分析主要有三部分内容:组织结构分析、组织结构与业务功能之间的联系分析和业务功能一览表。其中组织结构分析通常是通过组织结构图来实现的,是将调查中所了解的组织结构具体地描绘在图上,作为后续分析和设计的参考,不需要程序实现。组织结构与业务功能之间的联系分析通常是通过组织结构与业务功能关系表来实现的,是利用系统调查中所掌握的资料着重反映组织结构与业务功能之间的关系,它是后续分析和设计新系统的基础,常作为划分子系统的参考依据。业务功能一览表是把组织内部各项管理业务功能都用一张表的方式罗列出来,它是今后进行功能与数据间关系分析、确定新系统拟实现的管理功能和分析建立管理数据指标体系的基础,同时也为今后划分子系统、设计功能层次结构提供参考依据。

一、组织结构分析

对一个企业或组织做调查研究,首先关注的具体情况就是系统的组织结构状况。所谓组织结构,是指组织内部的部门划分以及它们之间的相互关系。现行系统中的信息流动是以组织结构为基础的,因为各部门之间存在着各种信息和物质的变换关系。只有理顺了各种组织结构关系,才能使系统分析工作找到头绪,才能使人们按照系统工程的方法自顶向下地进行系统分析。

通常用组织结构图来描述组织内部的部门划分以及它们之间的相互关系。组织结构图是一种树状结构图,用矩形框表示组织机构,用直线表示领导关系。组织结构图如图 5-1 所示。一个矩形框表示一个机构,最高层只有一个矩形框,用来表示组织最高层的管理结构;组织中的同级别机构在组织结构图中处于同一个层次上,不同级别的机构通过直线来表明它们之间的隶属关系。

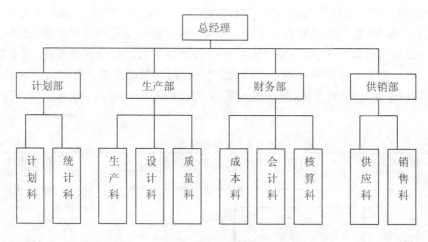

图 5-1　组织结构图

在绘制组织结构图时应注意:与企业生产、经营、管理环节直接相关的部门一定要反映全面、准确,因为只有这样,后面在进行业务功能详细调查和对业务处理过程进行详细分析时,才能明确调查对象。

二、组织结构与业务功能关系分析

功能指的是完成某项工作的能力。为了实现系统目标,系统必须具有各种功能。各子系统功能的完成,又依赖于下面更具体的工作的完成。管理功能的调查是要确定系统的这种功能结构。业务功能一览表是一个完全以业务功能为主体的树状表。其目的在于描述组织内部各部分的业务和功能。功能调查就是要详细调查各部门的业务功能,将来子系统的划分就是以此为依据的。

物流管理信息系统受到组织结构的影响,但同时也对组织结构和功能产生重大影响。这种影响产生的结果是,组织结构发生重大变革,组织的功能出现重新组合。通过组织结构与功能分析,使组织的功能进一步理顺,促使组织结构形式由传统向现代转变,如扁平化、学习型组织等,按照业务流程,对功能重组,如业务流程重组理论等,不断优化企业的组织结构,提高管理效率。

　　组织结构图反映组织内部各部门之间的隶属关系,但是却不能反映组织内部各部门之间的联系程度、各部门的主要业务职能和它们在业务过程中所承担的工作等。为了弥补这方面的不足,通常增设组织与功能关系表来反映组织内部各机构和业务之间的关系,这将有助于后续的业务流程分析和数据流程分析。组织与功能关系表中的横向表示各组织机构的名称,纵向表示业务功能的名称,中间栏填写组织在执行业务功能过程中的作用,组织与功能关系表见表5-3。

表 5-3　组织与功能关系表

序号	联系程度 / 组织 / 业务	计划科	质量科	设计科	研发科	生产科	供应科	人事科	销售科	仓库	总务科	工艺科	……
1	计划	*				×	×		×	×	√		
2	销售		√						*	×			
3	供应	√				×		*			√		
4	人事							*			√		
5	生产	√	×	×		*	×		√	√		×	
6	设备更新				√		×					*	
7	……												

　　注:*表示该业务是对应单位的主要业务;×表示该单位是协调该业务的辅助单位;√表示该单位是该业务的有关单位;空格表示该单位与对应业务无关。

三、业务功能一览表

　　如果人们都以功能为基准设计和考虑系统,那么系统将会对组织结构的变化有一定的独立性,将获得较强的生命力。所以在分析组织情况时还应该画出其业务功能一览图。这样做可以使人们在了解组织结构的同时,对于依附于组织结构的各项业务功能也有一个概貌性的了解,也可以对于各项交叉管理、交叉部分各层次的深度以及各种不合理的现象有一个总体的了解,在后面的系统分析和设计时避免这些问题。

　　业务功能一览图是一个完全以业务功能为主体的树形图,其目的在于描述组织内部各机构的业务和功能,如图5-2所示。要说明的是,每片树叶都必须是一项不可再分的基本业务功能,判断其是否分解到底的一个有效办法,是看是否可以用一句话来说明一个基本活动的内容和目的,如果需要几句话说明,那么这项业务功能就可能需要再细分。

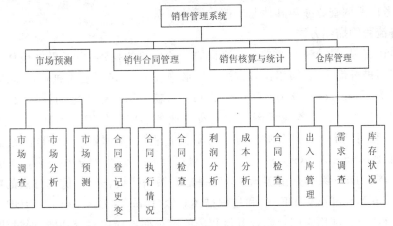

图 5-2　业务功能一览图

第三节　业务流程分析

在对系统的组织结构和功能进行分析之后,需从一个实际业务流程的角度将系统调查中有关该业务流程的资料都串起来做进一步的分析。业务流程分析可以帮助人们了解该业务的具体处理过程,发现和处理系统调查工作中的错误和疏漏,修改和删除原系统的不合理部分,在新系统基础上优化业务处理流程。

一、业务流程

(一)业务流程的定义

企业业务流程,是为完成某一个目标或任务而进行的一系列逻辑相关活动的有序集合。传统的企业是以部门的分工为基础来运作的,在特定历史条件下是为了管理的方便而设置。在实际运作过程中,对于企业的某项任务必须通过部门之间的合作来完成,这种不同部门之间通过合作来完成一项任务就构成了一个流程。

流程管理以流程为中心,通过优化企业的组织结构、灵活易变的流程设计、面向客户而非管理者的横向流程管理体制等一系列措施,来提高企业的运行效率、优化资源利用率、优化人员之间的协作关系,从而降低企业的运营成本、提高企业对客户需求的响应速度,以争取企业利润的最大化。主要的业务流程是由直接存在于企业的价值链条上的一系列活动及其之间的关系构成的,辅助的业务流程是由为主要业务流程提供服务的一系列活动及其之间的关系构成的。

业务流程调查主要任务是调查系统中各环节的业务活动,掌握业务的内容、作用及信息的输入、输出、数据存储和信息的处理方法及过程等。它是掌握现行系统状况,确立系统逻辑模型不可缺少的环节。调查业务流程应按照原系统信息流动的过程逐步地进行,内容包括各环节的处理业务、信息来源、处理方法、计算方法、信息流经去向、提供信息的时间和形态(报告、单据、屏幕显示等)。系统调查过程中,业务流程调查的工作量非常大,需要耐心细致工作,系统开发人员与用户之间联系非常重要,需要彼此间进行良好的沟通,调查中,既要完成自身工作任务,又要考虑所调查业务与其他业务彼此间的联系。

(二)业务流程的描述方法

用文字描述流程,只是一般意义上对流程的一种抽象的描述,为了更好地认识流程、分析流程以及对流程进行优化,必须用比较直观的图形来表示,这就是通常被广泛采用的流程图方法。业务流程图(Transaction Flow Diagram,TFD),就是用一些规定的符号及连线来表示某个具体业务的处理过程。业务流程图基本上按照业务的实际处理步骤和过程绘制。换句话说,就是"文本"利用图形方式来反映实际业务处理过程的"流水账"。TFD 的绘制方法很多,如业务活动图(Business Activity Mapping,BAM)、角色活动图(Rol Activity Diagram,RAD)和 IDEF 系列等。IDEF 系列是由美国 KBSI 提出一系列建模、分析、仿真方法的统称,其中功能模型(Function Modeling,IDEF0)和过程描述获取(Process Descriture,IDEF3)的基本思想是结构化分析方法,利用它们绘制业务流程图能够全面地描述系统功能,通过建立模型来理解系统功能。

其实,在系统分析过程中,业务流程图图例没有统一标准,为了便于管理,只要求在同一系统开发过程中所使用的形式应是一致的。

二、业务流程分析的内容

分析原有系统中存在的问题是为了在新系统建设中予以克服或改进。系统中存在的问题可能是管理思想和方法落后,也可能是因为管理信息系统的建设为优化原业务流程提供了新的可能性。这时,就需要在对现有业务流程分析的基础上进行业务流程重组,产生新的、更为合理的业务流程。

业务流程分析包括以下内容:

1. 对原有业务流程的分析

分析原有的业务流程的各个处理过程是否具有存在的价值,其中哪些过程可以删除或合并;哪些过程不尽合理,可以改进或优化。

2. 业务流程的优化

原有业务流程中哪些过程存在冗余信息处理,可以按计算机信息处理的要求进行优化和重组。

3. 确定新系统的业务流程

确定新系统的业务流程就是画出新系统的业务流程图。

4. 新系统业务流程中的人机分工

新的业务流程中人与机器的分工,即哪些工作可由计算机系统自动完成,哪些必须有人的参与。

第四节　建立系统逻辑模型

新系统逻辑方案是经分析和优化后,新系统拟采用的管理模型和信息处理方法。它不同于计算机配置方案和软件结构模型方案等实体结构方案,故称为逻辑方案。它是系统分析阶段的最终成果。逻辑模型的建立是否达到设计者的目标,还要通过途径进行验证和评估。

一、逻辑模型的准确性

逻辑模型的建设方法是否正确,要看是否遵循了从上到下和从下到上相结合的方法,是否选择了正确的模型表示方式,对实际业务是否采用正确的概括抽象。逻辑模型的准确性是指逻辑模型和实际业务即"真值"之间的差异,差异程度越小,准确度就越高。这里,所谓的"真值"是可知的,尽管逻辑模型经过了抽象、概括等方法共性,但是模型的具体化后,与"真值"是应当符合的。可以通过范围误差、计count、不回答率、加工整理差错、模型假设误差等影响准确性的各个因素,测算统计估算值的变动系数、标准差、均方差、曲线配合吻合度、假设检验、偏差等,修正模型将其误差控制在一个可接受的置信区间。

二、逻辑模型的可理解性

在公布系统逻辑模型时,应同时公开逻辑模型的补充解释信息(或称为"元数据"),即关于模型数据的解释说明。其内容包括所使用的建设方法和建设目标,以提高逻辑模型的可理解性。

为避免模型被理解成属于个人感觉的问题,需要弄清楚两个问题:第一,模型是否可以使我们了解、预测为什么会成功或失败?第二,模型是否能对其产生的结果进行检测?因此,系统的逻辑模型应该产生文档向用户解释它为什么在预测方面取得成功以及在哪些方面存在缺陷,与已知结果进行比较,模型是否能够表明其预测数据的准确性。

三、逻辑模型的性能

逻辑模型的性能主要体现在如下几个方面:

1.完备性

目前的业务需求和所用的业务规则完全包含在逻辑模型中。模型中不存在没有包含的需求业务对象(如实体,属性,以及之间的关系)。

2.一致性

模型中的各个对象命名方式统一,有明确的命名规范。而且模型中各个相关对象的粒度一致,业务逻辑模型对象的划分标准应当统一。

3.可扩展性

当新的业务产生时,仅仅是增加了相关逻辑模型对象的实例内容,不影响目前的逻辑模型,模型这些分类能够随统计分析需求的不同进行相应的调整,无须改变数据库结构,具有灵活的扩展性。仅在个别情况下,需要对逻辑模型的属性或者实体本身进行增加,以支持分步骤的实施。

4.适用性

适用性是指收集的信息是否有用,是否符合用户的需求。它要求逻辑模型的粒度与分割方式符合用户的需求分析。

5.可衔接性

逻辑模型来自拥有行业经验的概念模型,里面凝聚了许多成功的经验,而且从规划上符合行业系统的长远发展,因此逻辑模型应当从概念模型上相对平滑地过渡得来。此外,物理模型来自于逻辑模型,逻辑模型建设应当具有一定的可操作性,便于向物理模型转化。

四、逻辑模型描述和可视化

逻辑模型的描述和可视化是通过规则、表、报告、图像、决策树等形式对新系统逻辑模型进行表示的方式。系统逻辑模型是一种表示复杂数据处理的方法,它使复杂处理更容易理解。相对于报告和数字来说,图表常常能更好地表示数据处理,而以图表表示的数据处理往往易于理解。

新系统逻辑模型是从现行系统的逻辑模型转换过来的,它既与现行系统的逻辑模型有差别,也是对现行系统逻辑模型的补充和完善。新系统逻辑模型的具体描述内容如下:

(1)确定合理的业务处理流程。

(2)删去或合并多余的或重复处理的过程。

(3)优化和改动业务处理过程,指明改动的原因。

(4)确定最终的业务流程图。

(5)指出业务流程图中哪些部分新系统(计算机软件系统)可以完成,哪些需要用户完成,或需要用户配合新系统来完成。

(6)确定合理的数据和数据流程。

(7)删去或合并多余的或重复的数据处理过程。

(8)优化和改动数据处理过程,指明改动的原因。

(9)确定最终的数据流程图。

(10)指出数据流程图中哪些部分新系统(计算机软件系统)可以完成,哪些需要用户完成或需要用户配合新系统来完成。

(11)确定新系统的逻辑结构和数据分布。

经分析和优化后,新系统的逻辑模型主要包括:对系统业务流程分析整理的结果;对数据及数据流程分析整理的结果;子系统划分的结果;各个具体的业务处理过程,以及根据实际情况应建立的管理模型和管理方法。每项都可以由可视化的图形和图表描述,清晰直观地描述了新系统逻辑模型的建立过程。

五、逻辑模型验证与评估

(一)验证

为了检测逻辑模型的正确性,常用的验证方法可分为模拟、仿真和形式验证三种。

1. 模拟验证

模拟验证是传统的验证方法,而且目前仍然是主流的验证方法。模拟验证是将激励信号施加于设计,进行计算并观察输出结果,然后判断该结果是否与预期一致。模拟验证的主要缺点是非完备性,即只能证明有错而不能证明无错。因此,模拟验证一般适用于在验证初期发现大量和明显的设计错误,而难以胜任发现复杂和微妙的错误。模拟验证还严重依赖于测试量的选取,而合理充分地选取测试向量,达到高覆盖率是一个十分艰巨的课题。由于设计者不能预测所有错误的可能模式,所以尚未发现某个最好的覆盖率度量。即使选定了某个覆盖率度量,验证时间也是一个瓶颈。

2. 仿真验证

仿真验证在原理上与模拟验证类似,只是将模拟验证的三个主要部分即激励生成、监视器和覆盖率度量集成起来,构成测试基准,用 FPGA 实现。仿真比模拟的验证速度快得多,其缺点是代价昂贵,灵活性差。

3. 形式验证

形式验证就是从数学上完备地证明模型是否实现了设计者的意图。这意味着首先要用某种语言和逻辑构造系统的数学模型,然后运用严格的数学推理来证明设计的正确性。形式验证的主要优点是完备性,能够完全断定设计的正确性。其缺点是首先要对原始设计进行模型抽取,这对使用者有数学技能和经验上的要求。而且,有的工具需要人工引导(如定理证明),有的工具存在状态空间爆炸问题(如模型检验)。

可以根据新逻辑模型构造的不同阶段,采用最佳的验证方法。选择验证方法,还要考虑到成本、时间、技术等问题,并不是最好的验证方法才是最佳的选择,要兼顾到各方面的因素。

(二)评估

对新系统逻辑模型的评估,就是对逻辑模型质量的考察。什么是逻辑模型的质量呢,从狭义的概念说,逻辑模型是否正确表达了业务规则,即是否具有准确性。但是随着人们对物流管理信息系统认识的加深,质量的含义不断延伸,现在对模型质量要求不仅仅指单纯的业务规则,还包括模型满足用户分析需求的程度,它是一个包含丰富内涵、具有多维因素的综合性概念。相应地逻辑模型质量概念的认识也从狭义向广义转变,准确性已不再是衡量的唯一标准。评估逻辑模型一般从系统的准确性、可理解性、性能等方面进行评估。

案例分析

长琦物流借助精诚条码仓储物流系统实现供应链物流、资金流、信息流的全面协同

一、概述

北京长琦物流公司是××高档厨具全国唯一承运物流厂商,主要负责相应产品的仓储及配运作业。业务覆盖中国大陆三十多个省会城市,已形成集收货、仓储、配送于一体的第三方物流企业。

随着业务的不断增多和公司的发展,如何提高仓储管理效率、降低运营成本、提高仓储周转率、减少运营资金的占用都成为长琦领导头痛的问题。

在与精诚软件合作之前,公司也曾实施了相应仓储管理系统,然而经过对传统仓储系统的实际应用发现,虽然系统在计划和运算方面提高了管理效率,但在实际仓储业务执行环节还是没有起到很好的监督和控制,尤其出入库和配送环节产生的大量手工数据录入作业,既占用时间,又容易出错,数据还不能及时更新,给管理带来了诸多不便。基于对物流业务执行及数据采集方面需求,长琦物流公司急需一套基于条形码技术快速采集录入与仓储业务管理于一体的条码物流仓储系统。

北京精诚软件公司凭借多年条码技术的研究与相关系统的开发和实践经验,凭借专业的咨询和服务,在众多竞争对手中脱颖而出,与长琦物流公司达成战略合作协议。此次合作是精诚条码WMS仓储管理软件在运输物流行业的又一典型案例,双方本着互惠互利的原则,为共同促进双方企业的发展而携手共进。

二、需求分析

1.根据管理要求对货品粘贴批次或者唯一标识的条码;

2.用条码扫描的方式实现对手工抄写的替代;

3.用条码扫描盘点的方式取代人工清点和比对;

4.实现产品配送的条码化管理,提高效率和准确性,减少工作人员劳动强度;

5.实现货品的批次和先入先出管理,提高服务质量,增加客户满意度;

6.将条码数据自动上传至主业务管理系统,实现后期账务及统计分析报表的功能。

三、系统结构

精诚EAS—WMS系统采用C/S(Client/Server)结构设计,基于Microsoft SQL Server 2000、2005数据库开发,实现了系统数据的统一协调交互,为工厂日后大量数据的存储和查询提供便利,系统运行安全稳定,数据处理速度快,准确率高,同时考虑到当前互联网的应用,为以后其他分支机构或工厂和办事机构的Internet查询预留通道。

系统基于最新条形码技术应用开发,并依托各类条码采集设备进行一线数据采集,实时为管理者提供准确的仓储数据,并对各种数据自动进行分析汇总,形成详细的仓储报表,使采集入库到销售的整个商品流通过程一目了然,见图5-3。

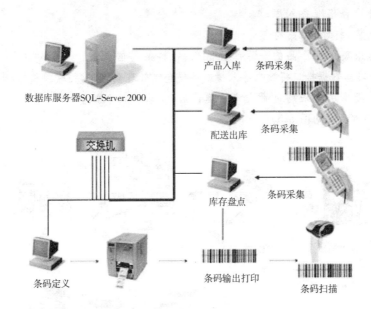

图 5-3　长琦物流条码化 WMS 业务结构图

精诚条码化物流仓储业务管理系统基于一定的网络硬件设备和条码扫描设备,这些设备的正常运行保证了系统的稳定,是系统安全、高效、稳定运行的前提。它包括:

1.服务器:HP/IBM 专业服务器或者高端 PC 主机;

2.无线移动采集器:(卡西欧 DT930/讯宝 MC1000)用于物流出入库环节;

3.条码打印设备:(TSC－TTP243/东芝 B－SX4T);

4.条码标签纸及相关耗材等。

四、业务操作流程

长琦物流基于精诚 EAS－WMS 系统的实际业务流程如下:

1.产品入库管理(见图 5-4)

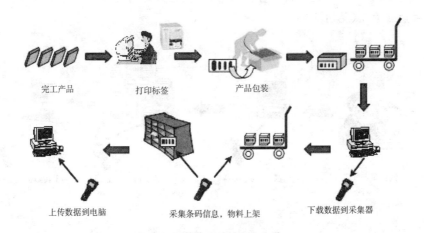

图 5-4　产品入库管理流程图

(1)产品检验合格准备入库;

(2)进行包装,打印、粘贴标签;

(3)采集器采集入库产品的仓库库位信息、物料条码信息;

(4)通过采集器数据接口将数据导入精诚条码仓储管理系统中,关联源单据,生成产品入库单;

(5)入库单经库房或采购负责人审核确认后,实现产品入库。

2.配送出库管理(见图5-5)

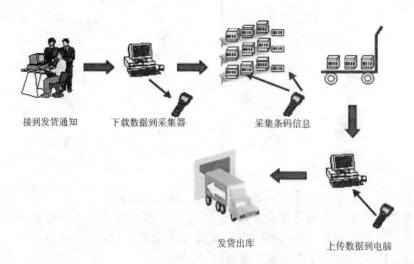

接到发货通知   下载数据到采集器   采集条码信息

发货出库   上传数据到电脑

图5-5 产品配送出库管理流程图

(1)接到发货通知,准备发货;

(2)采集器采集销售出库产品的客户信息、仓库库位信息、物料条码信息;

(3)过采集器数据接口将数据导入精诚条码仓储管理系统中,关联源单据,生成销售出库单;

(4)经库房或销售负责人审核销售出库单,实现产品的销售出库。

3.仓库盘点管理(见图5-6)

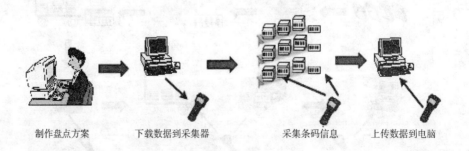

制作盘点方案   下载数据到采集器   采集条码信息   上传数据到电脑

图5-6 仓库盘点管理流程图

(1)在系统中制作盘点方案,准备盘点;

(2)采集器下载盘点任务后,采集库存物料的库位信息、物料条码信息,且计算数量;

（3）通过采集器数据接口将数据导入精诚条码仓储管理系统中，选择盘点方案，生成盘点单；

（4）系统根据盘点单进行库存调整，生成盘盈入库单和盘亏缺损单。

4.仓库调拨（见图5-7）

（1）接到仓库调拨通知；

（2）采集器采集调拨物料的调出仓库库位信息、调入仓库库位信息、物料条码信息；

（3）通过采集器数据接口将数据导入精诚条码仓储管理系统中，生成仓库调拨单；

（4）审核仓库调拨单，实现物料的仓库调拨。

下载数据到采集器　　　　　　采集条码信息　　　　　　上传数据到电脑

图5-7　仓库调拨流程图

五、系统功能

精诚 EAS－WMS 条码化仓储系统遵照 ISA－SP95 国际标准，结合长琦物流应用需求设计，提供系统基础数据、采购销售、出入库、盘点调拨、账务财务、统计分析、数据接口等功能，实时反应物流业务现状，为领导决策提供坚实数据依据。

1.系统管理：系统备份恢复、系统设置以及系统用户信息和权限；

2.基础数据：企业信息、仓库信息、商品物品信息、供应商信息、客户信息、条码信息等；

3.采购管理：实现商品采购操作，包括采购计划、采购单、采购审核、采购单查询等功能；

4.入库管理：实现采购后商品的入库操作，包括入库单、入库审核、入库查询等功能；

5.销售管理：实现商品销售操作，包括销售计划、销售开单、销售单审核、销售查询等功能；

6.出库管理：实现销售后出库时的相应操作，包括出库单、出库单审核、出库查询等 功能；

7.盘点管理：对在库商品进行盘点，实现实际库存与账面库存的统一，包括库存盘点单、盘点审核、盘点查询、盘盈盘亏等；

8.调拨管理：实现不同仓库之间的物品调拨，包括库存调拨单、调拨审核、调拨查询等功能；

9.退换管理：在商品有问题或其他原因需退换货时进行相应退货、换货操作，包括换货单、换货审核、退货单、退货审核等功能；

10.应收应付：对采购或者销售后形成的应收应付账进行管理，主要包括应收账单、应付账单、应收应付查询、应收应付报警等功能；

11.报表分析：对系统的数据进行统计分析，生成相关报表，如采购入库明细、采购入库汇总、销售出库明细、销售出库汇总、库存盘点表、库存调拨等；

12.数据接口:可与当前主流 ERP、进销存、分销软件进行联动工作,如用友、金蝶、速达、任我行等。

六、实施效益

通过精诚条码 WMS 物流仓储系统的实施,使长琦物流公司直接感觉到如下变化:

1.所有仓储业务管理采用条形码技术管理,使仓储管理人员快速高效地完成各种仓库作业,改进仓储管理,提升效率及价值;

2.提高商品出入库过程中的识别率,可不打开包装检查,并同时识别多个物品,自动识别成品与部件是否关联,提高出入库效率;

3.缩减盘点周期,提高数据实时性,实时动态掌握库存情况,实现对库存物品的可视化管理;

4.采用条码技术能大大提高拣选与分发过程的效率与准确率,并加快配送的速度,减少人工、降低配送成本;

5.精确掌握商品流通情况,优化合理库存。

本章小结

本章主要介绍了系统分析,学习本章,需要掌握详细调查的原则内容及方法,需求分析的方法,熟悉组织结构和业务功能的关系,了解业务流程分析的程序和内容,了解建立系统逻辑模型的程序和要求。

关键概念

需求分析　业务流程　系统逻辑模型

复习思考题

1.简述物流信息系统分析的任务。

2.物流信息系统需求分析主要包括哪些内容?

3.详细调查的内容有哪些?

4.业务流程分析包括哪些内容?

5.逻辑模型的性能要求有哪些?

第六章 系统设计

　　系统设计的主要工作包括总体设计和具体设计。总体设计除了子系统的划分即系统总体方案的布局外，还有软件系统的总体设计，包括网络设计、系统平台设计、计算机处理流程设计等。具体设计是在总体设计后，对每个模块详细功能设计的过程，包括数据库设计、代码设计、功能模块设计等。系统设计应遵循系统性、灵活性、可靠性、经济性等原则。

第一节　总体结构设计

　　系统总体结构设计是根据系统分析的要求和物流企业的实际情况，对新系统的总体结构形式和可利用的资源进行宏观上、总体上的大致设计。我们这里讨论的系统总体设计主要有系统（子系统）的划分、网络设计、系统平台、新系统的计算机处理流程。

一、子系统划分

系统总体结构设计阶段的第一个重要过程是子系统的划分。所谓子系统划分是指将系统划分为子系统，子系统又划分为若干模块，大模块划分为小模块。

(一)子系统划分方法

子系统划分方法主要有六种，如表 6-1 所示。

表 6-1　系统划分方法

序号	方法分类	划分方式	联结形式	可修改性	可读性	紧凑性
1	功能划分	按业务处理功能划分	好	好	好	非常好
2	顺序划分	按业务先后顺序划分	好	好	好	非常好
3	数据拟合	按数据拟合的程度来划分	好	好	较好	较好
4	过程划分	按业务处理过程划分	中	中	较差	一般
5	时间划分	按业务处理时间划分	较差	较差	较差	一般
6	环境划分	按实际环境和网络分布划分	较差	较差	较差	较差

这里需要注意的是：表 6-1 中的比较指标是根据一般情况而言的。在实际对系统进行设计时仍应以具体系统分析的结果而定，不能笼统地、绝对地去评价好坏。

在实际应用中，上述六种划分方法一般是在系统分析阶段的功能划分基础上进行，采用混合划分方法，即以功能和数据分析结果为主，兼顾组织环境的实际情况，即混合的划分方法。具体来说，混合划分方法要考虑以下三方面的内容：

1.功能分析结果，是指系统分析阶段中得到的业务功能一览图。

2.数据分析结果，是指系统分析阶段中得到的系统功能划分与数据资源分布情况，通常采用 U/C 矩阵来表示。

3.组织环境，是指企业组织的其他情况，例如，办公室、厂区的物理环境、开发工作的分段实施情况、设备和人力资源的限制等。

综合考虑时，往往需要对业务功能一览图中的树状结构局部地进行调整，对 U/C 矩阵整理后的图表重新进行划分等。但是这种调整尽量不要破坏原来分析好的结构，以避免发生其他问题。

(二)子系统划分原则

为了便于系统开发和系统运行，子系统的划分应遵循如下几点原则：

1.独立性原则

子系统的划分必须使得子系统内部功能和信息保持独立，这对于将来调试、维护和运行都是非常方便的。

2.数据冗余最小原则

如果子系统划分中相关的功能数据过多地分布到各个子系统中去，那么，大量的原始数据需要反复调用，大量的中间结果需要保存和传递，大量计算工作将要重复进行，程序结构也会很紊乱。这不但给软件编制工作带来很大的困难，而且系统的工作效率也大大降低了。

3.前瞻性原则

子系统的划分不能完全仅取决于上述系统分析阶段的结果，因为现存系统由于各种各样的原因，很有可能没有考虑到一些高层次管理决策的要求，而这些要求有可能在不远的将来提出。

4.阶段性实现原则

子系统的划分应该有利于系统分阶段实现。物流管理信息系统的开发是一项较大的工程,它的实现一般都要分期分步进行,因此,子系统的划分应能适应这种分期分步的实施方法。

5.资源充分利用原则

子系统的划分应考虑到对各类资源的充分利用。一个适当的系统划分既考虑各种设备资源在开发过程中的搭配使用,又要考虑各类信息资源的合理分布和充分利用,以减少系统对网络资源的过分依赖,减少输入、输出、通信等设备的压力。

二、网络设计

随着网络快速发展,基于网络的管理信息系统越来越普遍,特别是在物流管理信息系统的应用中已经成为主流,单机系统已经比较少见了。我们这里讨论的网络设计是将初步规划中的各个子系统从内部用局域网连接起来,以及今后系统如何与外部系统相连接的问题。

(一)网络设计

网络设计通常包括以下几个步骤:

1.选择网络结构

首先要根据用户要求和实际业务需要来选择网络结构。网络结构(也称网络的拓扑(Topology)结构,它是指网络的物理(实际)连接方式,有总线型(Bus)、环型(Loop)、星型(Star)、树型(Branch)、网型(Net)等几种。目前市面上常见的微机局域网一般都采用总线型结构,其他的中、小型机网络则主要是总线型和环型。

2.选择和配置网络设备

内容包括配置网络设备的地点、选用什么型号的网络产品等。根据网络结构选型的结果,安排网络和设备的分布,配置和选用网络产品。

3.线路布局

根据企业工作地点的具体环境来进行网络线路布局。

4.节点设置

根据实际业务的要求,设置网络各节点的级别、管理方式、数据读写的权限,并选择相应的软件系统。

5.确定与外部的联系

包括确定如何同广域网或者因特网进行连接、如何同上级单位或同级其他单位的网络进行联系、如何支持管理人员从外面通过广域网或者因特网来随时了解企业内部的情况、如何利用电子数据交换(EDI)方式进行全球电子商务交易等。

(二)网络设计原则

物流管理信息系统在系统总体结构设计阶段应该遵循以下基本原则:

1.安全性原则

由于系统的开放性,使得系统与外界的数据交流频繁,网络信息安全已经成为一个严重问题,应加强系统数据的安全保护措施,例如,采用适当的防火墙技术。

2.扩展性原则

由于系统的运行环境和应用背景是不断变化和发展的,应该充分考虑系统的可扩充性、兼容性和版本升级等措施,应该具备与异构数据源的连接能力,以适应未来可能出现的新问题和新情况。

3. 实时性原则

物流管理信息系统应该具有实时数据采集和信息反馈能力,无论是采用传统的数据输入方式还是传感采样方式,都必须能接收各种实时数据,并利用网络优势,实现快速及时的信息反馈。

4. 异地远程工作能力

管理信息系统应该充分利用网络技术,具备远程、异地、协同的工作能力,以支持企业面对全球性的市场竞争。

5. 集成化原则

基于网络的管理信息系统,都应该具有系统内部的人事、财务、物流管理等功能,以实现系统的集成化。整个系统应该具有统一的信息代码、统一的数据组织方法、统一的设计规定和标准。

三、系统平台设计

系统平台是指在电脑里让软件运行的系统环境,包括硬件环境和软件环境。典型的系统平台包括电脑的架构(Computer Architecture)、操作系统、编程语言等。在进行了系统划分和网络设计之后,就可以考虑系统平台设计问题。

随着信息技术的发展,各种计算机软、硬件产品竞相投向市场。多种多样的计算机技术产品为信息系统的建设提供了极大的灵活性,但同时也给系统设计工作带来了新的困难。因此,必须从众多厂家的产品中做出最明智的选择,这就是系统平台设计。

(一)系统平台设计的依据

1. 系统的吞吐量

系统的吞吐量越大,则系统处理能力就越强。系统的吞吐量与系统硬、软件的选择有着直接的关系。如果要求系统具有较大的吞吐量,就应当选择具有较高性能的计算机和网络系统。

2. 集中式还是分布式

如果一个系统的处理方式是集中式的,则信息系统既可以是主机系统,也可以是网络系统。若系统的处理方式是分布式的,则采用网络结构将更能有效地发挥系统的性能。

3. 系统的响应时间

系统的响应时间是指从用户向系统发出一个作业请求开始,经系统处理后,给出应答结果的时间。如果要求系统具有较短的响应时间,就应当选择运算速度较快的计算机及具有较高传递速率的通信线路。

4. 系统的可靠性

系统的可靠性可以用连续工作时间表示。对于每天需要数小时连续工作的系统,则系统的可靠性就应该很高,这时可以采用双机双工结构方式。

5. 数据管理方式

如果数据管理方式为文件系统,则操作系统应具备文件管理功能。如果数据管理方式为数据库管理方式,系统中应配备相应的数据库管理系统。

6. 地域范围

对于分布式系统,要根据系统覆盖的范围决定采用局域网、广域网、因特网。

(二)确定系统平台设备的原则和要求

1. 确定系统平台设备的基本原则

(1)要考虑到现实中的可能性和技术上的可靠性,这是设计方案是否可靠的基础,也是新系统考虑硬件结构的基本出发点。

（2）根据系统调查和系统分析的结果来考虑硬件配置和系统结构，即管理业务的需要决定系统的设备配置。

2.确定系统平台设备的要求

（1）根据实际业务需要考虑这个管理岗位是否要专门配备计算机设备。

（2）根据调查估算的数据容量，确定网络服务器或主机存储系统的最低下限容量。

（3）根据物理位置分布和数据通信的要求，决定是否需要联网以及联网方式。

（4）根据实际业务要求确定计算机及外部设备的性能指标，如速度、性能、功能、价格等。

（三）目前系统平台设计的主要缺陷——信息孤岛

由于技术的更迭，系统平台设计不断进步，其间可能数据库不同、语言不同、提供服务的厂商也不同，于是企业、组织内部新旧系统成了一个个单独的系统；同样，企业、组织间由于其缺乏统一的规划，同样形成一个个独立的系统。系统平台间不能兼容，信息数据不能实现交换，就形成了多个信息孤岛，这是目前系统平台设计不可避免的缺陷。

信息孤岛产生的原因不外乎以下两种：一是企业即使有全面的信息解决方案，但由于价位太高，多数企业限于财力的因素，也不会去投资，只是零星采购一些规模相对较小比较专业的信息软件，以满足暂时的需求，这样相对的信息孤岛就会产生。二是企业应用问题，企业在以往系统平台设计时缺乏统一的规划，不同企业的系统平台采用不同厂家提供的操作系统，不同的应用程序，这就严重地限制了企业间信息交换，继而约束了应用领域的拓展。

因此我们在进行系统平台设计时应注意的是，要低成本的实现全面信息化，在选择供应商时要慎重，一定要选择那种有实力的、通用性强、能够提供全面解决方案的供应商。即使现在限于自身的财力状况，也要挑选有潜力的供应商，这样与供应商一同成长，以尽量避免由于自身原因产生信息孤岛。

四、计算机处理流程设计

在确定子系统的划分和系统的设备配置之后，还必须根据系统分析方案大体勾画出设计者关于每个子系统内部计算机处理流程的草图，作为后继设计的基础。

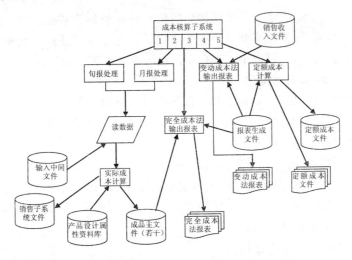

图 6-1 计算机处理流程图

资料来源：薛成华.管理信息系统(第三版)[M].北京:清华大学出版社,2012,第340页

系统处理流程设计主要是通过系统处理流程图来描述数据在计算机存储介质之间的流动、转换和存储情况，以便为模块设计提供输入输出依据。这里我们以成本管理子系统的计算机处理流程图为例，如图 6-1 所示。

系统处理流程图对于新系统处理过程的大致设想是非常直观和有效的。但它既不是对具体处理或管理分析模型细节的描述，也不是对模块调用关系或具体功能的描述。它只是关于信息在计算机内部的大致处理过程，可以随着后续设计过程而改变。绘制系统处理流程图的符号标准，主要有中国国家标准 GB1526-79、国际标准化组织标准 ISO1028 和 ISO2636 以及美国国家标准协会的标准。

第二节　数据库设计

数据结构和数据库的设计，就是要根据数据的不同用途、使用要求、统计渠道、安全保密性能等方面的要求，来决定数据的整体组织形式以及数据的基本结构、类别、载体、保密措施等。数据库的设计目标应正确反映现实，具有七个特点：①提高共享程序，减少数据沉冗；②数据可更新，删改；③防止异常删改，插入；④访问数据库的时间简捷；⑤数据库存储空间小，节省网络资源占用；⑥保证安全并具有高度保密性；⑦便于维护。

因此，一个好的数据结构和数据库应该充分反映信息流发展变化的状况，充分满足组织的各级管理要求，同时还应该有使后继系统的开发工作方便、快捷，系统开销小，易于管理和维护等特点。在物流管理信息系统中最常用的数据存储方式，除了数据库方式以外，还有数据文件方式。下面，分别介绍这两种数据存储方式的设计。

一、数据库设计

（一）数据组织的规范化

数据组织的规范化是建立关系数据库的基本范式。在数据的规范化表达中，将一组相互关联的数据称为一个关系，这个关系下的每个数据指标项被称为数据元素。这种关系对应到具体的数据库上就是表，数据元素就是表中的字段。规范化表达还规定在每一个表中必须定义一个数据元素为关键字，它可以唯一地标示出该表中其他相关的数据元素。

（二）关系数据库结构的规范化

在对数据进行规范化后，还要建立整体数据的关系结构。在这一步设计完成后数据库和数据结构设计的工作就基本完成了，到系统实现时，将数据分析和数据字典的内容对应到整体数据结构中，那么规范化的数据库结构就建立起来了。

一般建立关系数据结构有三个方面的内容：

（1）在确定了表之后，单独的表并不能完整地反映事物，通常要通过将它们联系起来才能全面地反映问题。因此要确定各个表之间的关系。一般是通过表之间关键字的连接实现。

（2）确定单一的父子关系结构。

（3）建立整个数据库的关系结构。

（三）数据资源的分布和安全保护

在建立了数据的整体关系结构之后，还要确定出数据资源分布和安全保密的属性。

数据资源的分布是针对网络数据库(或称分布式数据库)而言的。也就是当系统是在网络环境下进行的规划和设计,在对数据库进行设计时就要考虑整个数据资源在网络各节点上的分配问题,否则下一步的网络建立,系统实现工作就无法按预定的方案进行。对同一子系统的数据应该尽量放在本子系统所使用的机器上,只有需要公用的数据和最后统计汇总类的数据才放在服务器上。这样可以避免网络数据的通信紧张,还可以提高系统效率。

数据的安全性保护是指防止机密数据泄漏;防止无权者使用、修改数据。完整性保护是指保护数据结构不受损害,保证数据的正确性、有效性和一致性。由于数据的保护和计算机系统环境的保护是密切相关的,因此这个问题要在更大的范围内才能解决。例如,计算机所在的环境、硬件、软件、信息通信设施等方面的保护。而在系统的设计和实施阶段,要从软件方面设计和实现数据保护的功能。

二、数据文件设计

(一)文件的分类

按文件用途可把文件分为以下几种:

(1)主文件。主文件是系统中最重要的共享文件,主要存放具有固定值属性的数据。为发挥主文件数据的作用,它必须准确、完整并及时更新。

(2)处理文件。处理文件又称事务文件,是用来存放事务数据的临时文件,包含了对主文件进行更新的全部数据。

(3)交换文件。交换文件用来存放具有固定个体变动属性的数据。它既是输出,又是输入,所以叫作交换文件。

(4)工作文件。工作文件是处理过程中暂时存放数据的文件,例如,排序过程中建立的排序文件、打印时建立的报表文件等。

(5)其他文件。

(二)文件记录格式

根据系统要求和设备的约束确定文件的组织方式、存取方式和存储介质以后,就要决定文件的数据组织形式即文件的记录格式。设计文件记录格式内容包括:

(1)确定文件名。文件名尽可能要统一,可以按字母缩写、层次码等方式进行命名。

(2)确定文件名所含的数据项及排列顺序。

(3)确定数据项的名称、数据类型、宽度等。

(4)确定文件的关键字。

第三节　代码设计

代码是代表事物名称、属性和状态等的符号。在物流信息管理系统中,它是人与计算机沟通的桥梁。编制代码,简称编码,就是用数字或字母代表事物。通过编码,建立统一的物流信息语言,不仅有利于提高通用化水平,也有利于采用集中化措施加快处理速度,便于检索。

一、代码设计的原则

1. 唯一性

在一个编码体系中,一个对象只能对应一个唯一的代码,反之亦然,如图 6-2 所示。最常见的例子就是职工编号。在人事档案中可以发现,人的姓名不管在什么组织中都很难避免重名。因此,为了唯一的识别每一个人,编制了职工编号代码。

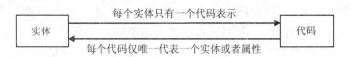

图 6-2　代码的唯一性

2. 规范化

在一个代码体系中,所有的代码结构、类型、编写格式必须保持一致,以便于信息交换和共享,并有利于系统的更新和维护工作。因此,要在唯一化的前提下强调代码的规范化。在后面将会介绍规范化编码的几种形式。

3. 标准化

在一个系统中所用的编码应尽量标准化。在实际的工作中,一般的企业所用的大部分编码都有国家或行业标准。例如,在会计领域中,一级会计科目由国家财政部进行标准分类,而二级科目由各部委或行业协会统一进行标准分类,企业只能对其会计业务中的明细账目,也就是对三、四级科目进行分类,而且这个分类还要参照一、二级科目的规律进行。

4. 适用性和可扩充性

代码应尽可能地反映对象的特点,以便于识别和记忆。编码时要留有足够的备用代码,以满足今后扩充的需要。

5. 合理性和简单性

代码设计应与编码的分类体系相对应。代码结构要简单,尽可能短,以方便输入,提高输入的质量和效率。

二、代码种类

代码设计前应进行充分的信息分类,分类好的话,能使代码设计问题真正变成是用一个字符来表示的问题。最基本的代码种类,如图 6-3 所示。在实际应用中,常常根据需要采用两种或两种以上基本代码的组合。下面介绍几种常用的代码。

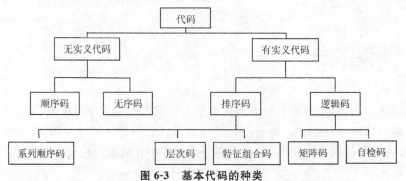

图 6-3　基本代码的种类

资料来源:邵举平.物流管理信息系统[M].北京:清华大学出版社,2005,第 248 页

1. 顺序码

顺序码是最常用、最简单的代码。它将顺序的自然数或字母赋予对象。例如,00 空运;01 海运;02 铁路运输;03 汽车运输;04 管道运输。

它的优点是代码简短,使用方便,易于管理,对表示对象没有特殊的规定。缺点是代码本身没有给出对象的其他信息,没有逻辑基础,编码本身不能说明任何信息的特征,只起序列的作用。通常非系统化的对象采用顺序码。

2. 矩阵码

矩阵码是一种逻辑码。它是建立在两维空间 x,y 坐标上的代码。代码的值是通过一组坐标值(x,y)表示的。

3. 自检码

自检码是由原来的代码和一个附加码(也可以称之为检验码)组成的。附加码可以用来检查代码的录入和转录过程中是否出现差错。它一般和代码本身有某种唯一确定关系,是通过一定的数学方法得到的。这部分内容在后面将进行介绍。

4. 系列顺序码

它是排序码的一种。排序码是把对象按预先选择的顺序排序,再分别赋予代码。系列顺序码是将顺序代码分为若干段,并与对象的分类一一对应,给每段分类对象赋予一定的顺序代码。例如,《国务院各部、委、局及其他机构名称代码》采用的就是系列顺序码。用三位数字表示一个机构,第一位表示类别标识,第二、三位表示机构在此类中的数字代码。如 300～399 为国务院各部、700～799 表示全国性人民团体。

这种代码的缺点是空码比较多,不便于机器处理,不适用于复杂的分类体系,优点是能够表示一定的信息属性,易于修改。

5. 层次码

层次码是以分类对象的从属层次关系为排列顺序的一种代码。代码分为若干层,对应于对象的分类层次。它有广泛的应用。优点是能明确地标出对象的类别,有严格的隶属关系,代码结构简单,容量大,便于机器汇总。

三、代码的校验

当人们抄写录入代码时,发生错误的可能性很大。代码是数据的重要组成部分,它的正确性将直接影响系统的质量。因此,为了验证输入代码的正确性,要在代码本身的基础上加上校验码,使它成为代码的一部分。也就是前面介绍的自检码。

校验码是根据事先规定的数学方法通过代码计算出来的。计算过程如下:

1. 算数级法

乘以的权数为连续的自然数。

原代码　　　　1　　2　　3　　4　　5
各乘以权数　　6　　5　　4　　3　　2
乘积之和 6＋10＋12＋12＋10＝50

以 11 为模去除乘积之和,把得出的余数作为校验码:

$$50 / 11 = 4 \cdots\cdots 6$$

因此,代码为 123456。

2.质数法

权数为质数。

原代码　　　1　　2　　3　　4　　5

各乘以权数　17　13　7　　5　　3

乘积之和 17＋26＋21＋20＋15＝99

以 11 为模去除乘积之和,把得出的余数作为校验码:

$$99 / 11 = 9 \cdots\cdots 0$$

因此,代码为123450。

需要指出的是,以 11 为模时,若余数是 10,则按 0 处理。

3.几何级数法

权数为某个自然数的级数。

原代码　　　1　　2　　3　　4　　5

各乘以权数　2^5　2^4　2^3　2^2　2

乘积之和 32＋32＋24＋16＋10＝114

以 11 为模去除乘积之和,把得出的余数作为校验码:

$$114 / 11 = 10 \cdots\cdots 4$$

因此,代码为123454。

四、代码设计步骤

第一步,确定代码对象。

第二步,考察是否已经有标准代码。如果有标准代码,就应该遵循;如果没有,则应该参照国际、国家、行业部门的编码标准,设计出相应的代码。

第三步,根据代码的使用范围、使用时间、实际情况选择编码类型。

第四步,编写代码,制作代码表和详细说明,并通知有关部门学习,以便正确使用。

第四节　功能模块设计

一、功能模块设计的目的和内容

功能模块设计是系统设计的最后一步,它是下一步编程实现系统的基础。功能模块设计的目的是建立一套完整的功能模块处理体系作为系统实施阶段的依据。其设计的内容可以分为总控系统部分和各子系统详细设计两个部分。

(一)总控系统部分

总控系统部分的设计是以系统的总体设计自上而下划分出的总体结构图和按特性设定出的各功能模块图为基础,进行总体控制设计(如针对不同层面的权限设计访问规则设置)。

(二)子系统详细设计

详细设计主要是设计根据前面完成的总体设计的各子系统功能模块图,详细设计、确定各功能模块间的联系方式以及各模块内部的功能和处理过程,以使程序员能够依此自如地编制出系统需要的模块。

二、功能模块设计原则和方法

(一)设计原则

功能模块设计是一项复杂而繁琐的工作,随着设计系统的增大,模块的复杂性也迅速上升,设计难度也相应增大。为了确保设计工作的顺利进行,功能模块设计一般应遵循如下原则:

1.对模块的划分要求是,模块的内聚性要强,模块具有相对的独立性,减少模块间的联系。

2.模块之间的耦合只能存在上下级之间的调用关系,不能有同级之间的横向关联。

3.整个系统呈树状结构,不允许有网状结构或交叉调用关系出现。

4.所有模块都必须严格地分类编码并建立归档文件,建立模块档案进行编码以利于系统模块的实现。

5.模块的层次不能过多,一般最多使用 6～7 层。

(二)模块的联结方式

模块联结方式有五种,最常用的是前三种:

1.模块联结,按功能和数据流程联结是目前常用的一种方法。

2.特征联结,按模块特征相联结。

3.控制联结,按控制关系相联结。

4.公共联结。基本不用了

5.内容联结。基本不用了。

(三)功能模块划分

对于一个结构比较好的系统设计来说,模块一般都比较小,基本上反映的是某一管理业务中局部性和单独性的功能。故在结构化系统设计中,模块一般都是按功能划分的,通常称为功能模块。

功能模块的划分能够较好地满足上述所有的原则,而且还能够最大限度地减少重复劳动,增大系统的可维护性和提高开发工作的效率。

三、功能模块设计工具

(一)层次模块结构图

在前面的系统分析阶段,已经得到了新系统的逻辑方案和总体划分,包括系统的数据流程图。功能模块设计需要根据结构化设计的原则把数据流程图转化成层次模块结构图(或称结构图 Structure Chart)。

层次模块结构图是 1974 年由 W. Steven 等人从结构设计的角度提出的一种工具。它是描述系统功能层次和功能模块关系的图,通常是树形结构。模块结构图主要关心的是模块的外部属性,即上下级模块、同级模块之间的数据传递和调用关系,而并不关心模块的内部。

举例说明,某公司销售采购处理系统的数据处理子系统的处理过程是:公司营业部对每天的顾客订货单形成一个订货单文件,它记录了订货项目的数量、货号、型号等详细数据。然后在这个文件的基础上对顾客订货情况进行分类统计、汇总等项处理操作。该子系统的层次化模型结构如图 6-4 所示。

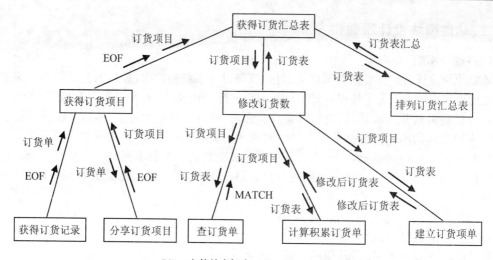

EOF：文件结束标志　MATCH：匹配

图 6-4　销售采购处理的层次模块结构图

资料来源：何发智. 物流管理信息系统[M]. 北京：人民交通出版社，2003，第 181 页

(二)IPO 图

IPO 图是输入—处理—输出(Input-Process-Output)图的缩写，主要是配合层次化模块结构图来详细说明每个模块内部功能的一种工具。IPO 图的设计可因人因具体情况而异。但无论怎样设计它都必须包括输入(I)、处理(P)、输出(O)，以及与之相应的数据库和数据文件在总体结构中的位置信息等。

订单处理的 IPO 如图 6-5 所示。

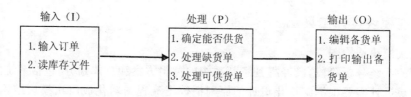

图 6-5　订单处理的 IPO 图

资料来源：何发智. 物流管理信息系统[M]. 北京：人民交通出版社，2003，第 181 页

IPO 图的输入和输出部分设计和处理都很容易，唯独处理过程(P)描述部分较为困难。因为对于一些处理过程较为复杂的模块，用自然语言描述其功能十分困难，并且对同一段文字描述，不同的人还可能产生不同的理解，即所谓的二义性问题。因此，必须处理好这个环节，以避免给后继编程工作造成混乱。

目前，用于描述模块内部处理过程的主要有决策树、判定表和结构化语言等方法。

1.决策树

决策树(Decision Tree)的作用和判定表相同，两者本质上是一样的，可以认为是判定表的一种变形。它们之间的区别主要在于决策树以树形结构表示条件和动作。具体应用时，可根据自己的习惯选择使用。

由于决策树采用的是图形表示形式，所以用决策树来描述一个功能模块逻辑处理过程更具示意性、直观性和引导性,更易于问题的表达和理解。

决策树的基本结构是一棵从左向右生长的树。其树根在左边,表示加工或所要解决的问题。除最后一列以外,从左到右的每一列,对应一类判断条件。自上而下,按对应关系写出其所有取值。位置在右边的判断列,其所有条件取值要根据在其左边的判断列的取值个数重复多次。最后一列对应的是目标动作。

举例说明:某公司产品销售业务过程中的折扣政策,用决策树方法表示如图6-6所示。

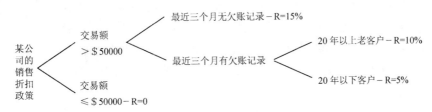

图6-6　决策树

2.判定表

在判定表(Decision Table)中,条件和操作行动之间的逻辑关系被明确地表达出来。判定表的优点是能够把所有的条件组合充分地表达出来,缺点是判定表的建立过程较为复杂,表达方式不够简便。

一个判定表由条件定义、行动定义、条件取值和行动决策所组成:

(1)条件定义部分自上而下列出了判断中所用的各种条件,条件的上下位置可以交换,无严格的次序要求。

(2)行动定义部分也由上而下列出了可采取的所有动作,排列的顺序也没有严格要求。

(3)条件取值和行动决策部分依次列出具体的条件取值数据和所选定的操作动作,其排列位置应按处理情况的条件—行动严格对应。

举例说明:仍以前面例子说明,折扣政策条件有三个:业务发生额、业务往来时间和欠账情况。设有变量,如表6-2所示,据此得出的判断表,如表6-3所示。

表6-2　变量表

条件名称	取值	含义
金额	M	＞＄50000
	L	≤＄50000
欠账情况	N	无欠账记录
	Y	有欠账记录
时间	D	20年以上老客户
	N	20年以下客户

表6-3　判断表

	可能方案	1	2	3	4
条件	C1(金额)	M	M	M	L
	C2(欠款)	N	Y	Y	/
	C3(时间)	/	D	N	/
结果	R＝15%	×			
	R＝10%		×		
	R＝5%			×	
	R＝0				×

资料来源:薛华成.管理信息系统(第三版)[M].北京:清华大学出版社,2012,第361页

3.结构化语言

结构化语言专门用来描述功能单元逻辑,是一种介于计算机程序设计语言和人们日常所用的自然语言之间的语言形式。结构化语言虽然不像程序设计语言那样精确,但是简单明了,易于掌握使用,便于用户理解,而且避免了自然语言的二义性缺点。

结构化语言使用三种基本的控制结构,即顺序、选择和循环。结构化语言由外层语法和内层语法两部分组成。

(1)外层语法

外层语法用来规定加工处理的基本结构,说明了所控制各部分的逻辑关系。使用顺序、选择、循环三种成分。这三种基本结构可互相嵌套,形成任何复杂的处理结构。

顺序结构。可由一个或多个符合内层语法的简单祈使句、符合外层语法的基本结构顺序排列组成。

选择结构。其基本形式是,IF 条件 THEN 顺序结构 IELSE 顺序结构 2 或者 IF 条件 THEN 顺序结构,其中的顺序结构表示相应的处理动作。

循环结构。其基本形式是,REPEAT 顺序结构 UNTIL 条件或者 FOREACH 条件 DO 顺序结构。

(2)内层语法

内层语法用来规定内部的语句使用。同外层语法相比,内层语法比较灵活,它由系统人员根据加工的具体特点和用户能接受的程度来决定。内层语法有以下特点:

语态。只祈使句一种语态,即用动词＋名词的结构,用以明确表示此加工做什么。

词汇。名词应是数据词典中所定义过的,力求准确,避免含糊性。动词表示加工中的动作,要避免空洞的语词,如处理、控制、掌握等。不用形容词、副词等修饰语,但可用状语短句。可以用些常用的运算符、关系符等帮助说明条件。

4.三种表达工具的比较。

判定表、决策树、结构化语言这三种处理逻辑的表达方法各有其优点和缺点:

(1)判定表和结构化语言形式化程度高,便于机器理解,容易由计算机自动生成程序。

(2)决策树以图形方式表达,形象直观,易于人们理解。

(3)判定表的可验证性强,并能简化判定和决策,提高了决策效率。

一般来说,对于一个十分复杂的逻辑问题,最好采用判定表比较好。对于不太复杂的逻辑判断,使用决策树比较好。如果一个逻辑处理过程中,既包含顺序结构,又有判断和循环逻辑时,使用结构化语言比较好。

(三)HIPO 图

HIPO 图是 IBM 公司于 20 世纪 70 年代中期在层次结构图(Structure Chart)的基础上推出的一种描述系统结构和模块内部处理功能的工具,它是层次输入—处理—输出(Hierarchypius Input Process Output)图的缩写。

HIPO 图一般由一张总的层次化模块结构图和若干张具体模块内部展开的 IPO 图组成。前者描述了整个系统的设计结构以及各类模块之间的关系,后者描述了某个特定模块内部的处理过程和输入、输出关系。

举例说明:图 6-7 是一张有关修改库存文件部分内容模块的层次模块结构图。图 6-8 是若干张模块展开图(IPO 图)中的一张,即验证事务单位模块(编号 C.5.5.8)的 IPO 图。

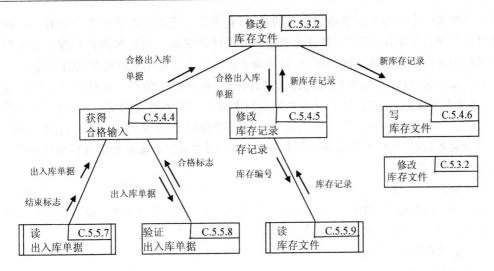

图 6-7　层次化模块结构图

IPO 图编号（即模块号）：C.5.5.8		HIPO 图编号：C.5.0.0	
数据库设计文件编号：C.3.2.2，C.3.2.3	编码文件号：C.2.3		编程要求文件号：C.1.1
模块名称：	设计者：	使用单位：	编程要求
输入部分	处理描述		输出部分
上组模块送入单据数据 读单据存根文件 读价格文件 读用户记录文件 ： ： ： 处理过程 ① ② ③	①核对单据与单据存根记录 ②计算并核实价格 ③检查用户记录和信贷情况 ： ： ： 出错信息 价格不对处理 用户信贷不好记录处理 记录合格		将合理标志送回上一 级调用模块 将检查的记录记入 xxx 文件 修改用户记录文件 ： ： ：

图 6-8　IPO 图

资料来源：薛华成.管理信息系统(第三版)[M].北京：清华大学出版社,2012,第 356 页

　　图的内容是：反映该模块在总体系统中的位置；所涉及的编码方案；数据文件/库；编程要求；设计者和使用者等信息。图中内部处理过程的描述是用决策树方式进行的。最后是备注栏，一般用以记录一些该模块设计过程的特殊要求。

第五节　系统设计报告

　　在系统设计完成之后，设计阶段的工作就基本上完成了。下面就是要把这个阶段的工作成果汇总成为文档——系统设计报告，为实施阶段提供依据。在这之前，设计人员还可以对系统设计的成果进行预演，称之为结构预演。

　　结构预演是一种评价的方法，它能够有效地减少某些被忽略的或做错的事情。同时也给设计人员提供一个机会去评价前面建立的东西,有可能会得到一些建设性的建议。系统分析说明书已经通过了审议,所以主要评价的是系统设计的成果。在这里进行预演的主要目的不是为了给系统的质量下判定性的结论,只是为了给设计人员提供有价值的反馈信息。

预演结束后,设计人员对所有的建议进行评价,把有价值的归入系统设计之中。实践证明,预演是有价值的,它使设计人员在系统实现之前获得重要的反馈信息。而后,系统设计人员就可以编写系统设计报告了。它既是新系统的物理模型,也是系统实施阶段的主要依据。设计报告通常包括引言、系统包含的具体内容等,实际中可以根据系统的规模和复杂程度等情况,选择其中的部分内容。

(一)引言

说明系统的目标和功能;介绍系统的开发者和用户;说明系统的软、硬件和运行环境方面的限制;保密和安全的限制;参考的书籍和专门的术语说明。

(二)系统设计报告内容

1.系统总体设计方案。

2.模块设计方案:包括系统总的层次化模块结构图和各个模块的 IPO 图。

3.代码设计方案:包括各种代码的类型、名称、功能、使用范围和要求,以及代码设计说明书。

4.输入、输出设计方案:包括输入内容、输入人员要求、主要功能要求、输入界面和输入校验,以及输出内容、接收者、输出要求和输出界面。

5.数据库说明:设计说明、运行环境说明、逻辑结构、物理结构说明等。

6.系统配置方案设计:包括硬件和软件设计、通信和网络设计等。

一旦系统设计被审查批准,便为下一步系统实施阶段提供了工作方案。

本章小结

本章主要介绍了系统设计。学习本章,需要了解系统设计的主要内容,理解网络设计,系统平台的概念,了解数据库设计的步骤和方法,掌握代码设计的原则,了解代码的种类和校验方法,了解功能模块设计工具,理解功能模块设计在系统设计中的重要性。

关键概念

系统平台　数据库　代码设计　计算机处理流程　功能模块设计　IPO 图　HIPO 图

典型案例

北京邮政 EMS 物流信息系统设计

北京邮政 EMS 物流中心(以下简称"物流中心"),是北京邮政速递总公司(北京 EMS)下属的一家新兴企业。物流中心在经营活动过程中存在以下问题:(1)现有资源未充分利用;(2)生产不规范,效率较低;(3)缺乏有效的内部管理措施;(4)缺乏高效的外部交流手段。为解决以上问题,2001 年 3 月,该物流中心与汇杰国际有限公司签订系统开发协议。

一、案例思考

1.北京邮政 EMS 物流信息系统解决了原来存在的哪些问题?

2.北京 EMS 物流信息系统开发采用了哪种开发方式?

3.从北京市邮政速递总公司的角度来看,选择这种开发方式的好处有哪些?

二、案例分析

1．设计原则与重点

除系统设计满足实用、经济、标准、可扩充、易维护等一般性原则外，通过分析物流中心整个业务流程并结合邮件流动特点，我们确定系统的整体架构要遵循：以邮件在各环节流动为主线，以各种单据和财务款项核对为控制手段，通过灵活、快速、准确地向客户提供信息反馈来提高企业在物流行业中的竞争力。为了使整个软件流程清晰，责权明确，系统模块的划分遵照：以邮件的整个流动环节为划分依据，并通过严格的权限设置来实现不同岗位对数据的安全访问。另外，在对系统进行功能设计时，以汇杰 e-delivery V2.1 物流配送系统的"进销存配送跟踪"思想及实现为基础，针对物流中心业务特点，突出解决"存、配、送、跟"问题。系统设计的重点就是通过建立一个分布数据集中共享的管理环境实现数据共享，在物流中心各部门间、公司与各外地分点间、外地各分点间、公司与总局间、公司与各客户间开辟一个高效、可靠、安全的信息通道。

2．主要功能

系统共分九大模块：订单模块、仓储模块、生产管理、业务管理、财务管理、系统管理、决策分析、互联网访问、主监控台。这九大模块共含 50 多项功能，涉及物流中心业务管理的方方面面（如图 6-9 所示）。

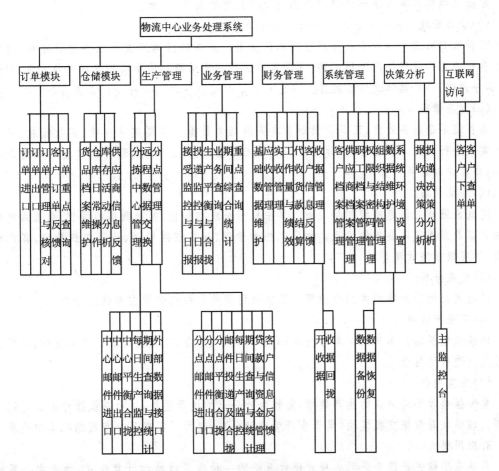

图 6-9　功能结构图

(1)订单模块

客户服务部门使用。主要包括订单的接收、分拣、出口、合拢、客户信息反馈等。该模块可以接收如185、电话、传真等各种来源的订单,并通过统一的数据接口对订单进行处理,然后通过网络将订单的投递信息反馈给客户。

(2)仓储模块

包括仓库的设定、产品档案的建立、购入、借入、退库、售出、借出、盘盈、盘亏及借入借出结算、接收提货要求并进行简单包装加工等,并提供库存列表、流水分析、汇总分析(包括期初、期间、期末等)、供应商货物销售情况反馈等。

(3)生产管理

管理物流信息的主要部分,包括分拣中心模块、分点管理模块及数据交换三部分。

分拣中心是各分点邮件的中转交换场所。该模块实现了一个限于分拣中心内部的邮件进出管理环境,主要包括中心自己揽收的邮件、分点转投邮件及各种退件的进口、出口、合拢、中心自己的监控、信息反馈,等等。

分点管理模块除管理各分点邮件的进口、出口及合拢外,还实现了邮件最终投递到户及与之发生的交款、交费、投递监控及信息反馈等。

数据交换模块实现了整个公司范围内生产数据的共享、一致。

(4)业务管理

该模块归物流中心业务及生产监控部门使用。主要包括对所发生业务进行建档、对各分点的各种业务的投递情况进行回购,并向客户进行信息反馈。该模块还生成揽收日报、投递日报、各分户账、公司整体运作监控等。

(5)财务管理

本系统不是财务软件,而是提供财务决策的相关数据。主要建立应收、实收账款,并对应收与实收进行核对。收据管理;建立员工揽收工作量、投递工作量、取件工作量的绩效与提成分析;向客户对账及结算,等等。

(6)系统管理

完成系统相关信息的维护和设置。其中包括系统初始化、基础数据的维护、数据库的备份和恢复以及系统通用参数的设置。如职工档案管理、职工权限管理、公司组织管理、客户档案管理、供应商档案管理等。

(7)决策分析

通过灵活的图表等形式向企业领导提供公司揽收与投递的横向与纵向分析。

(8)互联网访问

该模块包括远程客户的下单与查单;对公司人事、库存、销售情况进行信息发布,以供公司相关人员进行远程查询。

(9)主监控台

它包括接收外地分点的生产数据;监控外地分点的拨号连接;进行系统操作的日志记录与分析。该模块与数据交换模块(属于生产管理部分)一起共同实现了分布数据的集中共享。

3.应用模式

系统应用模式是综合使用各种软硬件系统的一种应用结构和计算模式,物流中心系统采用以下两种模式来实现异地分布数据集中统一管理:

主体使用基于数据库系统的 Client/Server 模式。

客户访问部分是基于数据库系统的 Browse/Server 模式。

(1)基于数据库系统的 Client/Server 模式,图 6-10 所示。

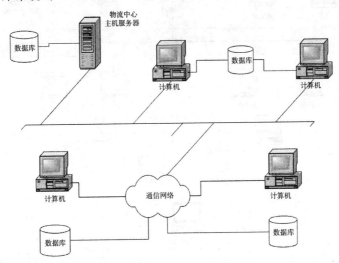

图 6-10 Client/Server 模式图

数据库服务器是数据存储中心,可供局域网端用户和远程客户端用户使用。

局域网端用户使用开发的应用系统,通过局域网快速调用数据库服务器中的数据,不存储在桌面数据库中。

远程客户端用户使用开发的应用系统(如分点则采用数据交换模块),向中心数据服务器上传所有的生产数据来保证数据集中,当需要共享信息时,又通过相应模块(如分点采用数据交换模块)及通信网络调用数据库服务器的数据。异地数据可存储在本地桌面数据库系统中,以便进行内部分析、处理。

(2)基于数据库系统的 Browse/Server 模式

客户(包括散户和大宗用户)通过网上下单、网上查单部分主要使用该模式。客户通过互联网访问公司数据库系统,并查询自己的订单配送情况,该部分数据与业务系统的数据共享。

4.网络结构

物流中心网络体系包括两部分:物流中心不同处理现场的内部实现局域网连接及外部各分点同物流中心实现广域网络连接。在网络搭建时做了如下分析:

网络中心:以物流中心内部局域网为网络中心,这样既实现了集中管理,又利用了现有的网络布线。

层次结构:根据现有规模,使用以公司局域网为中心的两层结构,这样网络开销小、稳定可靠、信息传输量小、实现方便、便于扩充,但对各分点通信能力、服务器处理能力、安全管理能力要求较高。

客户通过 Internet 与系统相联,物流中心邮件数据由总局分运科把邮件交付邮政大网。

选择 Unisys2043 作为数据库服务器,能满足公司今后发展的需要。

安全性:营造一个从逻辑链路级到应用平台安全体系,来实现对非法用户的访问控制及数据传输的安全保障。网络结构示意图如图 6-11 所示。

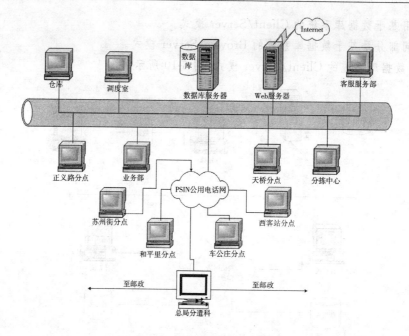

图 6-11 网络结构示意图

5. 系统特点

(1) 以 B/S 与 C/S 混用的综合架构实现了企业分布数据的集中管理。

(2) 各模块功能独立,组织灵活。

(3) 系统采用了系统级、数据库级、应用级三级权限,满足了安全性、责任明确性的要求。

(4) 条码扫描技术的应用。

(5) 完善、灵活的查询、统计。

(6) 界面样式及操作方式通用一致、易学易用。

(7) 在现有资源的利用、设备选型、网络架构、软件选择等方面充分考虑了经济可行性。

(8) 满足经济性的同时,在软件设计、实现等方面尽量结合物流中心现场情况做到实用。

(9) 系统在网络架构、数据库选择等方面具有很强的扩展性。

(10) 普遍性与特殊性结合:在符合邮政传统应用的同时又充分满足了物流中心作为一相对独立企业的灵活性需求。

6. 服务与支持

完善的服务与支持是项目得以顺利实施的有效保证:

(1) 项目实施各阶段均有固定人员长期参与。

(2) 提交项目进行过程中的所有文档,如需求报告、操作手册、维护手册等。

(3) 对于系统试运行、运行期间发生的问题,实现了 7×24 小时技术服务的承诺。

(4) 除现场操作及维护培训外,分阶段定期举办集中培训。

(5) 提供长期的系统免费升级服务。

——资料来源:http://www2.ccw.com.cn/02/0245/d/0245d10_14.asp

复习思考题

1. 什么是模块?在系统设计时采用模块设计有什么好处?

2.系统设计主要有哪些工作,在设计中应遵循的原则有哪些?

3.确定系统平台设备的原则和要求。

4.数据库设计的方法是什么?

5.代码设计的原则和种类有哪些? 如果编码出错,会给系统带来怎样的问题?

6.HIPO 图是如何构成的? 它的主要用途是什么?

7.系统设计结束后,应该提交那些文档资料?

第七章　系统的测试

引　例

　　自 20 世纪 70 年代初开始,我国展开了大规模长距离输油气管道的建设。长距离输油气管道的特点是点多线长,且大多数为地下铺设管道,其地理信息、图形信息和数字信息并存。人工管理特别是信息更新工作极其困难,非常适合且需要地理信息系统的开发应用。选择一个功能灵活强大、价格理想的系统开发平台进行增值开发是至关重要的。为此进行了多方调试和比较,选择了美国 Caliper 公司开发的 Maptitude GIS 及其开发语言 GISDK 作为开发平台。

　　——资料来源:百度文库,http://wenku.baidu.com/view/f24c88eb551810a6f5248641.html

　　系统实施是系统开发的最后一个阶段。经过前面的系统分析和系统设计,需要将研究成果转为实践应用。在这个过程中,系统的实施需要进行物理系统硬件和软件的准备,程序和数据的准备,人员的准备,系统的测试、切换、运行维护和评价等一系列工作。

第一节　物流信息系统实施概述

　　系统实施,指的是将系统设计阶段的结果在计算机上实现,并应用到实际管理工作中的过程。物流信息系统的实施,是将系统设计阶段获得的新系统的方案,也就是物理模型,转换成能够实际运行的真实的信息系统的过程。

一、物流信息系统实施的目标

　　物流信息系统实施的目标就是把系统设计阶段的纸面上的成果(新系统的物理模型)转换成计算机上可以实际应用的新系统。系统实施既是成功实现新系统的关键环节,也是用户测试新系统并给以认可的关键环节。所以,在系统实施阶段,为了更好地实现物流信息系统实施的目标,既需要投入大量的人员、资金和时间,还要组织好各项工作,制订周密的计划。

二、物流信息系统实施的任务

　　信息系统的规模越大,系统实施阶段的任务就会越复杂。物流信息系统实施的任务主要包括以下几个方面。

(一)物理系统硬件和软件的准备

　　再好的信息系统也要依赖物理系统来实现,物流信息系统的实施首先要做好物理系统的硬件和软件的准备。

1.物理系统的硬件准备

物流信息系统新系统的实施需要准备的硬件包括计算机、存储设备（包括光盘、磁盘等）、输入输出设备（包括打印机、扫描仪、条码识读设备等）、机房及辅助设备、通信网络设备（包括光纤电缆、调制解调器、多路复用器、交换机、网关、路由器、中继器等）等。这些设备的购置和安装，需要按照总体设计的要求和可行性报告对财力资源的分析，选择适当的设备。

例如，计算机的购置原则，除了要满足总体设计的要求，还要考虑计算机的性价比、可扩充性、售后服务和技术支持等。机房的配置要考虑到计算机对环境的敏感性，包括机房的湿度、温度、安全、无尘等的要求，如表7-1所示。还要考虑电缆走线的安全布置等。

表7-1　A类机房的温湿度表

项目	时间	
	开机	关机
温度（℃）	18～22	5～35
相对湿度（%）	45～65	40～70
温度变化率（℃/H）	<5	<5

2.物理系统的软件准备

信息系统依靠软件帮助终端用户使用计算机硬件，将输入的数据经过加工处理、存储、转换成各类信息输出。物流信息系统新系统的实施需要准备的软件包括系统软件和应用软件两大类，具体可见表7-2计算机软件分类代码表。计算机软件适用的国民经济行业代码表，如表7-3所示。

表7-2　计算机软件分类代码表

代码	计算机软件类别	代码	计算机软件类别
10000	系统软件	60000	应用软件
11000	操作系统	61000	科学和工程计算软件
		61500	文字处理软件
12000	系统实用程序	62000	数据处理软件
13000	系统扩充程序	62500	图形软件
14000	网络系统软件	63000	图像处理软件
19900	其他系统软件	64000	应用数据库软件
30000	支持软件	65000	事务管理软件
31000	软件开发工具	65500	辅助类软件
32000	软件评测工具	66000	控制类软件
33000	界面工具	66500	智能软件
34000	转换工具	67000	仿真软件
35000	软件管理工具	67500	网络应用软件
36000	语言处理程序	68000	安全与保密软件
37000	数据库管理系统	68500	社会公益服务软件
8000	网络支持软件	69000	游戏软件

表 7-3　计算机软件适用的国民经济行业代码表

代码	类别名称	代码	类别名称
0100	农业	4900	有色金属冶炼及压延加工业
0300	林业	5100	金属制品业
0400	畜牧业	5300	机械工业
0500	渔业	5600	交通运输设备制造业
0600	水利业	5800	电气机械及器材制造业
0700	农、林、牧、渔、水利服务业	6000	电子及通信设备制造业
0800	煤炭采选业	6300	仪器仪表及其他计量器具制造业
0900	石油天然气开采业	6600	其他工业
1000	黑色金属矿采选业	6700	地质普查和勘探业（包括工业生产管理系统）
1100	有色金属矿采选业	6900	建筑业
1200	建筑材料及其他非金属矿采选业	7000	线路、管道及设备安装业（包括土木建筑业）
1300	采盐业	7100	勘察设计业
1400	其他矿采选业	7300	交通运输业
1500	木材及竹材采运业	7400	邮电通信业
1600	自来水生产和供应业	7500	商业
1700	食品制造业	7700	公共饮食业（包括国内商业及对外贸易业）
1900	饮料制造业	7800	物资供销业
2000	烟草加工业	7900	仓储业
2100	饲料工业	8000	房地产管理业
2200	纺织业	8100	公用事业
2400	缝纫业	8200	居民服务业
2500	皮革、毛皮及其制品业	8300	咨询服务业
2600	木材加工及竹、藤、棕、草制品业	8400	卫生事业
2700	家具制造业	8500	体育事业
2800	造纸及纸制品业	8600	社会福利事业
2900	印刷业	8700	教育事业
3000	文教体育用品制造业	8800	文化艺术事业（包括电影、艺术、出版、文物、图书馆、新闻及其他文化事业）
3100	工艺美术品制造业	8900	广播电视事业
3300	电力、蒸汽、热水生产和供应业	9000	科学研究事业（包括自然科学研究事业，社会科学研究事业，综合科学研究事业）
3400	石油加工业	9100	综合技术服务事业（包括气象、地震、测绘、计量、海洋环境、环境保护、计算机事业及其他综合技术服务事业）
3500	炼焦、煤气及煤制品业	9300	金融业
3600	化学工业	9400	保险业
3800	医药工业	9500	国家机关
4000	化学纤维工业	9600	政党机关
4100	橡胶制品业	9700	社会团体
4300	塑料制品业	9800	企业管理机关
4500	建筑材料及其他非金属矿物制品业	9900	其他行业
4800	黑色金属冶炼及压延加工业		

　　系统软件，是在计算机执行各类信息处理任务时，管理和支持计算机系统资源与操作的程序。系统软件可以看作用户和裸机的接口，它包括系统管理程序、系统支持程序和系统开发程

序。系统管理程序,主要用于管理计算机系统的硬件、软件和数据资源,包括操作系统(例如,DOS、WINDOWS98、WINDOWS NT、Linux,Netware 等)、操作环境、数据库管理系统(例如,SQL Sever、Oracle、Informix、Foxpro 等)和通信管理器(例如,用在 IBM 主机上的 CICS 等),其中最重要的是操作系统和操作环境,它们也是数据库管理系统和通信管理器的运行基础。操作系统管理计算机的操作,控制输入输出、存储资源的分配,为用户的应用提供服务,是用户和计算机硬件之间软件层面中不可缺少的部分,包括实时、分时、颁布式、智能等操作系统。系统支持程序,主要通过提供各种支持服务,来支持计算机系统的操作和管理。它包括系统应用程序、执行管理器和安全管理器。系统开发程序,主要帮助用户开发信息系统,包括程序设计语言(包括 C 语言、C++、OPS 语言、BASIC 语言等)、翻译器、程序设计环境和计算机辅助软件工程包。

应用软件,是为用户解决各种实际问题和需求而编制的计算机应用程序。它主要包括通用应用程序和专业应用程序。通用应用程序,包括文字处理程序(例如,WPS、WORD、Office 2007 等),图像处理程序(例如,Photoshop、动画处理软件 3DS MAX 等),电子表格、数据库管理程序和通信程序等。专业应用程序,包括各种财务管理软件、税务管理软件、工业控制软件、市场销售分析软件、路线规划软件、自动选址软件、辅助教育软件等专用软件。

这些软件有的需要购买,有的需要组织人员编写设计,主要根据软件的用途和成本来选择合适的方式。

(二)程序和数据的准备

有了系统开发的物理系统后,要进行程序和数据的准备,也就是设计程序,并收集数据调试完善程序。

1.程序的设计

程序的设计主要表现为程序的编写,根据系统设计阶段的程序设计说明书,选择合适的编程工具,编写在计算机系统上运行的程序源代码,最后形成用户手册。

2.数据的准备

编写程序的过程中,需要收集新的系统将要处理的各类型数据,来测试新系统的适用性和可靠性。而数据的收集、录入和整理工作是非常繁琐的工作,往往容易被人忽视,但是,没有数据的准备,新系统的适用性和可靠性无法得到比较客观的评价,所以数据的准备在系统的实施中非常重要。

(三)人员的准备

系统的实施需要大量的工作人员进行物理系统的准备、收集数据、编写程序,还需要对用户进行岗位培训,包括主管人员和操作人员的培训,这是信息系统开发过程中不可缺少的功能。新系统应用后,用户如果不能充分发挥新系统的各项功能,将影响用户的效益和新系统的评价。所以,新系统在运行前,要有计划地组织用户进行岗位培训,使他们能够有效参与系统的测试,能够适应并逐步熟悉新系统的操作方法,学会对可能出现的故障的排除,充分认识新系统的功能。新系统的开发工作人员,通过用户的培训,也可以更清楚用户的需求,进一步完善新系统的功能。

(四)系统的测试

系统测试,主要运用一定的测试技术和方法,通过程序调试、功能调试、系统总调、特殊调试和实况调试,发现新系统中可能存在的错误,并及时纠正,进一步完善新系统。系统测试工作占整个系统开发工作量的 40%～50% 。

（五）系统的切换

系统的切换,指的是以新系统替换老系统的过程。新系统投入运行前需要进行一系列准备,减少使用人员的排斥和畏惧心理,保证新系统顺利引入企业流程。

（六）运行和维护

信息系统投入正常运行之后,就进入了系统运行与维护阶段。为了使新系统充分发挥其应有的作用,产生其应有的效益,需要对新系统进行大量的日常运行管理工作,并在使用中不断完善系统的功能,使它适应不断变化的环境和用户的需要。

（七）评价

在日常运行管理工作的基础上,需要定期对其运行状况进行集中评价。通过对系统运行过程和绩效的审查,来检查新系统是否达到了预期的目标,能否对新系统的各项功能充分利用,进而为今后的改进指出方向。

第二节　物流信息系统程序设计与测试

物流信息系统的实施,要依赖程序设计,将研究人员创造性的成果在计算机上实践。而好的程序需要经过多次调试,及时发现和纠正投入运行前系统存在的不足。

一、物流信息系统的程序设计

程序设计就是编写程序,是系统实施阶段最主要的工作。由于管理信息系统一般规模较大,复杂性较高,这类程序设计时,要尽量使用先进的编程工具,采用适合的程序设计方法,按步骤编写运行文档、语句构造、数据说明、输入输出等的程序。

（一）程序设计的步骤

程序的设计要按步骤进行。首先,要认真阅读系统设计说明书,明确编写程序的目标和要求;然后明确开发环境,选择适合的编程工具,例如,常用的工具有 SQL、Java、Oracle 等;最后参考系统设计说明书中的处理过程,进行程序的编写,并在计算机上调试。

（二）程序设计的衡量指标

一个好的程序设计应该做到便于维护和修改、容易调试、运行效率较高、编程语言选择正确、相关文档资料完整。概括起来,衡量一个程序设计好坏的标准主要有以下几个方面:

1.可靠性

系统的可靠性是衡量系统质量的首要指标。信息系统的程序应该具有较强的容错能力,不仅能保证正常情况下能够稳定安全地工作,还要保证发生意外情况时,能够容错,不致造成严重的损失。系统的可靠性通常包含两方面内容,一方面,表现在系统的安全性,如数据输入输出的安全、通信网络的安全、操作权限的安全等;另一方面,表现在系统运行的可靠性,保证系统的连续和顺畅运行,不会因为错误操作、错误的输入或硬件故障等原因而使系统崩溃。

2.可读性

系统的可读性对于较大规模的管理信息系统非常重要。可读性就是让用户更容易理解、更容易读懂,当系统运行中出现问题时,能够快速阅读并理解,进而通过对程序的修改来完善该系统,适应用户运行实际。

3.可维护性

可维护性是程序设计的重要要求之一,主要通过对程序进行修补,以延长程序的适应时间。因为一个程序总是需要一定时间实际数据的运行后,才能逐步显露出某些隐含的错误需要改进。而且用户的需求会随着程序运行环境的变化而不断变化,需要对系统功能及时完善。此外,管理信息系统中物理系统的硬件和软件资源技术也在不断发展,需要对系统及时升级。所以,好的程序设计要有可维护性。一般来说,管理信息系统的寿命在三到十年之间,程序的维护工作任重道远。

4.效率性

效率性是降低系统实施成本的有效途径。程序设计的效率性主要指使用或占用较少的资源,快速生成系统。提高程序设计的效率,不仅能降低系统的实施成本,还可以降低程序的出错率,减轻维护人员的工作负担。但是效率性与可读性和可维护性通常相矛盾,这就需要结合所编写程序的规模情况来抉择,一般来说,首先考虑可读性和可维护性。

(三)常用编程工具

在程序设计之前,从系统开发的角度考虑选用哪种语言来编程是很重要的。目前,可选用的计算机编程工具技术,在数量和功能上都有突飞猛进的发展,为程序的设计提供了更多更方便的选择。这就需要程序设计人员了解各种常用的编程工具及其特点和适用范围。

目前常用的编程工具主要有一般编程语言、数据库系统、系统开发工具、客户/服务器(Client/Server,C/S)型工具和面向对象编程工具等。

1.一般编程语言

一般编程语言主要提供一般程序设计命令的集合,任何功能模块都可以用它编写,适用范围较广。当然,对于一些针对性较强的程序,程序设计较复杂,一般编程语言不太适合,例如:BASIC 语言、COBOL 语言、C 语言、C++语言、PL/1 语言、PROLOG 语言、OPS 语言等。

2.数据库系统

数据库系统是信息系统中数据存放的中心,也是整个管理信息系统数据传递和交换的枢纽。主要包括两大类:以计算机关系型数据库为基础的数据库系统和大型数据库系统。以计算机关系型数据库为基础的数据库系统,提供了一系列围绕数据库的各种操作、数据处理和程序设计的命令集合,简单实用,例如:dBASE－II、dBASE－III、dBASE－IV、dBASE－V、Fox-Base 和 FoxPro 等各种版本;大型数据库系统,规模较大、功能齐全,适用于大型综合类系统的开发,例如:Oracle 系统、SyBase 系统、Infomix 系统和 DB2 系统等。

3.系统开发工具

系统开发工具有程序生成工具的各种功能,有综合化、图形化、方便使用的特点,主要包括两类:专用开发工具和综合开发工具。专用开发工具,是主要针对某个应用领域或功能的系统开发工具,针对性强,适合专业深入研究和程序的设计,例如:针对结构化查询模块开发的SQL、针对数据处理模块开发 SDK、针对人工智能和符号处理的 Prolog for Windows 等;综合开发工具,是一般系统使用的系统开发工具,可以最大限度地适用于一般应用系统的设计,例如:Visual C++、CASE、FoxPro、Visual BASIC、Team Enterprise Developer 等。

4.客户/服务器(Client/Server,C/S)型工具

客户/服务器(Client/Server, C/S)型工具,主要通过前台和后台相互调用的作业方式,减

轻网络的压力,提高系统运行的效率。例如:Windows 下的 Powerpoint、Excel、Word、FoxPro 等。

5.面向对象编程工具

面向对象编程工具,主要是与面向对象编程方法对应的编程工具,针对性强,与面向对象编程方法结合使用,例如:C++、VC++、Java 等。

(四)程序设计方法

目前,程序设计的方法主要有结构化程序设计方法、原型程序设计方法和面向对象程序设计方法。

1.结构化程序设计方法

结构化程序设计方法,就是用结构化的方法分解设计程序,强调自顶向下分析设计,自底向上实现系统的设计。用结构化程序设计方法逐层把系统划分为大小适当、功能明确、具有一定独立性、并容易实现的模块,每个模块只有一个人口和一个出口,程序中一般不用或少用 GOTO 语句。

结构化程序设计方法最早是由 E. W. Dijkstra 在 20 世纪 60 年代中期提出的。196 年,鲍赫门(BOHM)和加柯皮(JACOPINI)证明了结构定理:任何简单或复杂的算法都可以由顺序结构、选择结构和循环结构这三种基本结构组合而成。用顺序方式确定系统运行过程中各部分的执行顺序,用选择方式确定某个部分的执行条件,用循环方式确定某个部分进行重复的开始和结束的条件。

(1)顺序结构,表示程序中的各语句按照它们出现的先后顺序依次执行。例如:

```
int grade;
    cout<<"enter a grade:"<<endl;
    cin>>grade;
```

(2)选择结构,表示程序的处理步骤出现了多种路径,它需要根据条件成立与否选择其中的一个路径执行,主要表现为 if 选择语句和 switch 语句。

①IF 选择语句结构

IF 选择语句结构主要表现为以下形式:

```
IF〈条件表达式〉
    〈条件成立执行的命令语句〉
        ELSE
    〈条件不成立执行的命令语句〉
ENDIF
```

例如:

```
int main()
{int a,b;
cout<<"enter a and b:"<<endl;
cin>>a>>b;
if(a>=b)
    cout<<"max is a= "<<a<<endl;
else
```

```
        cout<<"max is b= "<<b<<endl；
        cout<<"end " <<endl；
        return 0；
    }
```

②switch 语句

switch 选择语句结构主要表现为以下形式：

```
    switch<表达式>
    {case   常量表达式 1:语句组;break；
            case   常量表达式 2:语句组;break；
            ……
            default:语句组;break；
}
```

例如：

```
    switch( level )
        {case 'A'：cout<<"90～100"<<endl;break；
         case 'B'：cout<<"80～90"<<endl;break；
         case 'C'：cout<<"70～80"<<endl; break；
         case 'D'：cout<<"60～70"<<endl;break；
         case 'E'：cout<<"<60"<<endl; break；
    default ：cout<<" enter error. " <<endl; break；
}
```

(3)循环结构,表示程序反复执行某个或某些命令语句,直到满足条件才能终止循环,执行下一个语句。循环结构的基本形式有两种:当型循环和直到型循环。

当型循环,表示先判断条件,当满足给定的条件时执行循环体;如果条件不满足,则退出循环体直接到达流程出口处,例如,while 循环。直到型循环,表示直接执行循环体,在循环终端处判断条件,如果条件不满足,继续执行循环体,直到条件满足时再退出循环到达流程出口处,是先执行后判断,例如,for 循环。

①while 循环

while 循环语句结构主要表现为以下形式：

```
    while<条件>
        <循环体语句>；
```

例如：

```
    int sum=0 , i=1；
    while(i<=100)
        {sum+= i；
        i+=2；
        }
```

②do-while 循环

do-while 循环语句结构主要表现为以下形式：

```
        do
            <循环体语句>
        while<条件>;
例如：
        int main()
        {int sum=0，i=1;
            do{
                sum+= i;
                i+=2;
            }
            while(i<=100);
            cout<<" 1+3+5+…+99= "<<sum<<endl;
            return 0;
        }
```

③for 循环

for 循环语句结构主要表现为以下形式：

```
        for<表达式 1;表达式 2;表达式 3>
            <循环体语句>;
例如：
        int sum=0，i;
        for( i=1 ;i<=100 ; i+=2 )
        sum+= i;
```

2.原型程序设计方法

原型程序设计方法首先建立一个能反映用户主要需求的原型，让用户实际看见新系统的基本形状，然后结合实际应用，判断哪些功能是符合要求的，哪些是需要改进的，然后将原型改进，直到用户需求全部得到满足。所以，原型程序设计方法比较适用于用户需求不清，且规模较小的系统。

具体实施方法是首先将带有普遍性的功能模块集中，如报表模块、查询模块、统计分析模块等，这些模块几乎是每个子系统必不可少的；然后根据这些模块的基本功能要求，设计一个能够适合各子系统情况的通用模块，并用适合的编程语言设计程序模块的原型；最后，根据各子系统特殊的功能和模块需求，再考虑使用编程语言设计特殊模块的程序，并加入原型，直到满足客户各功能模块的需求为止。

3.面向对象程序设计方法

面向对象的程序设计方法一般应与面向对象设计方法所设计的内容相对应。它实际上是一个简单、直接的映射过程，也就是将面向对象设计方法中所定义的范式直接用面向对象的程序取代，例如，C++、Smalltalk、Visual C 等都是面向对象的程序，可以用程序中的对象类型来取代面向对象设计方法范式定义的类和对象，可以用程序中的函数算法来取代面向对象设计方法范式定义的处理功能。

二、物流信息系统的系统测试

在物流管理信息系统设计的各个环节都有可能出现差错,在系统交付使用之前,必须认真地审查,进行系统的测试,尽早发现并纠正错误,否则等到系统投入运行后再来改正错误,将在人力、物力上造成很大的浪费,有时甚至导致整个系统的瘫痪。所以,系统测试是物流管理信息系统的开发周期中一个十分重要的活动。

(一)系统测试的基本原则

系统测试的目的是要通过测试的方法发现尽可能多的错误,并尽早改正。系统测试时,要遵循以下基本原则:

1.系统测试人员必须有别于系统设计人员

由于个人的思维方式和习惯的限制,系统设计人员往往不容易发现自己设计中存在的错误和问题,需要另外组织系统测试人员以不同的思维方式和习惯去审查新系统的程序,这样才能尽早发现更多的错误,以便改进。

2.系统测试的数据应有预期运行结果

在执行测试程序之前应该对运行结果有一定的预期(或使用旧系统运行出确切的结果),测试后,将新系统程序的输出结果和它仔细对照检查,确定新系统运行结果的正确性。如果不事先确定预期的结果,则无法判断新系统的运行是否正确,甚至可能把似乎是正确而实际是错误的结果当成是正确结果。

3.系统测试的数据要有代表性

在有限的系统设计时间和资金的条件下,不可能对所有程序、算法逐一测试,只能通过进行有限操作,尽可能多发现一些错误。这就需要测试的数据要有代表性,不仅要选择合理的数据测试系统运行正确性,还要选择不合理的甚至错误的数据测试系统运行的可靠性,观察和分析系统的反应,以便更进一步完善系统的设计。

4.系统测试结果要全面检查

系统测试结果的判断,除了需要检查程序是否做了它应该做的工作,还应检查程序是否做了它不该做的事情,对每一个测试结果进行全面的检查。例如,部分程序采用嵌套调用方式,很容易出现虽然观察到的输出的运行结果正确,但调用它的程序运行错误,将对系统其他功能产生错误影响。

5.系统测试过程要保存

一般的管理信息系统规模比较大,系统的测试工作复杂度较高,费时费力。如果系统测试的过程不保留,一旦系统需要维护,进行再次测试时,需要花很多人力物力,会造成重复性的资源浪费。通常再次的测试很少有第一次测试那样全面。如果能够将每次系统测试过程保存下来,就可以避免这种情况的发生。

(二)系统测试的方法

系统测试的主要方法为先经过人工测试,然后再进行机器测试。人工测试又称为代码复审,通过人工阅读程序来查找程序静态结构的错误。机器测试指的是在计算机上直接用事先设计好的数据运行被测程序,比较运行结果与预期结果是否一致,从而发现程序错误。

1.人工测试

人工测试主要通过三种方法来实现,包括个人审查、走查和会审。

(1)个人审查,指的是由程序设计员本人对程序进行检查,发现程序中的错误。由于个人的精力有限,这种方法的效率往往不高,由于个人的思维习惯,这种方法纠错率较低,所以,适合于小规模的程序或模块测试。

(2)走查,指的是由3~5人组成测试小组,扮演计算机的角色,把有代表性的数据沿着程序的逻辑顺序执行,及时观察执行结果并记录,以发现程序中的错误。需要注意的是,测试小组的成员应该是没有参加该项程序设计的有经验的程序设计员;这种方法需要沿着程序的逻辑顺序检测,比较费时,适合于应用数据类型单一的程序。

(3)会审,指的是由3~5人组成测试小组,召开程序审查会,然后由程序设计员讲解程序语句,测试员根据经验审查资料(如系统分析、系统设计说明书、程序设计说明书、源程序等),列出错误,逐个提问讨论,来发现程序中的错误。需要注意的是,审查会的目的在于发现程序中的错误,以便下一步的改进。所以,审查会的结果应该只限于程序审查会参会者知道。如果其他人员使用了审查会的结果,那么这种审查过程就会失去意义。

2.机器测试

机器测试可以分为黑盒测试和白盒测试两种。

(1)黑盒测试,也叫功能测试,将程序看成是一个黑盒子,不关心程序的内部结构,主要检测系统能够实现的功能是否与需求说明书的要求一致。黑盒测试主要是为了发现是否有错误的功能或遗漏的功能。黑盒测试的设计技术主要有等价划分、边界值分析、错误推测法、因果图、功能图等。

①等价划分技术。等价划分技术的主要思想,就是将程序的输入数据按照程序说明划分为若干个等价类,每一个等价类比照输入条件,又可以划分为有效的输入和无效的输入,然后从每个等价类(包括每一个有效的等价类和无效的等价类)中取一组有代表性的输入数据进行测试,如果某个等价类的一组测试数据运行结果正常,则说明它所在的同一等价类中其他输入数据测试的结果应该也正常;反之,如果某个等价类的一组测试数据运行结果出现错误,则说明它所在的同一等价类中其他输入数据测试的结果应该也会出现同样的错误。这样一来,就可以用较少的测试次数,完成对整个系统的测试。

等价划分技术一般分为两步进行:第一步,划分等价类,如表7-4所示;第二步,选择测试数据。

表7-4　等价类表

输入条件(或输出条件)	有效等价类	无效等价类
数据以字母开头	是	不是

在划分等价类时,可以按以下原则进行:如果规定了输入值的条件范围,可以根据输入值满足此条件进行等价划分,满足条件的可以分为有效的等价类,不满足条件的可以分为无效的等价类。根据与条件的比较,从各种不同角度,又可以将无效的等价类细分为不同的无效等价类,例如,输入数据可以分为小于最小值的无效等价类和大于最大值的无效等价类。

选择测试数据时,首先给每个等价类规定一个唯一的编号,然后针对不同的等价类选择测试数据,主要分为两步。第一步,针对有效等价类,选择一个测试数据,使它尽可能多地覆盖未被覆盖的有效等价类,再选择一个测试数据,重复第一个测试数据的要求,直到所有的有效等价类都被选择的测试数据覆盖为止;第二步,针对无效等价类,选择一个测试数据,使它只覆盖一个未被覆盖的无效等价类,依次为所有的无效等价类选择测试数据,直到覆盖了全部无效等价类为止。

例如:测试一个计算$(x-4)/(6-x)$的开平方的程序。

首先,划分等价类,并分类编码,如表7-5所示。

表 7-5 测试程序的等价类表

输入条件(或输出条件)	有效等价类	无效等价类
输入数据 x	$<6(1)$, $>4(2)$, $=4(3)$	$>6,(4)$ $=6,(5)$ $<4(6)$

其次,选择测试数据:第一步选择 $x=4$,$x=5$;第二步选择 $x=3$,$x=6$,$x=7$。最后,确定测试数据为 $x=3$,$x=4$,$x=5$,$x=6$,$x=7$,如表7-6所示。

表 7-6 测试数据表

测试数据	范围	期望结果
$x=3$	无效等价类(6)	无效
$x=4$	有效等价类(3)	有效
$x=5$	有效等价类(1),(2)	有效
$x=6$	无效等价类(5)	无效
$x=7$	无效等价类(4)	无效

②边界值分析。边界值分析也是黑盒测试技术,是等价类划分的一种补充。一般来说,等价类划分技术主要考虑有代表性的数据测试,容易忽略边界情况,而处理边界数据很容易发生错误,所以,检查边界值发现错误的可能性较高。

边界值分析是指对每个等价类的各边界、稍高于其边界和低于其边界的数据进行测试。选择测试数据应遵循以下原则:如果输入数据规定了条件范围,则选择这个条件范围的边界以及刚刚超出范围的无效类数据作为测试数据。

例如,某仓库物资进行仓存 ABC 分析,物资储存量小于 20%,其占用价值大于 80% 的列为 A 类货物,重点保管。用程序计算其中物资总价值的比例,并进行条件判断,也就是"价值$\geqslant 80\%$",满足条件的列入 A 类,否则列入 B 或 C 类。在选择数据测试时,可以选择边界值 80%,还有稍微小于 80% 的数据 79%。

③错误推测法。不同类型的程序通常有一些特殊的容易出错的情况,必须依靠测试人员根据经验和直觉选取可能会出错的测试数据。错误推测法在很大程度上靠直觉和经验进行。例如,输入数据为零或输出数据为零时,往往容易发生错误。

④因果图。因果图是分析待测的系统规格,找出原因与结果,以结果作为特性,以原因作为因素,在它们之间用箭头联系表示因果关系,从因果分析图中可以产生测试数据。其中原因是表示输入条件,结果是对输入执行的一系列计算后得到的输出。因果图方法最终生成的就是判定表,它适合于检查程序输入条件的各种组合情况。

(2)白盒测试。它是按照程序内部的结构测试程序,通过测试来检测产品内部运作是否按照设计规格说明书的规定正常进行,检验程序中的每条通路是否都能按预定要求正确工作。它是对软件的过程性细节做详细的检查,着重测试程序内部结构,要求测试者必须对程序内部结构和处理过程非常清楚。白盒测试的测试方法主要有逻辑覆盖测试、基本路径测试等。

①逻辑覆盖法，以程序内部的逻辑结构为基础的测试技术。它考虑的是测试数据覆盖程序的逻辑程度。根据覆盖情况的不同，逻辑覆盖法可以分为语句覆盖、判定覆盖、条件覆盖、判定条件覆盖、条件组合覆盖和路径覆盖。语句覆盖，就是选择足够多的测试数据，使被测试程序中的每个语句至少执行一次；判定覆盖，就是选择足够多的测试数据，使得每个条件判定至少有一次"真"和一次"假"的结果，或者说，每个分支方向都必须至少经过一次；条件覆盖，就是选择足够多的测试数据，使得判定表达式中的每个条件的各种可能结果都包含在内；判定条件覆盖，就是选择足够多的测试数据，既要使得每个条件判定至少有一次"真"和一次"假"的结果，还要使得判定表达式中的每个条件的各种可能结果都包含在内；条件组合覆盖，选择足够多的测试数据，使得每个判定表达式中条件的各种可能组合都至少出现一次，是前面几种覆盖标准中最强的；路径覆盖，使程序中每一条可能的路径至少执行一次，是一种比较全的逻辑覆盖标准。

②基本路径测试法，是运用最为广泛的白盒测试方法，在程序控制流图的基础上，通过分析控制构造的环路复杂性，导出基本可执行路径集合，从而设计测试数据的方法。

基本路径测试法的步骤：首先画出程序的控制流图（描述程序控制流的一种图示方法），然后计算程序圈复杂度（一种为程序逻辑复杂性提供定量分析的度量，将该度量用于计算程序的基本的独立路径数目，表明了所有语句至少执行一次的测试数量的上限），最后导出测试数据。

(三)系统测试的步骤

在系统测试过程中，需要进行有效的管理，保证测试质量和测试效率。如果测试步骤安排得不合理，将造成大量时间的浪费以及不必要的重复性测试。通常，系统测试先进行模块调试，然后进行分调，最后总调。

1.模块调试

模块调试是系统测试的基础，主要对单个模块进行测试，保证每个模块作为一个单元能够正确运行。其发现的错误主要是编码和设计方面的错误。首先由人工打印出源程序，然后参照设计说明书的要求把呈现在纸上的程序审查一遍，最后利用所用高级语言提供的调试机制或软件工具，进行上机调试，完善各模块。

2.分调

分调也称子系统测试，就是在模块测试的基础上，把测试过的单个模块组合在一起形成一个子系统来调试，测试的重点在接口。测试的方法主要有非渐增式测试和渐增式测试。非渐增式测试，先分别测试每个模块，再把所有模块按设计要求组合在一起进行测试；渐增式测试，总是把待测试的模块同已经测试过的模块结合起来进行测试，测试完成后再把下一个待测试的模块结合进来调试。对渐增式来说，又可分为"自顶向下""自底向上"等多种方式进行调试。自顶向下测试，是从程序开头的模块开始依次向下进行的测试。自底向上测试，是从程序的末端下层模块开始向上进行的测试。经过比较，渐增式调试方法较非渐增式要优越，尤其是"自底向上"的渐增式方法更适合管理信息系统的测试。

3.总调

总调，也称为系统测试，它是所有子系统经过测试后，装配成一个完整的系统来测试，用以发现系统设计和程序设计中遗留的未解决的问题，验证系统的功能是否达到设计目标，测试系统的总体性能。还要考察系统的有效性、可靠性和效率。

第三节 物流信息系统的转换

系统转换是指用新开发的系统替换旧系统,并投入实际应用的过程。系统转换可以看作系统测试工作的延续,在转换过程中要注意尽可能地平稳过渡,使新系统正常投入运行,逐步安全地取代原有系统的功能。

一、物流信息系统转换的准备工作

系统转换前,要做好转换前的各项准备工作,包括系统设备准备、人员准备、数据准备和文档资料准备。

(一)系统设备准备

物流信息系统实施前,需要准备相关物理设备(包括物理系统硬件设备和软件设备)的购置、安装、调试工作。例如,计算机系统和网络通信系统的安装、调试等工作。

(二)人员准备

物流信息系统转换前,需要配齐参与各管理岗位工作的人员。管理信息系统是一个人机系统,它的正常运行需要很多人参加,包括系统操作员、系统维护人员和管理人员等。系统操作员是管理信息系统的直接使用者,必须做好系统操作员的培训工作,除了学习必要的计算机硬、软件知识,以及键盘指法、汉字输入等训练以外,还必须向他们传授新系统的工作原理、使用方法,简单出错的处置等知识;系统维护人员,一般由计算机中心和计算机室的计算机专业技术人员担任,需要对新系统的原理和维护知识有较深刻的理解,一旦日后出现故障,能够及时解决;管理人员,包括操作管理人员和部门主管人员,新系统能否顺利运行并获得预期目标,在很大程度上与这些管理人员有关,必须得到他们的理解和支持。

(三)数据准备

系统转换所需要的各种数据,要认真选择和整理,按照要求的格式,输入到电脑系统之中,还要对系统的运行环境和资源进行设置、系统运行和控制参数设定、数据加载,以及系统与业务工作的同步调整等,以备系统程序运行调用。

(四)文档资料准备

文档资料,主要是供人阅读,提高系统可读性的途径。通过使用通用的详细的语言,说明系统的构成、各模块的功能、系统的维护和程序修改等事项。包括用户手册、系统操作规程、系统结构与性能介绍手册。文档资料的准备要充分考虑用户计算机水平及阅读水平,详细明确地介绍系统的使用和注意事项。

二、物流信息系统转换的方式

新旧物流信息系统的转换可以采用不同的方式,常用的有直接转换、并行转换和逐步转换。

(一)直接转换

直接转换就是在特定某一时刻,旧有系统停止运行,新系统立即投入运行,中间没有过渡阶段。如图 7-1 所示,这种转换方式成本最低,方法最简单,但风险大。在实际应用中,一旦新系统出现故障,将造成重大损失,所以,预先要经过详细严格的测试和模拟运行,事先采取保障措施。这种方式不适合重要的系统实施,只适合于处理过程不太复杂的小型简单系统。

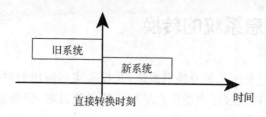

图 7-1 直接转换方式

(二)并行转换

并行转换就是新系统和旧有系统平行运行一段时间,并相互对比、审核,经过这段时间的试运行后,再停止旧系统的工作,让新系统单独运行。这种转换方式如图 7-2 所示,一旦新系统有问题就可以暂时停止,而不会影响旧有系统的正常工作,所以,更安全、更可靠,风险较少。新系统的运行成功率高,有利于减轻管理人员的不安情绪。并行转换是系统转换最常用的方式。但两个系统同时运行,需要投入大量的成本和工作量,适合于重要的系统或处理过程复杂的系统。

图 7-2 并行转换方式

(三)逐步转换

逐步转换就是采取分批分阶段逐步转换的方式,在新系统投入正常运行前,将新系统分批分阶段逐步代替旧有系统的各部分,最后完全取代旧有系统,可以按功能模块分阶段逐步转换,也可以按部门分阶段逐步转换,或按机器设备分阶段逐步转换,但必须要考虑好子系统之间的接口问题。这种转换方式如图 7-3 所示,避免了直接转换方式的风险,安全性较好,减少了并行运行方式的资源重复占用和浪费,降低了用户心理压力,适合于重要的大型复杂系统和处理过程复杂的系统。

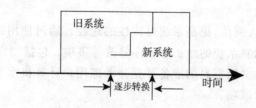

图 7-3 逐步转换方式

总之,系统转换的方式的选择,应结合企业实际情况合理选择。系统转换的时机,要根据企业具体特点选择,例如,可以在企业会计期间启动时间转换系统,也可以在企业业务量小的时候转换系统,或在企业改革后适时转换系统。

第四节　物流信息系统的运行和维护

　　缺乏科学的组织与管理,信息系统不会自动地为管理工作提供高质量的信息服务,而且系统本身也会陷入混乱。物流信息系统新系统投入运行后,为了使新系统长期高效运行,必须加强对新系统的运行管理,在系统运行中不断检验系统的适应性,及时维护。而新系统要运行,首先要解决的问题是运行期间信息系统的组织机构的设置,否则,系统运行将出现混乱。

一、物流信息系统的运行

(一)组织机构的设置

　　有效地组织好物流信息系统运行的机构,是保证系统正常运转的基本条件之一,对提高物流管理信息系统的运行效率是十分重要的,一般设置硬件维护、软件维护、信息维护和行政管理等部门。目前企业常见的信息系统运行组织机构主要有四种形式。第一种组织机构形式,信息系统归属各部门所有,信息资源不共享,这将大大降低系统的效率;第二种组织机构形式,将信息系统与企业其他部门平行设置,信息资源可以共享,但信息系统的决策能力和协调能力较弱;第三种组织机构形式,信息系统由最高层直接领导,便于信息资源共享,充分发挥领导指挥作用和决策支持作用,但容易与其他部门脱离,不利于信息系统服务的改进;第四种组织机构形式,信息系统由最高层直接领导,同时,有专门人员负责各部门的信息系统运行和沟通,更有利于企业信息系统作用的发挥。

　　人员管理好坏是系统发挥作用的关键,没有好的人员管理,分工协作就不能有效进行,就不能实现整体的优化。物流管理信息系统的运行管理需要多方面人员的密切配合,包括:系统运行管理负责人、软件维护人员、硬件维护人员、系统操作人员、日常行政管理人员等,必须明确地规定人员的任务及职权范围,并定期对每个岗位的工作进行检查及评价。信息系统领域著名学者戴维斯等人对信息管理部门中的职务进行了详细分类,并提出运行期间的信息系统管理部门内部人员大致可以分为三大类,如图7-4所示。

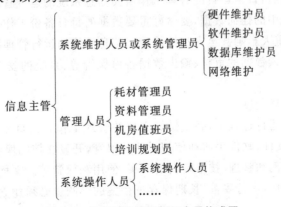

图7-4　信息系统管理部门人员构成图

(二)物流信息系统运行日常管理

　　信息系统投入使用后,日常运行的管理工作量巨大,通过信息系统必须完成数据的收集、校验和录入、数据处理、信息服务、设备的管理和定期维护、系统的安全管理等任务。

物流信息系统运行日常管理,具体指的是从每天进入信息系统、功能选择与执行,到下班前的数据备份、存档、关机等,都要就系统硬件、软件及数据等的运作情况和安全性进行记录和处理。物流信息系统的日常运行有正常情况、不正常情况和无法运行等,对于不正常和无法运行的情况,应将当时出现的表象、发生时间、可能的原因和处理结果等做详细记录,这些记录会对分析与解决问题有重要的参考价值,也便于管理者对系统运行情况进行科学的分析和合理的判断。同时,还要做好设备和系统的安全管理,以保证系统的硬件、软件和数据不因偶然或人为的因素而遭受破坏、泄露、修改或复制,保证信息系统安全运行。

(三)物流信息系统运行管理制度

明确规定人员的任务及职权范围,需要建立健全物流信息系统运行管理制度,实现有章可循,保证系统工作环境的安全。

1.机房管理制度

信息系统的运行制度,首先表现为物理系统的机房必须处于监控之中。除了中心机房有专门的机房,由专门人员管理外,工作终端基本都在各部门的办公室设置。专用机房要有一套严格的管理制度保证信息系统运行的安全和稳定。机房管理制度包括系统管理员、操作员、录入员、审核员和维护员等的权限、责任和义务;机房内的各种环境要求,如机房的温度、湿度、清洁度、防火措施等;机房内的各种设备的安全管理和维护要求;机房内禁止的活动或行为的规定,例如,不做与工作无关的操作,不越权运行程序,不查阅无关参数,不运行来历不明的软件,禁止上网玩游戏,不得在带电状态下拔、插机器部件和各电线、电缆等;系统日常运行记录,包括值班日记、系统故障及排除故障日记;紧急情况应对方案等。

2.信息系统运行日记制度

信息系统的运行日记,主要为系统的运行情况保持历史参考资料,一旦系统运行出现问题,可以在运行日记中寻找蛛丝马迹,所以,运行日记应当认真填写、妥善保存。信息系统运行日记制度需要认真记录的内容包括每天系统运行情况、操作人员、值班人员、负责人员,还包括异常情况发生的时间、表象、结果、处理人员、处理过程、在场人员等。

3.信息系统的运行管理制度

信息系统投入使用后,日常运行的管理工作需要信息系统的运行管理制度加以规范,禁止非正常方式下修改系统中的任何数据,要做好重要数据的每日备份工作,对于异常情况要做好记录和报告,以免出现重大影响甚至灾难性故障。信息系统的运行管理制度包括:软件管理制度;数据管理制度,如输入数据的审核、输出数据备份保管等;系统的安全保密制度;系统的修改和维护制度等。

4.信息系统文档管理制度

在信息系统开发和运行过程中,必须做好文档的管理工作。信息系统文档管理制度需要规范的主要内容,包括硬件、软件手册和使用说明的保管,开发文档的保管,系统维护和二次开发的技术文档资料的规范和管理,技术资料的购买、使用和保管等。文档是系统的重要组成部分,要做好分类、归档工作,进行妥善、长期保存。档案的借阅也必须建立严格的管理制度和必要的控制手段。

此外,任何信息系统的运行都必须遵守国家的有关法律和法规,特别是关于计算机信息系统安全的法律法规。近年来,我国国家和地方相继出台了许多保护信息安全的法律和法规,如《中华人民共和国计算机信息系统安全保护条例》《中华人民共和国计算机信息网络国际联网管理暂行规定》《计算机信息系统国际联网保密管理规定》《关于加强计算机信息系统国际联网备案管理的通告》《CERNET 安全管理协议》《CERNET 网络管理办法》《计算机信息网络国际联网安全保护管理办法》《电子出版物管理暂行规定》等。

二、物流信息系统的维护

管理信息系统是一个复杂的人机系统,任何系统都不是完美的,系统所处环境一直在不断变化,为了使系统能够适应这种变化,延长系统寿命,充分发挥系统的功能,就要进行系统维护工作,系统的维护是系统生存的重要条件。

(一)物流信息系统维护的分类和内容

物流信息系统维护的种类很多,根据不同划分标准,可以分成不同类别,维护不同的内容。

1.根据系统维护的目的不同划分

根据系统维护的目的不同,可以划分为正确性维护、适应性维护、完善性维护和预防性维护四大类。

(1)正确性维护

系统测试不可能发现一个大型系统中所有潜藏的错误,所以,在系统运行期间,用户难免会发现程序中的错误,这就需要对错误进行诊断和改正。正确性维护就是要纠正在系统开发阶段产生的,而系统测试时没有发现的,在系统交付使用后发生的错误。这类错误,严重的时候,可能会影响用户企业的正常运行,所以,必须及时修改,加以控制。

(2)适应性维护

由于计算机软件和硬件技术的快速发展,使系统的外部环境发生变化,为了适应系统外界环境的变化,需要对系统进行相应的修改。适应性维护,就是为适应系统外界环境的变化进行的修改。这里的外部环境的变化,包括硬件环境和软件环境的变化。例如,计算机硬件软件的配置升级,操作系统版本的变更,数据库、数据存储方式的变动;企业业务流程的变化,财务核算方式的变化等。

(3)完善性维护

完善性维护是为扩充系统功能,完善系统性能而进行的修改。在系统的使用过程中,为了满足用户不断增加的需求,需要不断改进和加强系统的功能和性能,如调整数据结构使操作更简单、界面更漂亮;根据实际业务需要,将几个小程序模块合并成一个正常运行的程序,提高处理效率等。

(4)预防性维护

预防性维护,是为了减少或避免以后可能需要的前三类维护,而造成的工作量、时间和费用的浪费,事先对系统配置进行的保护工作。预防性维护包括收集、保存、加工和利用社会经济信息,地区、企业和行业经济信息;定期进行病毒防护功能的维护和保密措施的维护等。

2.根据系统维护的内容不同划分

根据系统维护的内容不同,可以分为程序维护、数据文件维护、代码维护和硬件设备维护四大类。

(1)程序维护

程序维护是管理信息系统维护的最主要工作。程序维护是指因业务处理的变化,使系统业务出现故障,或用户对系统有更高的要求时,需要修改部分或全部程序。程序维护通常都充分利用原程序。修改后必须在计算机程序首部使用注释语句加以说明,指出修改的日期、人员,还必须填写程序修改登记表,在程序变更通知书上注明变更的地方,内容包括:所修改程序的所属子系统的名称、程序名、修改理由、修改内容、修改人、批准人和修改日期等。

（2）数据文件维护

数据文件维护指的是因业务处理的变化,不定期地对数据文件或数据库,在现场要求时间内,使用开发商提供的文件或自行编制专用的文件,进行程序的修改。这里不包括主文件或主数据库的定期更新。数据文件的维护主要由数据库管理员负责,主要是对文件或数据库中的记录进行增加、修改和删除等操作,使数据不断更新。

（3）代码维护

代码维护指的是修改旧的代码体系或制定新的代码体系,以适应用户的需求。随着用户环境的变化,旧的代码会出现不能继续适应系统新要求的情况,需要由代码管理小组对代码进行变更,包括订正、添加、删除和重新设计等内容,并用书面格式写清并组织实施。代码管理小组由业务处理人员和计算机有关人员组成。

（4）硬件设备维护

保持管理信息系统硬件设备的良好运行状态是管理信息系统正常运行的基本条件之一。所以,计算机机房建立有相应的安全操作规章制度。硬件设备的维护还应包括定期对设备进行检查、保养、杀病毒和功能扩展等工作,当硬件设备出现故障的时候,能够做好故障检修工作,并详细填写设备故障登记表和检修登记表,以便设备维护工作的进行。

（二）物流信息系统维护的步骤

系统的维护往往会"牵一发而动全身",所以,系统的维护工作应有计划有步骤地统筹安排。通常系统维护的步骤包括以下几个方面。

1. 提出维护申请

系统负责人发现问题、提出维护申请,维护申请一般以书面形式的"维护申请报告"向维护管理员提出。对于正确性维护,应在报告中完整地描述出现错误的环境和系统状态信息;对于适应性维护和完善性维护,应在报告中提出简要的需求规格说明书。

2. 审查批复

系统主管领导审批维护申请报告并做出答复。经审查情况属实,从整个系统出发,参考合理性和技术可行性的维护要求,对维护所产生的影响做充分的估计。对于维护要求不妥的情况,在与用户协商的条件下再行修改或撤消;对于通过审批的维护报告,由维护管理员根据具体情况制订维护计划,计划的内容应包括:系统维护的内容和任务、软硬件环境要求、维护人员的安排、维护进度的安排、验收标准和维护费用预算等。

3. 实施维修

维护管理员将维护计划下达给系统主管技术人员,由系统主管技术人员按计划进行任务分配和具体的维护工作。在维护实施时,要注意做好准备工作,不能影响正常使用。

4. 验收维护成果并登记修改信息

修改后应经过严格的测试,以验证维护工作的质量。验收维护成功后,对系统中存在的问题、系统维护修改的内容、修改后系统的测试及使用情况等系统维修过程,进行完整、系统的记录,并保存留档,同时,还要修改系统程序使用说明书。

第五节　物流信息系统的评价

系统运行一段时间后,应对运行情况做出客观评价,主要检测系统运行是否达到预期效果,检测系统中各种信息资源是否得到充分利用,检测系统是否取得了预期经济效益,并提出今后系统改进和扩展的方向,为系统维护、二次开发提供依据。

一、物流信息系统评价的指标

对于一个管理信息系统来说,大致可以从系统的技术性能、获得的经济效益以及应用管理等方面对系统进行评价。

(一)技术性能评价指标

系统的技术性能评价指标,是客观评价系统的依据,主要是评价管理信息系统硬件和软件在技术性能上是否能够满足应用系统的要求。对物理系统中硬件和软件的评价,包括系统的运行是否稳定,对输入的数据是否具有较强的检查和纠错能力;系统的使用是否安全保密;系统运行的速度如何;在出现故障时,系统受影响程度,是否能及时恢复等。对系统总体水平的评价,包括系统的总体结构、地域与网络的规模、所采用的技术和方法的先进性等。对系统质量的评价,包括系统的正确性、可扩展性、可维护性、通用性、操作灵活性、方便性、安全与保密性、效率等。例如,新系统的应用是否使采购、销售、生产、管理等工作效率有所提高。对系统的完整性评价,包括系统管理和操作方面的规章制度是否已制定,系统程序设计和使用的相关文档资料是否齐全,系统是否达到了用户的要求等。

(二)经济效益评价指标

经济效益的评价是一个非常复杂的问题,也是企业运行新系统非常关注的指标。经济效益的评价内容主要是运行系统的效果和效益,通常分成直接经济效益和间接经济效益两种。

1.直接经济效益评价

直接经济效益是应用物流管理信息系统后,直接产生的成本降低和销售收入的提高,是可以用货币来衡量,对企业产生有形的影响。例如,减少多少库存数量、加快了流动资金周转速度、减少了多少车辆运载成本,系统运行费用,投资回收期等。可以使用投资回收期计算方法、系数法、德尔菲法等方法计算。

2.间接经济效益

间接经济效益主要表现在企业管理水平、管理效率和对市场的适应能力的提高,通过改进企业组织结构和业务流程,提高员工素质等企业管理变革,使企业间接地获得效益,对企业产生无形的影响。例如,生产管理系统,可以更合理地安排人力物力,及时掌握生产进度和产品质量,从而提高生产率和生产管理水平;企业各部门间、人员间紧密联系的加强,可以加强员工的协作精神,提高企业的凝聚力;人员素质的提高,可以提高客户对企业的信任程度,增加用户亲切感;提高企业管理水平,使各项管理工作效率提高,促进企业的良性发展等。

(三)应用管理评价指标

应用管理评价指标,主要考虑企业领导和管理人员对新系统的满意程度,业务操作人员对新系统的满意程度,企业外部环境(客户、合作伙伴、供应商等)对新系统的评价,系统相关文档资料是否完整,包括是否有成套的用户手册、系统管理员手册及维护手册等,参与企业运营的管理深度等。

二、物流信息系统评价的方法

物流信息系统评价的方法可以分为定性评价方法和定量评价方法。

(一)定性评价方法

定性评价方法主要包括结果观察法、模拟法、对比法和专家打分法。结果观察法是指完全通过有目的的、有计划的系统观察和记录,然后对所做记录进行分析,对系统的效果进行评价;模拟法采用人工或计算机,依照系统的主要特征,创设一个相似的模型,然后通过运行模型来间接研究系统,做定性的模拟,估计实际的效果;对比法是与本部门或同行业中信息系统在过去与当前的应用情况进行对比,初步估计出信息系统效益的大小与范围;专家打分法由多名同行专家根据预先拟定的评分标准及专家的经验和主观认识各自对评价对象进行打分,然后用一定的方法(如加权平均法)对分数进行综合,例如,德尔菲法(Delphi),又叫专家意见法,是采取匿名发表意见的方式征求专家意见,经过反复多次的反馈修正,最后得到有关专家的综合意见,从而对评价对象做出评价的方法。

(二)定量评价方法

定量评价方法主要包括经济模型法、运筹学方法、其他数学方法以及组合模型方法。经济模型法主要包括生产函数法、投入产出分析法和费用效益分析法等。以投入产出分析法为例,由于经济效益是投入与产出之间的比较,因此,可以用投入产出法来评价信息系统的经济效益。投入产出分析法应用投入产出模型,来研究经济系统各个部分之间表现为投入与产出的相互依存关系,确定信息系统带来的成本和效益,经过比较评价系统运行效果;运筹学评价法采用运筹学中的多目标决策、数据包络分析、层次分析等方法,对系统进行评价;对信息系统的经济效益的评价,还可以采用模糊评判、多元统计分析中的主成分分析、因子分析和聚类分析等有效的其他数学方法进行评价。

三、物流信息系统评价的报告

系统评价结束,应对评价结果,以正式书面文件形式写出分析报告,即系统评价报告。系统评价报告是今后进行系统维护工作的依据,所以应以事实为依据,认真、客观地编写。评价报告一般包括以下几个方面:

(一)引言

1.摘要

用简明的语言,概括评价系统的名称和功能。

2.背景

明确被评价系统的开发方身份和联系方式,使用该系统的用户身份和联系方式。

3.参考资料

评价系统时参考的系统设计任务书、合同和相关文件资料等。

(二)系统评价的内容

1.系统运行的一般情况

这是从系统要实现的目标和用户接口方面来考查系统,包括系统功能是否达到系统设计任务书的要求;系统运行成本是否控制在预算内;资源是否得到了充分利用和共享;用户对系统运行情况是否满意。

2.系统的使用效果

这是从系统运行服务的有效性方面来考查系统,包括用户对系统运行结果的满意程度;系统分析决策的及时性、准确性和完整性。

3.系统的性能

这是从系统运行技术情况方面来考查系统,包括系统的运行是否稳定;计算机资源的利用情况;在出现故障时,系统受影响程度,是否能及时恢复;系统是否具备可靠性、可扩充性、可维护性、通用性、操作灵活性、方便性、安全与保密性、效率等。

4.系统的经济效益

系统的经济效益包括直接效益和间接效益,既包括应用物流管理信息系统后,直接产生的成本的降低和销售收入的提高,也包括提高企业管理水平、管理效率和对市场的适应能力,使企业间接获得的效益。

案例分析与思考题

宝供物流信息化三阶段

宝供物流企业集团有限公司创建于 1994 年,总部设于广州,1999 年经国家工商局批准,成为国内第一家以物流名称注册的企业集团。作为第三方物流公司,宝供的信息化系统的建设紧紧围绕着自身业务的拓展,并通过系统的建设,推进了公司业务的发展。其信息化进程分为三个阶段。

第一阶段(1997—1998 **年 建立基于互联网的物流信息系统**)

对于当时的宝供来说,在信息系统建设方面的软硬件投资可是一笔不小的投入。正如唐友三说的,"就是把宝供资产的一半都放进去也不是没有可能"。可实际上,刘武可以承受的投入是很有限的,于是他决定在硬件上能省就省,整个系统的核心软件部分,则找到了企业信息系统方面的专家,英泰奈特公司的总经理翟学魂。原打算三天内就"解决战斗",没想到却一下子掉进了储运行业业务流程的"汪洋大海"之中。

怎么回事呢?

宝供储运的基本业务流程是这样的:客户填写托运单,要填好货物品种、目的地、数量、重量等,然后宝供的分公司根据这张托运单,按照客户要求联系火车或者货车,准备第二天发运。如果这个托运单的货物数量比较少,则需要准备调配集中其他同路线客户的货物一起发运。第二天要有车送到火车站指定地点装车,为了安全起见,有时还要加一些包装,比如怕漏水要加塑料布,怕磕碰要用木架子保护等。装完车将车皮的门要锁住,封条要封好,封条的号码还要记录下来,通知接货的分公司。到达目的地后,分公司要到车站去接收,把货物转运到宝供当地的仓库,交接时要检验有没有发生货损或货差,并详细记录,然后分类储存好,等待客户签收。客户签收以后,再把托运单信息快递回货物始发地的分公司,始发地的分公司将此业务上报总公司,同时需要进行行车信息和运行成本的统计,总公司再凭这个回馈信息找客户付款。

实际运营中,每笔货物都是不一样的,在这个标准流程中的任何一个环节有变化,都会衍生出一种新的流程,无形中对系统的设计和分析工作加大了难度。经过反复修改调试,系统的正式运行已经是半年以后的事了。

新系统运行后,刘武很快就发现又有了新的问题。新系统在企业推行的时候,总是在暗处碰到一些阻力,特别是一些资格比较老的管理人员,因为对计算机技术不了解、不熟悉,使他们多少形成了一种抵触情绪。刘武在这个问题面前并没有犹豫,首先请老师给员工开培训课,告诉他们通过计算机确实能够帮助他们提高效率,加强管理,可以让他们掌握更多的信息。后来,宝供储运对信息系统的应用水平得到了很快的提高。随着应用水平的提高,员工们也给宝供的信息系统挑出了不少毛病,提出了许多新的要求。

第二阶段(1999—2001 年 建立基于电子数据交换(EDI)与客户实现数据对接系统)

在员工们对信息系统提出的各种要求之中,有一条引起了唐友三的注意,就是查找数据的程序比较繁琐,怎样让数据可以从数据库里面自动提取出来,成为宝供信息系统第二阶段的研究重点。

唐友三和刘武以及各部门的负责人进行了交流,一致认为这将对宝供的客户服务大有好处。1999 年,宝供再度和英泰奈特合作,开发了基于互联网的仓储信息管理系统,该系统向客户授权开放,使客户坐在办公室里上网就能快速查到全国各地仓库的最新进出存情况。2000年,宝供拿到宝洁在华南分销仓库管理的案子,一方面宝供管理的仓库使用客户系统的客户端进行订单输入,另一方面,宝供 IT 部开发数据导出程序,将数据传输到宝供的系统,实现了双方对账。2001 年,宝供与飞利浦实现了 EDI 电子数据对接,运作效率得到大幅提升。

第三阶段(2002—2003 年 建立基于电子商务(B2B)与客户结成供应链一体化合作伙伴)

2002 年宝供开始真正推行 B2B 的电子商务,实现了供应链的一体化。2003 年,开发TOM,引进 WMS 系统,系统全面升级。2004 年以来,建设了宝供第三方物流 ERP 系统。现在宝供以物流信息整合为基础,为客户供应链物流一体化管理提供一套集物流、资金流、信息流、价值流等一体化的物流信息管理系统,实现以信息流带动物流、商流、资金流的发展。

信息化建设应该是循序渐进的,要以效益、需求为准则。宝供集团的物流管理信息系统建设正是基于上述思路开展的。

请思考,如果你是某物流企业的负责人,你会如何实施物流管理信息系统?

——资料来源:IT 的味道(宝供公司信息管理系统),百度文库,http://wenku. baidu. com/view/b2c74340336c1eb91a375db2. html

本章小结

本章主要介绍了物流管理信息系统的系统实施的目标和系统实施的任务;具体介绍了物流管理信息系统的程序设计方法,系统测试的方法和步骤,系统的转换方式,系统的运行管理,系统的维护。最后介绍了系统评价的指标和方法。

关键概念

系统实施的任务　程序设计的方法　系统测试的方法　系统的转换方式　系统评价的指标

复习思考题

1.物流管理信息系统实施的目标是什么?

2.请概括结构化程序设计方法和原型程序设计方法的区别。

3.系统测试有哪些方法?

4.系统转换的方式有哪些?

5.系统评价的指标有哪些?

第八章 公共物流信息系统平台

引例:山西城市物流信息平台的建设

山西城市物流信息平台定位于社会性的公共的信息服务平台,应用范围广、服务内容多,主要应用与服务的对象有:政府职能部门、行业管理协会、物流企业、生产企业、商业企业、客户、消费者。山西城市物流信息平台的构建需要全面考虑物流活动中各参与方的需求,根据各方在物流活动中参与程度和作用的不同,对于信息平台的需求主要表现为:(1)政府部门的宏观决策;(2)物流基础信息服务;(3)物流企业内部信息化;(4)工商企业客户信息服务。

山西省城市物流信息平台的结构可分成四个层次:基础层、支撑层、服务层、业务层,如图8-1所示。

基础层位于整体结构的最底层,主要包括信息化基础设施(电信、网络设施、计算机硬件、物流设施)、物流信息标准化(产品电子编码、EDI标准)的推广和应用以及物流政策环境和物流人才等方面的建设。

支撑层位于整体结构的第二层,是通过建设一个覆盖全省的公共物流信息平台来实现。通过这个平台,实现各个物流环节和节点信息的交换和共享。它的主要功能包括:公共数据库、认证中心和数据交换。主要面向社会用户和非会员用户,提供基础信息的查询和发布功能。

服务层位于整体结构的第三层,主要用于满足物流信息服务的要求。它包括物流信息的运行平台、信息系统的开发平台以及信息的服务平台。

业务层位于整体结构的第四层,主要用于山西城市物流信息平台中的功能应用,如供需信息等。

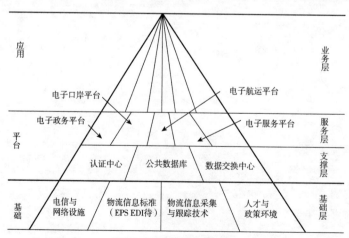

图 8-1 山西城市物流信息平台结构体系

——资料来源:曹翠珍.山西城市物流信息平台构建研究[J].物流工程与管理,2012(3)

第一节　物流信息平台

物流业已成为世界各国公认的新的经济增长点,是提高国家综合实力和企业国际竞争能力的重要保证。在我国,物流业的发展受到党和国家各级领导的高度重视。据不完全统计,全国至少有 30 多个城市已经或准备制定物流发展规划。其中物流信息平台规划是区域物流规划的重要组成部分,然而在大多数区域物流规划中信息平台规划部分却普遍缺乏明确定位,不知道为什么要规划这样一个信息平台,它的功能到底有哪些,这样的平台应该由谁来建设和运营等。这导致各个区域物流规划中物流信息平台使用的术语大不相同,如物流共用信息平台、区域综合物流信息平台、区域物流信息平台等。因此,对于区域物流信息平台的功能定位和建设策略应该受到广大学者的重视。

一、信息平台的概念

众所周知,"平台"用得较多的是比喻义,指互相交流的地方。例如,QQ 是一个互相联系的平台;百度是一个互相帮助的平台;易趣是一个网络交易的平台;微软的操作系统也是一个平台,可以装很多其他软件,等等。平台是交流的中间工具,它提供一种双方互相交流的机会和地方。

信息平台概念是在现代软件工程的概念上建立的,它实施最大限度的软件和系统资源的重用,启动数据共享工程,把真正与领域业务需求有关的部分提取出来,把信息基础设施与公共应用支持开发成平台。其外部环境包括通信网络传输系统、数据交换网络的传输系统和用户设备。

二、物流信息平台的概念

随着电子商务时代的来临,将使传统的物流与商流、信息流重新整合。传统物流由于与商流、信息流相分离,导致运作效率较低,成本居高不下。因此,现代物流已趋向于商流和信息流一体化的趋势,通过构建现代物流中心、信息处理中心这一全新的现代物流体系,使商流、物流和信息流在物流信息系统的支持下实现互动,从而能提供准确和及时的物流服务。物流信息化的特点主要在于:物流过程中进行信息采集、管理、分析和调度,并根据反馈情况及时进行调整。

从实践上看,物流信息化的主要作用有以下几方面:一是整合资源,可以不依赖资产的收购、兼并等方式,而是采用信息系统的共享来实现车辆、仓库等物流资源的整合,提高效率;二是利用信息系统固化规范的管理和流程,避免管理的随意性或暗箱操作造成效益"跑冒滴漏";三是提高决策水平,优化战略布局;四是支持业务创新,新业务的出现创造了新的利润源。

物流信息平台是将先进的信息技术、计算机处理技术、网络技术、数据通信技术等先进技术应用于物流信息系统中,按照既定的规则从不同的子系统提取信息,在平台内部对共用物流数据进行融合、处理和挖掘,为不同的平台使用者提供不同层次的基于全系统范围的信息服务和辅助决策信息服务,满足平台用户对共用物流信息的需求,实现物流信息的采集、处理、组织、存储、发布和共享,以达到整合物流信息资源、降低物流成本和提高物流效率的目的。

物流信息平台最重要的作用就是能整合各物流信息系统的信息资源,完成各系统之间的数据交换,实现信息共享。物流信息平台可以担负信息系统中公用信息的中转功能,各个承担数据采集的子系统按一定规则将公用数据发送给信息平台,由信息平台进行规范化处理后加以存储,根据需求者对物流信息系统的请求,采用规范格式将数据发送出去。物流信息平台整合了企业、货主、公路、铁路、港口、银行、海关、工商税务等多个信息系统,通过物流信息平台能实现以上各系统之间的信息交换和信息传递,满足不同客户的信息需求,提高了物流系统的效率。

作为一个传统的物流企业,自行建立一个物流信息系统所耗费的资源是巨大的、昂贵的,中国物流企业迫切需要一个公共物流信息平台。通过这个平台整合行业旧有资源,对行业资源实现共享,发挥物流行业的整体优势,从根本上改善物流行业的现状。

物流企业可以考虑通过建立公共物流信息平台的形式达到目标。由于互联网的发展以及物流信息技术运用的成熟,物流信息平台已成为物流行业发展的一大趋势。基于 Internet 的公共物流信息平台的功能与其他物流系统相比,真正实现了物流企业之间、企业与客户之间的物流信息和物流功能的共享。

三、物流信息平台的构成

(一)总体结构

根据区域物流信息平台所确定的功能,可以构建区域物流信息平台的体系结构。物流信息平台必须是建立在区域物流基础信息的基础上,结合先进的信息技术、计算机技术、网络技术等,通过收集、整理相关数据资源形成数据仓库,利用数据挖掘技术、信息集成技术、OLAP等对原始物流信息进行整理分析并存储,逐层提取和调用,可以便于对外服务。作为物流信息的存储空间和利用场所,物流信息平台具备相应的层次结构,以满足不同层次的物流操作以及物流信息的服务需求。下面将区域物流信息平台划分为四个层次,即基础信息层、数据交换层、数据仓库层、对外服务层,如图 8-2 所示。

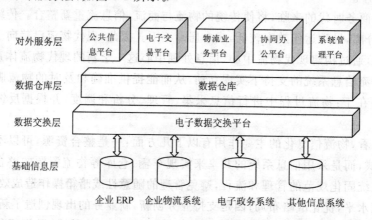

图 8-2 物流信息平台总体结构

资料来源:徐伟,赵嵩正,蒋维杨.基于功能的区域物流信息平台体系结构研究[J].情报杂志,2008(7)

（二）具体构成

1.基础信息层

物流活动存在于供应链的全过程中。在采购链上，原材料要运输到工厂仓库；在生产链上，原料要从仓库运送到生产车间（很多产品的生产过程要跨越较大的区域范围，如波音飞机的生产过程）；在销售链上，产品要从工厂运输到代理商手中，再从代理商分送到批发商那里，然后才能到达最终用户手中。相应的物流信息也分布在供应链的各个环节。

货运商的车辆信息、仓储商的仓储信息、物流代理商的代理信息以及其他相关系统中的相关物流信息，SRM（供应商关系管理）、ERP（企业资源规划）、CRM（客户关系管理）等现代信息系统中有大量的物流数据，这些都是区域物流信息平台基础信息层的重要组成部分。此外，政府管理部门（海关、工商、税务等）和辅助职能部门（交通、金融、气象等）的信息也是该区域物流信息平台基础信息层不可或缺的一部分。

2.数据交换层

区域物流信息平台汇集了区域内各大物流运作设施信息系统，以及各相关行业、各类物流企业和政府相关部门等各类信息系统的信息。由于汇接到区域物流信息平台的信息系统往往是由各主管部门和单位不同时期各自承建的，因此很难要求系统构建的软硬件平台在结构上完全一致和统一。但信息平台必须解决这些异构系统和异构格式之间的数据交换和信息共享问题，解决物流系统运作不畅的局面。通过数据交互层标准化和规范化定义、采集、处理、组织物流信息系统中的信息以及解决异构系统和异构数据格式之间的数据交换和格式转换，实现不同区域物流信息系统之间的跨平台连接和交互。

3.数据仓库层

数据仓库层是集成各种物流信息的处理和存储中心。数据仓库把数据和信息从不同的数据源提取出来，然后转换成公共的数据模型并且和仓库中已有的数据集成在一起。利用数据挖掘技术、信息集成技术、在线联机分析技术等对原始物流信息进行整理分析并存储。当用户向仓库进行查询时，需要的信息已经准备好了，这使得决策和查询更容易、更有效。

4.对外服务层

对外服务层主要是对外提供服务的接口，通过实现用户需求和信息平台之间信息的相互转换，达到区域物流信息平台的功能要求。包括公众信息服务平台、电子交易平台、物流业务管理平台、协同办公平台及系统管理平台等。

第二节　公共物流信息系统平台

一、公共物流信息系统平台的概念

公共物流信息共享平台是某一区域范围内物流活动的神经中枢，它是利用现代计算机技术和通信技术，把物流活动中的供、需双方和运输者以及管理者有机联系起来的一个信息系统支撑体系，它通过对物流管理基础数据的采集，为企业信息系统提供基础支撑信息，满足企业信息系统对相关信息的需求，支撑企业信息系统各种功能的实现，通过共享信息支撑政府部门间行业管理与市场规范化管理方面协同工作机制的建立，确保物流信息正确、及时、高效和畅通。

二、公共物流信息系统平台的功能

由于物流系统的开放性,公共物流信息平台建设占据着举足轻重的地位,也成为物流振兴规划中的重点工程。近年来,由于缺少公共信息平台,物流信息化的整体效益受到了极大的影响。可以说,建设物流信息平台已经成为物流业发展的重中之重。

公共物流信息平台按角色分为客户、物流代理中心(业务)、库区、运输。据此,物流管理系统主要包括以下各子系统:客户管理系统、仓储管理系统、运输管理系统、代理管理系统(调度系统)、系统管理和财务管理系统。

1.客户管理系统不仅为客户提供下达提货、存货、运输的指令的接口,而且要为其提供相关查询功能(库存、运输等)。

2.仓储管理可分为仓库管理和库存管理,仓库管理主要指库区的利用状态(库、区、排、位),库存管理指物资的收、发、存管理。

3.运输管理系统包括运输资源(运输工具、运输方式、人员等)的管理和运输任务(计划、运输中、完成)的管理和货物运输的跟踪管理等。

4.代理管理系统是物流管理和控制的中心,不仅接收客户指令(出库、入库、运输),提供客户的相关查询服务和决策支持,而且对库区、运输发出指令,调度出库、进库和运输等活动。

5.系统管理指把不同的功能模块赋予不同的角色,不同的角色赋予不同的权限,设置相关系统参数等,如中心的某位人员只能管理某一或某几个库区等。

6.财务管理系统主要指储运费的结算,并考虑与专用财务系统的接口。

第三节　公共物流信息系统平台的建设和运行

一、公共物流信息系统平台的建设

(一)公共物流信息系统平台建设现状

博科资讯总裁沈国康在物流业内的一次座谈会上,谈及《物流业调整和振兴规划》颁布前后,物流公共信息平台的建设状况时,援引该公司下属物流供应链研究中心的最新调研报告称,目前我国90%的物流公共信息平台还仅仅只是货主和物流企业简单交换供需信息的集散地,基本上还处于企业级物流信息平台孤岛阶段。

与已建的90%仅仅只是货主和物流企业简单交换供需信息集散地的物流公共信息平台相比,浙江省在全国范围内率先启动的物流信息化公共平台标准化建设,是包含信息交换、业务查询、决策支持等功能的大物流公共信息平台。通过政府买单开发企业标准版软件,浙江省为全省26万家物流企业提供统一的信息化平台,建立信息互联和共享的物联网。该平台由博科资讯和浙江运管联合开发搭建,提供了一个安全、开放、中立且低成本的物流信息化系统,统一了仓储通用软件、货代通用软件和物流基地、集装箱软件,有利于物流操作的标准化和规范化,同时为政府相关部门的统筹决策提供了数据信息支持。

据悉,国家相关部门有意将浙江物流信息化公共平台工程作为标杆工程向全国范围展示和推广。

(二)公共物流信息系统平台建设

公共物流信息系统平台建设有如下几个层次。

1.物流信息平台的底层——通信基础设施建设

它主要是指电信公用通信网、Internet 网和城域网,为物流信息系统提供通信支撑平台。继续加强通信网络基础设施建设。国家及省际干网传输和交换能力要分别达到 10G 和 40G,本地城域干线传输和交换能力分别按照 25G 和 10G 规划建设。重点物流基地及重要交通枢纽都要实现双路由,确保信息通信无阻断。继续提高通信网络业务服务功能。主要包括高速公众互联网接入业务、高速数据中心、虚拟专网(VPN)服务、网络托管和设备租赁以及热线与呼叫中心。围绕实现上述业务功能,就近布局宽带网站。推进"三网合一",实现网络资源共享。要理顺三网(电信网、有线电视网、计算机网)的关系,尽快打破三网分设,互不配合的问题。

2.物流信息平台的中层——物流信息公共服务平台建设

从功能设计上,可将其划分为两个平台:物流信息交换平台、物流信息管理平台。

(1)物流信息交换平台的建设。以口岸物流网为基础,将海关、检验检疫、铁路、航空、管道等物流信息整合起来,建立统一的基于互联网与 EDI 的数据交换平台,充分实现信息的联网共享。同时,也构成电子商务交易平台的重要组成部分。这种对物流信息资源进行整合的运作方式,实质上是由政府在规划和推进。事实已经证明,共享的物流信息平台,是实现政府相关部门之间、企业之间、政府与企业之间数据交换的前提,仅以某企业的力量来开发综合性的物流信息平台,是不可能完全胜任的。

(2)物流信息管理平台的建设。该平台的建设,应与物流信息交换平台同步进行。主要功能是对流经物流信息交换平台的信息,以及物流活动中产生的各类业务信息(物流的载体、流量、流向、流程、方式等)进行提取、收集和综合加工,形成更高层次、更有价值的管理信息。物流信息管理平台的建设,既要建设大型的综合型的数据库和数据仓库,更应体现出成功运用复杂的物流管理数学模型、统计分析技术、经济景气分析技术、运筹学模型、智能控制等高新技术的特点,力争讲求实效。

3.物流信息平台的顶层——各行业、企业及专业物流信息处理系统的建设

在上述统一平台的基础上,建立与完善行业、企业、专业(集装箱、粮食、建材、汽车、石油及化工产品、水产品、木材等)物流园区的物流信息处理系统与物流信息网站。

(1)行业、专业物流信息处理系统解决方案。以现代物流管理理论为指导,紧密结合优化大型码头综合作业、现代货运代理作业、面向第三方的仓储管理以及物流配送和运输管理的实际,采用当前国际上最先进的信息技术,以解决中心数据交换、无纸化作业、多模式管理、自动化计费和仓位(堆场)图形动态模拟等关键问题为重点,建立具有世界先进水平、行业一流的管理系统。

(2)企业物流信息处理系统具体建设措施。一个物流管理成功的商家,如果能使企业在货物的可得性、交付的及时性和一贯性等方面,处于行业的领先位置,就会使企业成为有吸引力的供应商和理想的业务伙伴。但对一个企业来说,仅仅理解物流管理的重要性是远远不够的,如何根据企业自身的实际情况来设计合适的业务模式并在各个业务部门中贯彻执行,是现代物流解决方案实施的关键。

二、公共物流信息系统平台的运行

公共物流信息平台是一个面向物流行业、各个企业的综合性特大物流电子商务社区,它提出面向企业和用户服务的虚拟电子交易市场和管理咨询的经营理念,它以各行业的供应链交易和咨询管理为中心,涵盖各行业的制造、商贸、服务商,既为企业提供行业信息、交易平台,又为各会员企业提供物流服务信息,并实现在线交易等一系列管理流程。物流信息平台可以实行会员制,如图 8-3 所示。

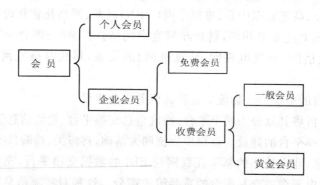

图 8-3　物流信息平台会员分类

物流信息平台的主要功能可分为面向企业界和面向非会员企业用户两个相互关联的区域,针对会员企业的服务具体如下:

1. 提供行业新闻、行业动态、行业科技发展信息及企业生产经营所需要的各方面信息;
2. 为会员企业提供形象展示广告、物流服务的详细介绍;
3. 为企业在平台上发布招商引资信息、项目招标投标等;
4. 为会员企业的供需信息进行交易的搜索、撮合和自助式采购。

公共物流信息平台提供一种为物流企业信息服务的平台,同时也为货主企业提供交易服务,并利用虚拟社区等功能和手段最大程度地培养客户群。同时,让商家和顾客之间进行互动,减少流通环节。通过两者的互动,进入一个相互促进的正向循环,平台从中提取一定份额的经济利益。

为此,公共物流信息平台在第一部分成功运营之后,可以在以下几个方面寻求更多的发展:

1. 与制造业、流通业,特别是本地跨国性制造企业,共同建立电子商务物流服务,配送体系;
2. 发展广泛的合作关系,获得更多有用的信息资源;
3. 不断研究和发现会员企业新的需求,提供更多更好的服务;
4. 为会员企业提供网络营销理念和不断完善实用商务平台的技术水平。

其他增值服务:

1. 物流仓库、堆场的建设和租赁。拥有设计布局合理的物流仓库,向物流企业出租经营的场地,大大减少物流企业的前期投入,减少经营风险。

2. 集装箱堆放、装卸和运输。拥有大面积集装箱和轻箱堆场,服务于国际船运公司和物流企业;拥有标准集装箱卸货平台和各类装卸吊运设备,拥有装卸、堆存、装拆箱、洗箱、修箱等集装箱综合处理能力;拥有集装箱车队和各类运输车辆,公路运输业务延伸到全国范围。

3.国际货运代理。为物流公司提供货运服务,及时补充国外物流公司在国内业务中无法实现的业务环节。

4.国际贸易的进出口代理。熟悉保税区进出口规定的专业人员为物流企业的货物提供完善的"一门式"进出口代理,包括办理进出口报关、商检、开票、代购外汇等,使物流企业真正享受到保税区的优惠政策。

5.进出口商品加工、包装场地。为进入保税区的进出口商品提供物流增值服务的加工场地,以便物流公司向客户提供检查商品、分类、上架、分拣、分配(库内作业)、组装、维修、检测、拼装、标签、分级等简单加工服务;提供运输保管包装、内外包装、销售包装等服务。

6.保税商品展示。提供常年保税展示柜台和展示厅,便于客户在保税区参观和调试商品的样品,一方面为国外货主提供开拓国内销售渠道的有力手段,另一方面为物流公司提供常年管理代客展示并销售的商业机会。

本章小结

本章主要介绍了公共物流信息系统平台。学习本章,需要理解信息平台、物流信息平台的概念,熟悉物流信息平台的构成,理解并掌握公共物流信息系统平台的概念,了解公共物流信息系统平台的功能,理解公共物流信息系统平台的建设和运行。

关键概念

信息平台　物流信息平台　公共物流信息系统平台

典型案例

黑龙江省物流信息平台建设研究

一、黑龙江省物流业发展概况

黑龙江省物流总产值逐年稳步提高,占 GDP 比重也呈逐年增加的趋势。根据《1995—2003 年黑龙江省国民经济和社会发展统计公报》的统计数据,1995 年,黑龙江省物流产业产值为 86.4 亿元,占 GDP 比重为 4.3%,到 2003 年,物流业产值已达 305.9 亿元,占 GDP 的比重为 6.9%。在物流业产值占 GDP 的比重逐年增加的同时,物流业增加值占第三产业增加值比重也逐年提高。1995 年为 15.1%,2003 年为 22.0%。此外,黑龙江省在物流基础设施建设、国际物流建设及区域物流建设等方面也成绩显著。基本形成泛哈大齐物流区域、哈牡绥物流区域、佳木斯城市群物流区域、边境口岸国际物流区域四个物流区域。在取得一定成绩的同时,也要看到,与沿海发达省份相比,黑龙江省物流产业发展也存在较多的问题,主要是物流企业的现代化水平较低,物流信息资源没有能够得到充分的挖掘和利用。所以,在现代物流概念中,亟须依托信息网络来提高单位成本的运作效率,构筑物流企业信息化的公共平台,从根本上解决物流企业的这些问题。

二、黑龙江省公共物流信息平台系统功能规划

通过上述的分析,结合黑龙江省物流发展的现状调查,初步规划的黑龙江省物流信息平台的系统结构如图 8-4 所示。

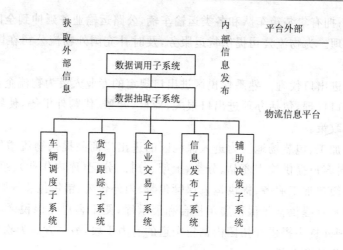

图 8-4　黑龙江省公共物流信息平台子系统结构图

下面对各子系统主要功能分别进行说明。

1. 数据调用子系统

此系统主要是实现数据需求的请求与调用功能，是信息平台核心功能。具体是指电子单证的翻译、转换和通信，包括网上报关、报检、许可证申请、结算、缴税、退税、客户与商家的业务往来等与信息平台连接的用户间的信息交换。在这个系统中，所有需要传递数据的单位都与信息平台相连，要传递的单证信息先传递到信息平台，再由信息平台根据电子数据中的接收方转发到相应单位，接收单位将收到的电子单证信息经转换后送到内部系统处理。

2. 数据抽取子系统

数据抽取子系统是联系物流信息平台系统内、外环境的主要桥梁，也是内部物流信息发布、外部物流政策获取的主要媒介。在黑龙江省物流公用信息平台的环境中，数据的来源包括内部数据源、外部数据源和个性化的私有数据。对于黑龙江省的物流企业、政府机关、物流管理部门来说，在进行业务交易、决策分析的过程中，除了自己的内部数据信息外，需要的数据源还应包括其他部门的相关企业和公司的运作情况，以及国际的相关数据信息等外部数据源，这时就需要借助统一物流信息平台的条件，更便利地进行数据抽取工作，高质量地完成信息的传递和处理。

3. 车辆调度子系统

该系统主要通过 GIS－T 参考模型进行数据组织，以支持车辆运行的计划调度与跟踪，主要数据为交通流背景数据。另外，此系统应提供具体的运输方案设计，以及不同方案比较、选择，运输服务商的选择，建立运输路线选择的模型，有关运输路线数据的收集，建立地理信息系统，根据运输任务选择最佳运输、路线编制、运输计划、运输市场预测、运价走势分析、运输调度、运输报表设计及成本分析等。

4. 货物跟踪子系统

货物跟踪系统是指物流运输企业利用物流条形码和 EDI 技术及时获取有关货物运输状态的信息，提高物流运输服务的方法。由于黑龙江省目前物流企业信息化水平较低，而建立货物跟踪系统需要较大的投资，如购买设备、标准化工作、系统运行费用等，因此，只有具有相当实力的大型物流运输企业才能够应用货物跟踪系统。但是，随着信息产品和通信费用的低价格化以及互联网的普及,许多中小物流运输企业也开始应用货物跟踪系统。可以通过物流公用信息平台的推广,促进物流技术的应用,提高物流企业的现代化水平。

5.企业交易子系统

交易处理是整个平台中最为重要的部分。通过这个企业业务交易支持子系统可以更好地为供方和需方提供一个虚拟交易市场,三方可发布和查询供需信息,对感兴趣的信息可进一步洽谈。在这个子系统当中,要建立商务信息系统。以电子数据处理、互联网络、数据交换和资金汇总技术为基础,集信息交流、商谈、订货、发货、运输、报关、保险、商检、动植物检疫和银行结算为一体,加速业务开展,并规范整个商贸业务的发生、发展和结算过程。

6.信息发布子系统

此系统主要用于发布一些共享信息,对黑龙江省内、外各类型信息用户提供物流信息服务(如各国贸易法规、国际贸易信息网站链接等)。同时,可以支持物流作业相关部门间协调工作机制的建立。具体包括水、陆、航空、多式联运价格体系、新闻和公告、电子政务指南、货源程序和运力、航班航期、空车配载、铁路车次、适箱货源、政策法规等。此系统作用的充分发挥必须建立内部管理信息服务系统,组建局域网并通过宽带或者其他通信方式与信息中心联网,同时在物业服务现场端,配备工作站,实行计算机全程管理,及时发布、搜集、下载有关信息。

7.辅助决策子系统

辅助决策是信息平台的高级功能,通过此系统可以为黑龙江物流信息平台用户以及政府提供各种决策支持,也就是如果系统用户选择方案决策处理,那么平台将会自动地产生一个物流合作者的相对最优解集,以便供平台用户参考,若用户不满意,方案决策处理还可以在用户参与的情况下计算出新的备选方案,来方便用户在众多企业中快速做出正确的决策。另外,此系统也可以为政府的宏观管理进行决策支持服务,提高政府及相关部门决策的科学性。共用物流信息平台的实施将大大促进物流产业信息化、网络化、自动化的进程,有利于降低物流成本,提高物流效率。公用物流信息平台将实现物流信息资源的整合,实现物流信息资源的共享。共用物流信息平台的建设,一方面,可为黑龙江省的物流需求提供必要的支持,支持物流企业间的协同运作;另一方面,也可以和黑龙江省的智能运输系统发展相结合,为实现黑龙江省运输现代化奠定基础。

——资料来源:赵英姝,吴占坤.黑龙江省物流信息平台建设研究[J].交通企业管理,2008(3)

一、案例思考:

1.通过该案例总结物流信息平台的作用。
2.你认为公共物流信息系统平台如何建设?

二、案例分析:

1.(要点)物流信息平台的作用
(1)实现物流信息共享。
(2)降低物流成本。
(3)提高物流服务质量。
(4)支持政府管理部门的宏观调控。
2.(要点)物流信息平台建设的层次
(1)物流信息平台的底层——通信基础设施建设。
(2)物流信息平台的中层——物流信息公共服务平台建设。

(3)物流信息平台的顶层——各行业、企业及专业物流信息处理系统的建设。

复习思考题

1.物流信息系统平台的概念。

2.物流信息系统平台的总体结构。

3.公共物流信息系统平台的概念。

4.公共物流信息系统平台的建设。

5.公共物流信息系统平台的运行。

第九章　第三方物流管理信息系统

👉 **导入案例　海信第三方物流管理信息系统**

海信第三方物流管理信息系统是支持电子商务环境的综合管理信息系统。系统通过电子商务方式实现客户网上下单、网上录入、实时查询等网上交易的后台管理;通过先进的数学模型,实现仓储、配送、运输的优化调度;通过集成条码技术、GPS/GIS 技术、数据仓库技术、决策支持技术形成海信第三方物流管理信息系统解决方案。其主要功能包括:

1. 订单管理

客户通过互联网进行网上下单、网上录入、实时查询等网上交易。

2. 仓储管理

仓储管理包括仓储作业管理(入库、出库、盘点等)、仓储设备管理、储位管理、库存统计和分析、储存费用管理等。

3. 运输管理

运输管理包括运输工具管理、车辆跟踪管理、车辆调度管理、运输统计管理、运输费用管理和运输成本分析管理等。

4. 配送管理

配送管理包括配送计划的录入确认、配送任务制定、运输配送货物组配和线路选择的决策优化等。

5. 物流跟踪

物流跟踪是利用 GPS 和电子地图技术实现车辆或货物的实际位置的实时查询,对物流进行全程跟踪。

——资料来源:中国国际海运网,http://port. shippingchina. com/portdynamictech/index/detail/id/51. html

第一节　第三方物流

随着现代企业生产经营方式的变革和市场外部条件的变化,"第三方物流"(Third-Party Logistics)这种物流形态开始引起人们的重视,并对此表现出极大的兴趣。在西方发达国家,先进企业的物流模式已开始向第三方物流甚至第四方物流方向转变。

一、何为第三方物流

第三方物流(Third-Party Logistics,简称 3PL,也简称 TPL)的概念源自于管理学中的

（Out-souring），意指企业动态地配置自身和其他企业的功能和服务，利用外部的资源为企业内部的生产经营服务；将（Out-souring）引入物流管理领域，就产生了第三方物流的概念。所谓第三方物流是指生产经营企业为集中精力搞好主业，把原来属于自己处理的物流活动，以合同方式委托给专业物流服务企业，同时通过信息系统与物流企业保持密切联系，以达到对物流全程管理控制的一种物流运作与管理方式。因此第三方物流又叫合同制物流。

根据 2001 年 4 月 17 日发布的《中华人民共和国国家标准·物流术语》，第三方物流是指由供方与需方以外的物流企业提供物流服务的业务模式。即由专业化物流组织所进行的物流。所谓专业化物流组织，一般指的是独立的，同第一方和第二方物流组织相比具有明显资源优势的物流公司。在我国主要指的是由传统储运企业转型后实现了功能整合的物流公司。

3PL 既不属于第一方，也不属于第二方，而是通过与第一方或第二方的合作来提供其专业化的物流服务，它不拥有商品，不参与商品的买卖，而是为客户提供以合同为约束、以结盟为基础的、系列化、个性化、信息化的物流代理服务。最常见的 3PL 服务包括设计物流系统、EDI 能力、报表管理、货物集运、选择承运人、货代人、海关代理、信息管理、仓储、咨询、运费支付、运费谈判等。

第三方物流是在物流渠道中由中间商提供的服务，中间商以合同的形式在一定期限内，提供企业所需的全部或部分物流服务。第三方物流提供者是一个为外部客户管理、控制和提供物流服务作业的公司，他们并不在产品供应链中占有一席之地，仅是第三方，但通过提供一整套物流活动来服务于产品供应链。

现代意义上的第三方物流是一个约有 10 到 15 年历史的行业。在美国，第三方物流业被认为尚处于产品生命周期的发展期；在欧洲，尤其在英国，普遍认为第三方物流市场有一定的成熟程度。欧洲目前使用第三方物流服务的比例约为 76%，美国约为 58%，且其需求仍在增长。研究表明，欧洲 24% 和美国 33% 的非第三方物流服务用户正积极考虑使用第三方物流服务；欧洲 62% 和美国 72% 的第三方物流服务用户认为他们有可能在三年内增加对第三方物流服务的运用。一些行业观察家已对市场的规模做出估计，整个美国第三方物流业有相当于 4200 亿美元的市场规模，欧洲最近的潜在物流市场的规模估计约为 9500 亿美元。

二、第三方物流的特征

第三方物流在发展的过程中逐渐形成鲜明的特征，归纳起来突出表现在五个方面：

（一）第三方物流是合同导向的一系列服务且是有偿服务

第三方物流是根据合同条款的要求，以合同为导向的系列服务，而不是根据客户临时的需求提供的服务。

（二）第三方物流提供个性化的物流服务

第三方物流公司通过与客户订立合同，可以在自己所掌握的资源与客户可以使用的资源的基础上为客户提供定制化的、个性化的服务。

（三）与客户建立长期战略联盟

第三方物流企业不是货代公司，也不是单纯的速递公司，它的业务深深地延伸到客户的销售计划、库存管理、订货计划、生产计划等整个生产经营过程，所以超出了与客户一般的买卖关系，形成了一种长期的战略合作伙伴关系。

(四)以现代信息技术为基础

信息技术是第三方物流生存和发展的必要条件。它包括快速数据交换的 EDI 技术、资金快速交付的 EFT 技术、条形码技术以及网上交易的电子商务技术等。现代信息技术实现了数据的快速传递,提高了业务处理的自动化水平以及各环节运作的一体化程度,使客户把原来由内部完成的物流活动分离出去交给第三方物流公司完成。

(五)第三方物流的服务功能专业化,管理系统化

从物流设计、物流操作过程、物流技术工具、物流设施到物流管理必须体现专门化和专业水平。这既是货主企业的需要,也是第三方物流自身发展的基本要求。同时为了更好地为客户提供物流服务,第三方物流须建立现代管理系统才能满足运行和发展的基本要求。

与一般的物流运作方式相比,第三方物流整合了多个物流功能,能使货主企业集中精力专注于生产与经营,减少雇佣人员并节省在物流方面的开支。并且,物流企业由于集中为多家专门的客户提供全方位的物流服务,也可凭借自身的优势,最大限度地优化物流路线,选择最合适的运输工具,并围绕客户的需要提供诸如存货管理、生产准备等特殊服务。

三、第三方物流运作价值

第三方物流服务供应商面临的挑战是要能提供比客户自身物流运作更高的价值。他们不仅考虑同类服务提供者的竞争,还要考虑到潜在客户的内部运作。第三方物流提供商一般需要从提高物流运作效率、与客户运作的整合、发展客户运作三方面创造运作价值。

(一)提高运作效率

物流运作效率的提高意味着对每一个最终形成物流的单独活动进行开发(如运输仓储等)。例如仓储的运作效率取决于足够的设施与设备及熟练的运作技能。在作业效率范围内另一个更先进的作用是协调连续的物流活动。除了作业技能外,还需要协调和沟通技能。协调和沟通技能在很大程度上与信息技术相关联,协调与沟通一般是通过信息技术这一工具来实现的。如果存在着有利的成本因素,并且公司的注意力集中在物流方面,那么用较低的成本提供更好的服务是非常有可能的。

(二)客户运作整合

第三方物流服务带来增值的另一个方法是引入多客户运作,或者是在客户中分享资源。例如,多客户整合的仓储和运输网络,可以利用相似的结合起来的资源,整合的运作规模效益成为提高效率的重要方面。第三方物流整合运作的复杂性很高,需要更多的信息技术与技能。这一整合增值方式对于单个客户内部运作的很不经济的运输与仓储网络也适用。因此,表现出来的规模经济效益是递增的,如果运作得好,将导致竞争优势及更大的客户基础。当然,一些拥有大量货流的大客户也常常投资协调和沟通技能及其资产,自行整合公司的物流资源。

(三)横向或者纵向整合

前面讨论的主要是第三方物流客户的内部运作外包化带来的效率的提高,其实从第三方物流服务供应商角度,也需要进行资源整合,业务外包。对无资产主要是以管理外部资源为主的第三方物流服务提供商,这类公司为客户创造价值的技能是强有力的信息技术和物流规划管理与实施等技能,它可以通过纵向整合,购买具有成本和服务优势的单项物流功能作业或资源,发展同单一物流功能提供商的关系,也是创造价值的一种方法,这样,物流供应商可以专注于自己和新的能力的服务。在横向上,第三方物流公司如果能够结合类似的但不是竞争的公

司,可以联合为客户服务,扩大为客户提供服务的地域覆盖面。

(四)发展客户运作

第三方物流公司为客户创造价值的另一类方式是通过发展客户公司及组织运作来获取价值,这种第三方物流服务接近传统意义上的物流咨询公司所做的工作,所不同的是这时候提出的解决方案要由物流供应商自己来开发,完成运作。增值活动中的驱动力在于客户自身的业务过程,所增加的价值可以看作缘于供应链管理与整合。

四、第三方物流的成本价值

在竞争激烈的市场上,降低成本、提高利润率往往是企业追求的首选目标。这也是物流在20世纪70年代石油危机之后其成本价值被挖掘出来作为"第三利润源"受到普遍重视的原因。物流成本通常被认为是企业经营中较高的成本之一,控制物流成本,就等于控制了总成本。完整的企业物流成本,应该包括物流设施设备等固定资产的投资、仓储、运输、配送等费用(即狭义的物流费用),以及为管理物流活动所需的管理费、人工费和伴随而来的信息传递、处理等所发生的信息费等广义的物流费用。在衡量物流成本的增减变动时,应全面考虑所有这些费用构成的物流总成本,而不能仅以运输费用和仓储费用的简单之和作为考察物流成本变动的指标,否则企业在进行物流成本控制或采用第三方物流后,最终核算时有可能会得出企业物流成本不降反升的错误结论。

五、第三方物流运作流程

第三方物流是合同导向的一系列物流服务,它的正常运作是建立在现代化电子信息技术基础上的。完善物流管理,从供应链角度讲,要求各参与方密切合作,整条供应链上的制造、存货、运输、选址等系列活动,要有序安排、统筹考虑。由于供应链范围广泛,起初,3PL企业可能只为顾客在物流系统中某几个环节提供服务(比如仓储环节和配送环节),但应通过组织和策划,努力把这些单项服务有机地结合起来,使顾客接受全套解决方案并实现价值的增加,尽量达到"按需运送、零库存、短在途、无缝隙传输"的物流理想状态。

第三方物流中心作为物流服务的提供商,其物流作业涉及制造厂商、原材料供应商、分销商、零售商、消费者等之间的物流活动。因此,其信息系统需要涉及从供应方到最终消费者的各个层面。

在物流从供应方到需求方的过程中,一般业务流程需经过入库的配送(货物受理)、入库、在库管理、出库、面向需求方的配送五个环节,如图9-1所示。

基于仓储配送的物流中心,其入库的配送环节中主要的物流作业为货物受理,包括接单、验货、信息输入等;之后进入入库环节,物流信息系统要对需要入库的货物进行分配、搬运等,将产品入库并合理的分配货位;库存管理环节有库存查询、盘点、移位、货物在库量管理以及货位管理等过程;出库环节有分拣、包装、分运、出库等;出库的配送环节有车辆调度、定制配载计划等流程。

从以上的流程分析可以看出,仓储和配送是第三方物流管理的两个基本内容,其他作业环节是伴随着这两项内容而发生的,现代物流管理的目标诸如规范化流程、快速反应、提高服务质量等也是以这两项内容为基础。在构筑物流信息化平台的过程中,围绕着仓储和配送逐步扩展,可以使信息系统和作业流程有机地结合起来。

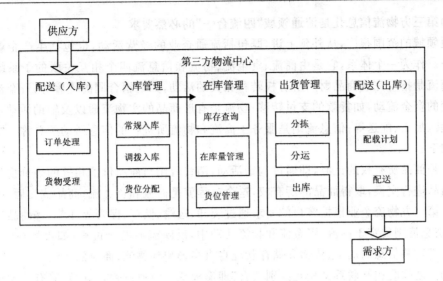

图 9-1　一般业务流程图

第二节　第三方物流信息化

一、第三方物流信息化

第三方物流信息化就是物流企业利用现代信息技术,通过信息资源的深入开发和广泛子化,不断提高物流运作的效率和服务的水平,进而提高企业经济效益和企业竞争力的过程。当前对于物流企业投资有这样一个模型,如图 9-2 所示。

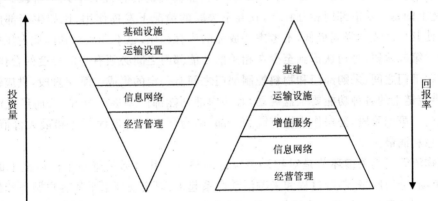

图 9-2　物流投资与效益回报分析

从模型上可以看出基建投资占比重最大而回报率最低。一般来说,企业自己盖仓库加上占地,一平方米的投入都在千元以上,而仓租收入为 8～12 元/平方米。什么时候才能收回呢?反之,把资金投入物流信息化建设上,则可以实现较高的投资收益率,为企业创造巨额的利润,其主要原因有三个方面。

(一)第三方物流信息化是流通领域"四流合一"的必然要求

流通领域的范围很广,从外延上讲,既包括流通企业的经营活动,也包括生产企业相关的购销业务。作为一个体系,它是由商流、资金流、物流和信息流四个相互关联的子系统共同组成的。商流是指与完成商品财产所有权转移相关的活动,如购销合同的签署等;资金流是伴随商流发生的资金流动,如货款的支付转移;物流是有形商品的实物流通以及辅助活动,如运输、仓储、包装、加工、配送等;信息流则是服务于商流和物流所进行的信息活动的总称。"四流"衔接过程如下:

首先是商品所有权的让渡,即通过购销活动,消费者用与商品价值相等的等价物与生产者手中的商品进行交换,取得商品的所有权,这个过程就是商流和资金流;商品成交后,即开始物流过程。第三方物流企业根据客户的要求通过装卸、运输、储存、保管等环节,将商品送到购买者手中;信息流则贯穿于商流、资金流和物流活动中,反映流通的全过程,如市场行情、物流进程等。对于这些信息的加工、传递和储存状况将直接影响到物流、商流的运动。

"四流"之间既相互联系又相互区别,"合"即形成统一流通过程,"分"则富有彼此独立的运动形式和客观规律。其中信息流在流通过程中起指导和控制作用,并为其他活动提供经济决策的依据。

(二)第三方物流信息化是现代物流企业实现供应链管理的必备条件

供应链(Supply Chain)由波特的价值链理论(Value Chain)发展而来。波特指出,任何一个组织均可看作是由一系列相关的基本行为组成,这些行为包括从供应商到消费者的物流、信息流和资金流的流动。它是一种包括理解和管理生产者到消费者之间行为次序的战略概念。

供应链管理是一种集成的管理思想和方法,它执行供应链中从供应商到最终用户的物流的计划和控制等职能。马丁·克里斯多夫教授认为,供应链管理实际上是物流管理的延伸。物流管理主要涉及组织内部商品流动的最优化,而供应链管理强调只有组织内部的合作和最优化是不够的。实际上,供应链上的企业之间及企业内部的合作经历了几个阶段。在第一阶段,供应链上的每一功能部门相互独立,在互不关联的情况下发挥作用,比如生产部门通过大量生产来使其生产成本降到最低,不考虑产成品的库存积压,也不会注意到因此占压的库房和流动资金。第二阶段,公司认识到至少在相关的功能部门之间必须有一定程度的合作,如配送部门和库存部门之间、采购部门和物料控制部门之间有一定的集成。第三阶段,供应链的集成度更高,供应链上的各种功能要全盘规划,有些内部功能部门要进行合并,从而形成内部集成的功能部门。第四阶段,公司作为供应链的一部分,为顾客提供最优服务和最大价值,同时使供应链的总利润最大化。

现代物流管理的关键环节是对物流供应链的整合。其目标是将整个供应链上的所有环节,包括市场、分销网络、制造过程和采购活动联系起来,以实现高水平的客户服务和低成本的竞争优势。而信息化则是建立供应链物流企业的关键。正如供应链成员之间的实物移动可以创造价值一样,对于和供应链上的"产品流"平行流动的"信息流"进行恰当管理同样重要。

(三)第三方物流信息化是电子商务发展的需要

电子商务是整个贸易活动的电子化,是种全新的贸易形式和手段,对流通领域有着直接的影响。互联网本身所具有的开放性、全球化、低成本、高效率的特征,已成为电子商务的内在特点。电子商务实现的网上销售,实际上破除了商家对各种商品批量购进、集中存贮,然后坐店销售的方式,商品可以直接送到消费者家中。商品交割方式的巨大变化,说明网上购物使传统的物流配送开始向消费者末端延伸,这种转变对传统商品配送体系的结构调整和各类有形零售业提出了尖锐的挑战。电子商务的出现和发展彻底改变了原有物流、信息流、资金流的交互方式和实现手段。20世纪80年代以来,先进的信息技术与管理策略在物流管理中得到广泛应用,促进物流服务范围的扩大和组织管理手段的改进,使得物流管理能力和效率迅速提高。缺少了信息化的物流过程,电子商务过程就不完整。

在我国,电子商务刚刚起步。有关调查显示,汽车行业、电子行业、贸易行业信息化建设水平遥遥领先,参与电子商务的企业比例分别为35.1%,32.3%和29.7%。未来一年内,25.0%的食品企业表示将考虑参与电子商务,而45.0%的建材企业表示较长时间内都将维持现状,不会考虑电子商务。中国电子商务的顺利发展离不开物流基础的进步和完善,但是,我们知道,物流产业是工业化高级阶段的产物,然而,我国的工业化水平还比较低,物流产业的发展较为滞后,大大制约了电子商务的发展。因此,在积极倡导"以信息化带动工业化"的同时,还要积极发展物流产业,加速企业信息化进程。

二、第三方物流企业信息化的特征

在当今激烈的市场竞争中,许多物流企业经营者已逐渐意识到信息化管理对企业的重要性,特别是一些大的物流企业纷纷建立适应自己现代化物流配送的系统"一流三网",即订单信息流、全球供应链资源网络、全球用户资源网络和计算机信息网络。

对国内的物流企业而言,传统的经营模式正在发生根本变化,传统的手工管理已经不能适应现代物流发展的需要。现代物流的具体作业可以从两个方面描述:在市场营销方面,物流管理包括分配计划、运输、仓储、市场研究、为用户服务五个过程;在流通和服务方面,物流管理过程包括需求预测、订货过程,原材料购买、加工过程,即从原材料购买直至送达顾客的全部物资流通过程。在以上的两方面中任何一个环节和过程都需要现代网络技术和信息技术来辅助企业完成物流配送。

网络把原来物流配送中心的单向管理模式变成双向、互动、交流型的管理模式,因此,第三方物流企业的信息系统建设是必不可少的重要内容。只有在信息系统上加大投入,才可以改变自己的市场定位。也只有通过这些现代化的配送系统,才可以及时、准确地提供信息,辅助企业进行优化决策,提高劳动效率,使配送中心作业简单化,并降低物流配送成本。

同其他领域的信息化相比,第三方物流企业的信息化又具有其本身的特征,主要表现在四个方面。

1.信息的标准化和通用性

由于物流是一个大范围的活动,物流的信息源分布在一个很大的范围内,信息源点多、信息量大,如果在这个大范围内未能实现统一的管理和规范标准,则会使得信息缺乏通用性,甚至失去自身价值。

2.物流信息的动态性强,信息的价值衰减速度很快

对信息工作的及时性要求很高,在大的系统中,为了确保信息的及时性,信息的收集、传输、加工和处理都要加快速度。

3.信息的自动识别功能

物流信息的种类很多,不仅系统内部各个环节有不同的信息种类,而且由于物流系统与其他系统之间有密切的联系,因此,还必须收集、整理并识别这些不同类型的信息。

4.信息系统具备智能化决策功能

现代物流的智能化已经成为电子商务环境下物流发展的一个方向。智能化是物流自动化、信息化的一种高层次应用,物流作业过程中大量的运筹和决策,如库存水平的确定、运输路线的选择、作业控制、自动分拣机的运行、物流配送中心经营管理的决策支持等问题都可以借助于专家系统、人工智能等相关技术加以解决。

总之,第三方物流企业的信息化应该是集服务化、智能化、柔性化、国际化于一体的高效率的信息系统,只有这样,才能真正将现代信息技术与物流配送有机地结合起来,提高企业的市场竞争能力,更好地为电子商务和物流配送企业服务。

三、当前第三方物流企业信息化存在的问题

第三方物流信息化的任务是根据企业当前开展物流服务的情况和可以预见的发展趋势,对物流信息从起点到终点的数据采集、处理及存储等要求,选购和构筑由信息设备、通信网络、数据库和支持软件等组成的环境,开发信息系统,促进物流的信息化、网络化、智能化,以改进当前的物流管理水平,做出更好的物流决策。目前,第三方物流信息化的核心是建立适合本企业的物流信息系统。

当前,虽然我国的一些大中型国有企业如中远集团、中海集团、中外运等已经认识到开展物流服务对企业进一步生存和发展的重要性,而且竞相将物流定为 21 世纪的战略目标,但普遍存在的问题是:"硬件"基础设施方面大量投入,但是信息系统和管理水平距跨国物流经营的要求差距还很大,有待提高。

(一)现有系统不能适应第三方物流进行全球物流供应链管理的需要,成为影响各公司进一步发展的瓶颈之一

现代物流服务的内涵和外延,不是当前单独某个公司所能及的。由于传统的运输业、仓储业等各自为政、独自经营,相互间缺乏有效的协调,造成服务效率低下,社会资源极大浪费,表现在:现有的信息系统都是以单项应用为主,原来以运输业为主要业务的信息系统只限于运输业务,以仓储业为主要业务的信息系统也仅限于仓储,不仅数据共享存在问题,而且集成化程度低,形成不了逻辑上集中的数据库管理,与第三方物流信息系统要求的实现货物全过程的信息跟踪与信息反馈相差甚远。

(二)信息系统的建设资金投入力度不够

日本学者中田信哉指出:旧物流时代用"硬技术"改善物流,现代物流用"软技术"改善物流。知识经济时代竞争的成败不再取决于企业的规模、资产、设备,而在于信息资源的开发和利用,凭借网络技术扩充自己的生存空间。建设信息系统是第三方物流公司的重要发展战略。信息系统的建设既是一项高技术密集型工程,又是一项资金密集型工程,它的特点是高投入、高产出、高回报率。据有关材料介绍,国外著名的致力于向第三方物流业进军的航运公司如APL,每年用于信息系统建设的投资一般占年营业收入的 1.3%,而我国超大型企业如中远、中海、中外运等在基础设施如订造租赁超大型集装箱船扩充运力、建造立体仓库等方面的投资力度相对较大,对信息系统的投入虽然已经引起了重视,甚至加大了投入,但比重仍有待提高,而且要注意系统的可行性。

(三)信息系统缺乏总体规划的指导

由于物流信息系统是一项大型的系统工程,不仅要投入大量的人力和物力,还涉及企业的

组织结构、管理体制、工作方法和工作基础等方方面面的因素,其复杂程度和技术难度都很大。信息系统建设的初期应根据企业的实际需求与发展目标,进行总体规划。而另外一个因素也必须考虑到,就是处理好技术引进和二次开发的关系。由于计算机技术的飞速发展、各物流服务公司的业务存在很大的差异性,国际上找不到一套完全适应各企业的通用软件。前期开发的系统所使用的平台和后期开发的系统所使用的平台往往不一致,因此,任何一套软件引进后,都需要根据企业的实际业务功能需求进行二次开发,包括适应性修改和功能的扩充。所以,如何使已开发信息系统与不同平台的物流信息系统部分集成,是第三方物流企业在发展、扩大物流信息化过程中存在的一个问题。

(四)基础管理和队伍建设需要加强

基础管理的标准化和规范化是信息系统建设的先决条件,它包括两方面的内容:数据标准化和管理规范化。信息系统的建设不仅仅是设备、程序和数据问题,还要以人为本。企业应用计算机与其说是技术问题,不如说是管理问题,即人们常说的"三分技术,七分管理"。每一个信息化建设项目的实施都蕴涵着管理的创新,可以不断地提高管理水平和人员素质,提高企业的竞争能力。而在我国普遍存在的问题是:实现信息化的工作人员往往是学校的老师或计算机公司的工作人员,他们对企业的物流管理业务缺乏感性认识,如果企业人员不予配合,他们很难对整个系统流程做出合理的功能需求分析。"闭门造车"所开发出来的系统跟企业的实际工作需求有一定的差距,往往不能令企业管理人员满意。

第三节　第三方物流管理信息系统

信息是物流竞争的关键因素,物流管理信息系统是第三方物流的灵魂,竞争性的信息系统建立在交易系统的基础上,包括管理控制、决策分析以及制订战略计划模块。先进的信息系统必须把信息的可得性、精确性、及时性、异常性、灵活性以及适当的形势等特点结合起来。物流管理信息系统是把各种物流活动与某个一体化过程连接在一起的通道。物流管理信息系统是硬件和软件的结合,从而实现对物流活动的各个环节进行管理、控制和衡量。物流管理信息系统的硬件包括计算机、输入输出设备和存储媒体等。物流管理信息系统软件包括用于处理交易、管理控制、决策分析和制订战略计划的系统和应用程序。

一、第三方物流管理信息系统概念

物流信息可以从狭义和广义两方面来考察。从狭义范围来看,物流信息是指与物流活动(运输、保管、包装、装卸、流通加工、配送等)有关的信息。在物流活动的管理与决策中,如运输工具的选择、运输路线的确定、每次运送批量的确定、在途货物的跟踪、仓库的有效利用、最佳库存数量的确定、订单管理、如何提高服务水平等,都需要详细和准确的物流信息,因为物流信息对运输管理、库存管理、订单管理、仓库作业管理等物流活动具有支持保障功能。

从广义范围来看,物流信息不仅指与物流活动有关的信息,而且包括与其他流通活动有关的信息,如商品交易信息和市场信息等。商品交易信息是指与买卖双方的交易过程有关的信息,如销售和购买信息,订货和接受订货信息,发出货款和收到货款信息等。市场信息是指与市场活动有关的信息,如消费者的需求信息、竞争者或竞争性商品的信息、销售促销信息,交通通信等基础设施信息等。在现代经营管理活动中,物流信息与商品交易信息、市场信息相互交叉、融合,有着密切的联系。例如,零售商根据消费者需求的预测以及库存状况制订订货计划,直接向生产商发出订货信息,生产商在接到零售商的订货信息后,在确认现有库存水平能满足订单要求的基础上,向物流部门发出发货配送信息,如果发现现有库存不能满足订单要求,则马上组织生产,再按订单上的数量和时间要求向物流部门发出发货配送信息。由于物流信息与商品交易信息和市场信息相互交融,密切联系,所以广义的物流信息还包括与其他流通活动有关的信息。广义的物流信息不仅能起到连接整合生产、经过批发商和零售商最后到消费者的整个供应链的作用,而且在应用现代信息技术的基础上能实现整个供应链活动的最大效益,具体说就是利用物流信息对供应链各个企业的计划、协调、顾客服务和控制活动进行有效管理。

对综合型的第三方物流来说,以"第三方物流"为核心的物流管理信息系统功能围绕订单展开,即通过订单确立物流服务委托,根据订单提供仓储、运输、流通加工等物流服务,对照订单跟踪、反馈服务的进展情况,同时主要以订单为单位进行费用结算。

第三方物流管理信息系统是第三方物流企业管理信息系统的一个重要子系统,是通过对第三方物流企业相关的信息进行加工处理来实现对物流的有效控制和管理,并为物流管理人员及其他企业管理人员提供战略及运作决策的人机决策系统。一个真正有效的物流信息系统首先是一个管理子系统,是对企业内部、外部资源的计划和管理,并能面向企业供应链的全过程。它将赋予企业全新的生命力和助动力,并将促进企业现代管理的革新。第三方物流管理信息系统是专门针对第三方物流企业设计开发的物流信息系统,是第三方物流服务的集成化、信息化、网络化与智能化。

第三方物流管理信息系统的要素包括:(1)模块,它是处理数据和信息的实际程序,如登录订货或分配存货;(2)数据文件,它是存储具体任务数据的信息结构,如订货或存货记录;(3)管理和数据登录活动,它代表了物流管理信息系统必须从外部环境,如决策者或另一家厂商得到输入的界面;(4)报告,它提供了有关物流活动的信息和履行链接;(5)通信链接,它是物流管理信息系统组件与外部环境之间的内部和外部界面。

二、第三方物流管理系统的业务流程分析

第三方物流基本作业流程为:第三方物流企业接受客户的配送请求后,进行有关的订单审核、分类等处理,并根据订单安排货物的进出库,拟订配送计划,力求按照客户需求将货物准确、及时地从市场供应方运送到市场需求方手中,如图9-3所示。

(一)订单处理

订单处理不但是第三方物流业务的开始,也是信息系统中数据的起点。高效的订单处理是整个信息系统成功的关键。订单业务贯穿于整个第三方物流的每个环节,无论是仓储管理,还是配送发货,都要按照订单的要求操作。

用户通过Internet、电话、传真等方式下订单,系统接受后,对客户的身份以及信用额度进行验证,只有验证通过后,才能提供服务。由于客户的来源不同,他们对服务的要求也不同,对有的客户请求需要及时地响应,而有的请求则可以适当地延迟;也有的客户是会员,即长期的伙伴关系,有的则是第一次的合作伙伴,因此,对订单要进行分类整理。订单确认后,系统将设定订单号码,并将订单的相关信息传递给仓储、配送、财务等部门。具体的业务流程图,如图9-3所示。

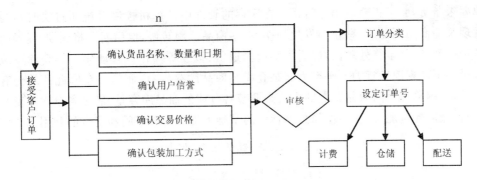

图 9-3　订单业务流程图

现代物流企业常常采用电子订货系统(EOS)实现订单处理的信息化,即企业间以及企业内部利用通信网络和终端设备以在线联结(ON-LINE)的方式进行订货作业和订单信息交换的系统。相对于传统的订货方式,如上门订货,邮寄订货,电话、传真订货等,EOS 系统的目标主要有:

1. 提高服务质量

EOS 系统能够对客户需求做出快速响应,同时能够满足顾客对商品少批量、多批次的要求,缩短从接到订单到发货的时间,缩短订货商品的交货期,实现迅速、高效地处理和交付货物。

2. 减少订单的出错率

EOS 系统对订单的执行情况进行跟踪,从而做到各个环节的操作都以订单数据为基础,减少缺货、错发等现象的发生。

3. 提高工作效率

实施 EOS 系统可以减轻体力劳动,减少事务性工作,减少以前专门派人去收订单、登记、汇总等繁杂的手工劳动,以前三小时至半天的手工工作量,实施 EOS 系统后,十分钟即可完成。通常退货处理要比一般订货处理多花五倍的工时,实施 EOS 系统后,可在一定程度上避免退货,从而提高工作效率。

(二)仓储管理

仓储管理的主要任务是对整个库存商品的现状进行跟踪和全面管理,包括入库管理、出库管理、库存控制等。自动化立体仓库现已广泛运用在企业物流自动化领域,自动化是指由电子计算机进行管理和控制,不需要人工搬运作业,而实现收发作业的仓库,立体仓库是指采用高层货架以货箱或托盘存储货物,用巷道堆垛起重机以及其他机械进行作业的仓库,上述两种仓库的作业结合称为自动化立体仓库,它通过计算机技术对存储物资进行编码、入库、出库、分拣管理,并自动完成物资的存取及输送,以及利用射频等技术及时掌握库存和库位分配状况,将货物的库存量保持在适当的标准之内。

仓储管理的作业流程如图 9-4 所示,商品送到某仓库后,一般卸在指定的进货区,在进货区装有激光条形码识别装置,经过激光扫描确认后,计算机自动分配入库库位,打印入库单,然后通过相应的输送系统送入指定的正品存放区的库位中,正品存放区的商品是可供配送的,这时总库存量增加。对验收不合格的商品,暂时另行存放,并登录在册,适时退给供货商调换合格商品。调换回的商品同样有收货、验货、入库的过程。当仓库收到配送中心的配货清单后,按清单要求备货,验证正确后出库待送。在库存的管理中计算机控制系统通过实时监控体系也会发现某些商品因储运、移位而发生损伤,有些商品因周转慢,保质期即将到期,需及时对这些商品进行处理,移至待处理区,然后做相应的退货、报废等操作。自动化立体仓库系统在发货过程中如果发现因发货的不平衡引起某仓库某商品库存告急,而另一仓库此商品仍有较大库存量时,系统可用库间商品调拨的方式来调节各分库的商品库存量,满足各分库对商品的需求,增加各库的配货能力,在不增加总库存量的基础上提高仓库空间和资金的利用率。

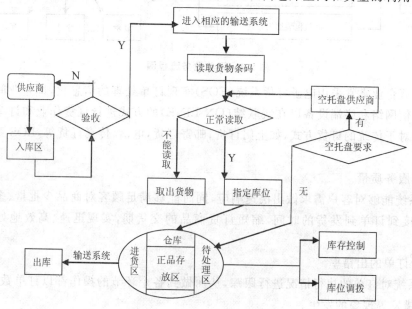

图9-4　仓储管理业务流程图

自动化立体仓库的目标是要提高仓库空间利用率,对库位实行集中控制,便于管理,能够以较小的面积提供高容量的储存功能;提高货物管理质量,对库存进行实时监控,及时掌握库存状况,同时采用托盘或货箱储存货物,货物的破损率将显著降低;提高劳动生产率,降低劳动强度,使仓库作业全部实现机械化和自动化。

(三)配送处理

配送系统根据订单的要求,结合库存的情况,制订经济可靠的配送计划,对货物进行相关的补货、拣货、分货、送货等作业(如图9-5所示),将货物及时、准确地送到客户手中。

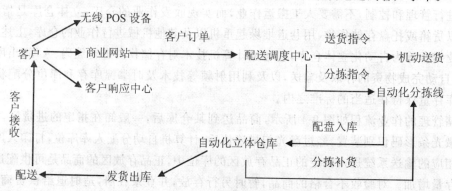

图9-5　配送处理业务流程图

补货作业的目的是保证拣货区有货可拣。通常是以托盘为单位,将货品从货物保管区移到另一个按订单拣取用的拣货区。

拣货是指配送中心根据订单所规定的商品品名、数量和储存库位地址,将商品从货垛或货架上取出,搬运到理货场所,在现代化配送中心,在货架的每一货格上安装电子数字显示器,作业人员按照货位指示灯和数字显示器立即可以获知所需商品在货架的具体位置和数量,并可按照指令取货,这就是所说的"电子标签拣选系统"。

拣货作业完成后,再将商品按照不同的客户或不同的配送路线做分类的工作,就称之为"分货",目前,一个配送中心的日分拣量超过 5 万件、一次分拣的客户超过 100 个的情况已很常见,人工分拣根本无法满足大规模配送中心的要求,随着激光扫描、计算机控制、条形码、射频技术等高新技术日新月异的发展,国内外许多大中型配送中心都广泛使用自动分拣系统,它大体上由收货输送机、喂料输送机、分拣指令设定装置、合流装置、分拣输送机、分拣卸货道口、计算机控制器等七部分组成。

现代送货作业能够通过智能系统、专家系统的决策分析,自动生成最佳的配车计划、配送路线,降低运输的空驶率和运输成本,通过车载终端设备、GPS 卫星定位技术、GSM 无线通信技术、GIS 地理信息系统技术、互联网技术等形成一个完整的 GPS 车辆监控系统,实时获得监控车辆的地理位置、运行方向、运行速度以及各种状态信息,并实现对车辆的分层次监控、调度、信息交流、报警等功能。

配送系统的目标有下列几点:

(1)提高单位时间内的商品处理量,降低备货的差错率。通常利用自动选货、分货系统每小时的处理量可达 6000～10000 箱,错误率在万分之零点几。

(2)时效性。要确保能在指定的时间内交货,如途中因意外不能准时到达,必须立刻与总部联系,由总部采取紧急措施,确保履行合同。

(3)可靠性。货品应完好无缺、准确无误地送达目的地。

(4)便利性。配送系统最重要的是要对客户提供方便。因而对于客户的送货计划应具有一定的弹性,如紧急送货、辅助资源回收等,建立企业的快速市场反应机制。

(四)财务结算

对企业所有的物流服务项目进行结算,包括各项费用如仓储费用、运输费用、装卸费用、行政费用、办公费用的结算,与客户应收、应付款项的结算等。系统将根据合同、货币标准、收费标准并结合相关物流活动自动产生结算凭证,为客户提供完整的结算方案和各类统计分析报表。

案例分析

基于 RFID 条码技术的第三方物流仓储系统解决方案

射频识别(Radio Frequency Identification,RFID)是一种非接触识别技术,具有信息存储量大、识别迅速、标签不易损坏等优点。使用 RFID 对农产品生产、加工、存储和销售全过程进行跟踪,追溯食品的生产和加工过程,能够有效地加强农产品的管理。

精诚 RFID 条码质量追溯系统由 RFID 标签、读写器和天线组成,软件系统包括数据采集和应用系统两部分,基于先进的 RFID 条码设备实现各类农产品从生产、加工、运输、储存和销售过程的全生命周期追溯,提高产品安全和质量。

　　RFID 标签用于标识目标对象，它由耦合元件和芯片组成，可以存储识别对象的相关信息。每个 RFID 标签具有唯一的电子编码。在 RFID 标签内含有内置天线，能够和读写器的射频天线进行通信。按照能量供给方式的不同，RFID 标签分为有源、无源和半有源三种类型。按照 RFID 标签存储内容是否可以写入，RFID 标签分为可读写、一次写入多次读出和只读类型。

　　在实际应用中，RFID 标签的工作频率是一个很重要的参数，标签的工作频率直接决定了 RFID 系统应用的各方面特性。按照工作频率的不同，RFID 标签可分为低频、高频、超高频和微波频段的标签。低频标签主要应用于动物识别、容器识别、工具识别、车辆门禁系统等领域；高频标签主要应用于图书管理、物流管理、固定资产管理、智能货架管理等领域；超高频标签主要应用于供应链管理、生产线自动化的管理、集装箱管理和高速公路收费等领域；微波频段的标签也已经开始应用。

　　读写器用于对 RFID 标签进行识别，能够对 RFID 标签的内容进行读、写操作。读写器分为固定式和手持式，可根据不同的情况选择使用。在实际应用中，还经常把读写器和计算机系统相连接，利用计算机对读写器收集到的数据进行进一步的分析和处理；当同时使用多个标签时，读写器之间可能会互相干扰。

　　天线用来在 RFID 标签和读写器间传递射频信号。为了提高识别的准确度，使用时应尽量使读写器的天线面向识别目标的标签。因为产品标签的方面不便控制，有时需要在多个方面配置天线，所以，目前已有很多支持多个天线的读写器。

　　与目前常用的条形码技术相比，精诚 RFID 条码质量追溯系统具有多方面的优势，如识别距离远，识别时不需要标签视觉可见，能够在恶劣环境中使用，内容可以更新，能够批量读取多个标签，信息量大，容易仿制等。这些优点使得 RFID 在农产品管理领域具有广泛的应用前景。

一、RFID 在农产品管理中的应用方式

　　精诚 RFID 条码质量追溯系统在生产阶段，生产者把产品的名称、品种、产地、批次、施用农药、生产者信息及其他必要的内容存储在 RFID 标签中，利用 RFID 标签对初始产品的信息和生产过程进行记录；在产品收购时，利用标签的内容对产品进行快速分拣，根据产品的不同情况给以不同的收购价格。

　　在加工阶段，利用 RFID 标签中的信息对产品进行分拣，符合加工条件的产品才能允许进入下一个加工环节。对进入加工环节的产品，利用 RFID 标签中记录的信息，对不同的产品进行有针对性的处理，以保证产品质量；加工完成后，由加工者把加工者信息、加工方法、加工日期、产品等级、保质期、存储条件等内容添加到 RFID 标签中。

　　在运输和仓储阶段，利用精诚 RFID 条码质量追溯系统标签和沿途安装的固定读写器跟踪运输车辆的路线和时间。在仓库进口、出口安装固定读写器，对产品的进、出库自动记录。很多农产品对存储条件、存储埋单有较高的要求，利用 RFID 标签中记录的信息，迅速判断产品是否合适在某仓库存储，还可以存储多久；在出库时，根据存储时间选择优先出库的产品，避免经济损失；同时，利用 RFID 还可以实现仓库的快速盘点，帮助管理人员随时了解仓库里产品的状况。

　　在销售阶段，商家利用精诚 RFID 条码质量追溯系统标签了解购入商品的状况，帮助商家对产品实行准入管理。收款时，利用 RFID 标签比使用条形码能够更迅速地确认顾客购买商

品的价格,减少顾客等待的时间。商家可以把商场的名称、销售时间、销售人员等信息写入
RFID 标签中,在顾客退货和商品召回时,对商品进行确认。

当产品出现问题时,由于产品的生产、加工、运输、存储、销售等环节的信息都存在 RFID
标签中,根据精诚 RFID 条码质量追溯系统标签的内容可以追溯全过程,帮助确定出现问题的
环节和问题产品的范围。利用读写器在仓库中迅速找到尚未销售的问题产品,消费者也能利
用 RFID 技术,确认购买的产品是否是问题产品及是否在召回的范围内。

另外,在把信息加入 RFID 标签的同时,通过网络把信息传送到公共数据库中,普通消费
者或购买产品的单位,通过把商品的 RFID 标签内容和数据库中的记录进行比对,能够有效地
识别假冒产品。

二、应用中可能出现的问题

成本和标准是影响 RFID 推广的两个重要问题。目前各国已经制定了多个 RFID 的标
准,但缺乏统一的国际标准。RFID 的成本虽然已经下降了很多,但由于农产品数量众多,而
且有些农产品本身价格就很低,所以,使得 RFID 的成本依然相对较高。目前,可以先在高附
加值的产品上使用;对于低附加值的产品,可以在装箱后,以箱为单位使用。

数据安全和隐私保护也是应用中需要解决的问题。在应用中精诚 RFID 条码质量追溯系
统可有效防止对 RFID 标签内容的非法读写,保证 RFID 标签数据安全,保护购买者的个人隐
私。加密技术是解决问题的一种方法,精诚 RFID 条码质量追溯系统使用加密技术对 RFID
标签的内容加密后,只有被授权用户才能对 RFID 标签内容进行读写操作。

另外,很多农产品含有较多的水分,有些 RFID 标签在水分较多的时候难以正常工作。在
购买 RFID 标签时,需要根据产品情况进行选择。

结束语

RFID 技术具有很多的优点,把 RFID 应用到农产品的管理中,能够有效地加强对农产品
的监管,提高管理水平,增进食品的安全。虽然 RFID 在应用中还有一些问题需要解决,但是
其应用前景是十分广阔的。

精诚 RFID 条码质量追溯系统基于先进的条码技术和信息化手段,帮助企业实现条码化
管理的同时,建立完善的产品生命周期追溯体系,一方面提高企业管理效率,提升企业现代管
理水平,塑造企业核心价值,另一方面帮助企业优化流程,调整经营结构,加强供应链间企业的
协同,从而实现企业间信息化应用的集成。

本章小结

本章主要介绍了第三方物流管理信息系统。学习本章,主要理解第三方物流管理信息系
统的概念,掌握第三方物流运作流程,了解第三方物流企业信息化的特征,了解当前第三方物
流企业信息化存在的问题,熟悉第三方物流管理信息系统的业务流程。

关键概念

第三方物流　　第三方物流信息化　　第三方物流管理信息系统

复习思考题

1.简述第三方物流的特征。

2. 第三方物流企业信息化的特征。

3. 当前第三方物流企业信息化存在的问题。

4. 分析第三方物流的优势。

5. 分析第三方物流运作流程。

6. 第三方物流管理信息系统的业务流程。

第十章　企业资源计划及供应链管理信息系统

☞　**引例:美特斯·邦威:ERP 信息系统的力量**

　　美特斯·邦威创立于 1995 年,创业之初看准了价格相对便宜的年轻休闲服装市场推出 T 恤、夹克等,取得了良好的商业效益,当年销售收入达到 500 多万。在其成功经验中,ERP 是美特斯·邦威的三大法宝之一。随着美特斯·邦威第一代 ERP 系统上线,从 1995 年到 2000 年,订单交货周期由 15 天下降到 8 天;应收账款周转天数从 30 天下降到 2 天。2001 年,集团做出放弃老一代 ERP 平台,重新全面规划开发新的、基于 WEB 架构的 ERP 平台的决策。美特斯·邦威和道讯科技通力合作,针对品牌连锁企业的行业特点和美特斯·邦威的企业特色,经过深入业务的需求分析和客户化开发后,量身打造出切合美特斯·邦威业务流程和管理需要的、实用型的 ERP 系统。系统涵盖了总部系统、工厂系统、代理商系统、专卖店系统,还包括与电子商务系统等外部系统的接口。系统 2002 年在总部正式启用,并向各分公司、制造商、代理商和专卖店推广实施,范围遍布 800 多个市县。推广工作于 2003 年全部完成。敏捷的第二代 ERP 平台不仅使订单处理、财务结算等均从原来老系统至少需要两三天,变成了实时完成,而且订单交货周期由老系统的 8 天下降到 2006 年的 3.3 天。

　　——资料来源:据网上资料整理。

　　企业资源计划(Enterprise Resource Planning,ERP)已经成为当前我国企业界和学术界的研究热点之一,已经有越来越多的企业重视并采用 ERP 思路进行企业管理,ERP 专业软件也层出不穷,在更大程度上推进了 ERP 的应用。供应链管理是目前企业管理界另一热点,是企业管理范围的有效延伸,通过与 ERP 理念的结合,能实现企业自身效益与企业关系协调,进而带来企业上下游合作伙伴整体效益大幅上升。

第一节　企业资源计划(ERP)

　　ERP 管理思想与技术经历了 30 多年的发展变革,从物料需求计划(Material Requirement Planning,MRP)到制造资源计划(Manufacturing Resource Planning,MRPII),再进一步发展到企业资源计划 ERP,逐渐成熟。ERP 技术大致上经历了以下几个阶段:

一、物料需求计划

(一)MRP 的基本原理
物料需求计划是 20 世纪 60 年代美国生产管理和计算机应用专家欧·威特和乔·伯劳士

对 20 多家企业进行研究后提出来的。

制造业区别与金融业、商业、采掘业(石油、矿产)、服务业的主要特点是供方买来原材料，经过加工或装配制造出产品销售给需求方。制造业的经营生产及其信息系统都是围绕其产品展开的，所谓 MRP 就是从最终产品的生产计划(独立需求)反推出相关物料(原材料、零部件等)的需求量和需求时间(相关需求)，并根据物料的需求时间和生产(订货)周期确定其开始生产(订货)的时间。

MRP 系统主要用于生产"组装"型产品的制造业，如果把工艺流程(工序、设备或装置)同产品结构集成在一起，就可以把流程工业的特点融合进来。通俗地说，MRP 系统是一种保证既不出现短缺，又不积压库存的计划方法，解决了制造业所关心的零部件缺货与库存超储的矛盾。

(二)MRP 系统的逻辑流程

从物流的角度，MRP 实际上反映了一种物料流向的运作方式。MRP 系统基本逻辑流程如图 10-1 所示，该系统主要包括：主生产计划 MPS、物料需求计划 MRP、能力需求计划 CRP、执行物料计划和执行能力计划等部分。生产物流的计划与控制就是在 MPS 的驱动下，围绕MRP，依靠 BOM 表与库存信息等基本数据进行的。

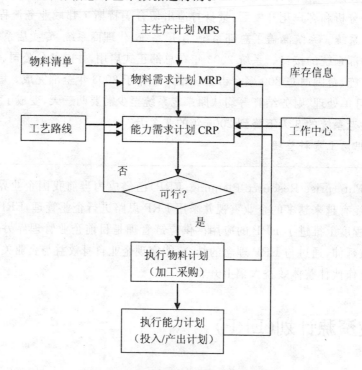

图 10-1　MRP 系统的基本逻辑流程

该系统分为生产计划与计划执行两大部分：

1. 生产计划

主生产计划是确定每一个具体的最终产品在每一个具体的时间段内生产数量的计划，它是展开物料需求计划与能力需求计划的主要依据和驱动要素，也就是它除了要反应市场需求和合同订单以外，还必须满足企业的生产能力约束条件，是实现 MRP 系统的现实性和有效性的必要条件；然后 MRP 系统根据主生产计划计算出物料需求的时间和数量，特别是相关需求物料的时间和数量,使系统知道企业所制造的产品结构和所有要使用的物料,其中产品结构应列出构成成品或装配件的所有部件、元件、零件等的组成、装配关系和数量要求,同时核查库存信息和物料清单,制订出合理的生产和采购计划;除了要编制物料需求计划外,还要制订能力需求计划,这需要从各个工作中心收集信息,进行详细的数据分析,进而得出结论平衡整个生产。一般地,要对MRP 和 CRP 进行反复调整,使计划可行,当反复调整运算仍无法解决矛盾时,要及时地修改主生产计划 MPS,只有 MRP 和 CRP 运行落实后,才能将生产计划下达给执行层。

2.计划执行

当能力与资源均满足负荷要求时,才能开始执行计划。主要包括执行物料计划和执行能力计划,而要保证实现计划就要控制计划,执行 MRP 时要用派工单来控制加工的优先级,用采购单来控制采购的优先级。加工控制一般由车间作业控制功能完成;采购控制一般由采购供应部门完成。执行能力计划时用投入和产出的工时量控制能力和物流。

这样,基本 MRP 系统进一步发展,把能力需求计划和执行及控制计划的功能也包括进来,形成一个环形回路,成为闭环 MRP,因此,闭环 MRP 成为一个完整的生产计划与控制系统。

(三)MRP 的优缺点及适用范围

1.MRP 的优点

成功地运用了 MRP 系统的企业的成绩表明,MRP 具有以下的优点:

(1)降低库存量以及库存费用的同时,改善库存服务水平,提高供货率。

(2)除了可以有效地配置利用现有资源外,还提高了企业的规范化管理水平,避免了由于人为因素造成的浪费及不合理现象,使企业向着信息化管理、规范化管理迈进。

2.MRP 的局限性

(1)MRP 的处理逻辑建立在固定提前期和无限能力假设的基础上,这与实际生产是不相符的。

(2)没有反映出加工路线的"瓶颈"资源,对计划资源没有划分为关键物料和非关键物料,当能力不足时会不可避免地出现一些关键物料件生产不出来,而生产了许多非关键件,无法装配成所需要的产品,也无法通过外购的方法来解决。

(3)按零件组织生产,不利于需求的反查,MRP 是按照零件组织生产的,在编制 MRP 时,将零部件的不同需求量合并。当生产能力不足时,由于不能确定这些零部件在具体产品中的需求量,因而无法确定具体影响哪些客户订单,更无法针对具体情况做出相应的处理。

3.适用范围

MRP 虽然具有适合于所有库存情况的普遍性特点,它还是比较适用于以下情况:

(1)对产品的需求是非独立的。

(2)这种需求没有联系性。

(3)在计件生产、批量和组装线生产或流水线生产中,或在所有这三种制造方式都被使用的情况下。

二、制造资源计划阶段

(一)制造资源计划的原理

MRP 系统的出现使生产方面的各个子系统得到了一定程度的统一,但生产管理只是涉及企业管理的物流方面,而与企业密切相关的还有资金流,一般是由企业的财会人员单独进行数据的录入和存储,这就造成了数据的冗余甚至导致数据的不一致。

于是,20世纪80年代,人们把生产、财务、销售、工程技术和采购等各个子系统集成为一个一体化的系统,也就是制造资源计划(Manufacturing Resource Planning,MRPII)。

制造资源的基本思想就是以MRP为核心,把企业连成一个有机整体,从整体最优的角度出发,通过运用科学方法,对企业各种制造资源和产、供、销、财各个环节进行有效的计划、组织和控制,共享有关数据,形成一个全面生产管理的集成优化模式。

其结构原理如图10-2所示:

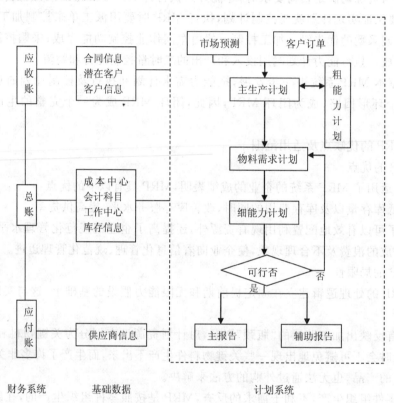

图 10-2　MRP II 结构原理图

它包括决策层、管理层以及执行层的有关计划组成,形成了包括应收、应付、总账和成本的财务管理。从上图中不难看出,产品的整个制造过程都伴随着资金流通的过程。通过对企业生产成本和资金运作成本的掌握,调整企业的生产经营规划,可以得到更可行、可靠的生产计划。

(二)制造资源计划系统主要功能模块

1. 销售管理

MRPII的销售业务管理实现对销售流程的记录、控制以及对销售单据的有效管理。主要完成客户档案管理、销售报价管理、销售订单管理、客户定金管理、客户信用检查、提货单及销售提货处理、销售发票及红冲发票处理、客户退货及货款拒付处理等管理事务。销售管理模块和其他模块相结合,实现数据共享,可以为企业提供市场拓展的资源情况、销售业绩、客户信用、用户拖欠款、库存状态等动态信息。

2.生产计划

计划子系统是系统的核心子系统之一,它可以为企业提供精确的生产计划、采购计划、缩短生产周期、保证生产的顺利进行。它和 MRP 系统的生产计划类似,是将主生产计划的产品分解成各个自制零部件的加工装配计划和原料采购件的采购计划,同时它和主生产计划、车间作业管理、连续式生产、能力需求计划、库存管理和生产数据形成了一个及时反映企业需要生产什么、什么时候生产、生产多少的动态闭环计划系统。

能力需求计划是将生产计划转变为能力计划,根据企业的生产能力,协调能力需求与可用能力之间的关系。它分为粗能力计划和细能力计划,其中粗能力计划是用来检查 MPS 计划的可行性,将主生产计划转换成对相关的关键工作中心的能力需求;细能力计划是用来检查物料需求计划可行性,它根据物料需求计划,对工厂现有能力进行能力模拟,同时根据各工作中心能力负荷的状况判断计划可行性。

3.采购管理

采购业务是一个多环节、连续步骤的系统。采购管理模块可以帮助采购人员控制并完成采购物料从请购计划、采购下达直到货物接收、检验入库的全部过程,可有效地监控采购计划的实施,采购成本的变动及供应商交货履约情况,从而帮助采购人员选择最佳的供应商和采购策略,确保采购工作高质量、高效率及低成本执行。系统支持多币种采购,与生产、库存、应付账管理、质量及成本等子系统均有良好的接口。

4.库存管理

库存管理子系统是一个多层次的管理系统,能帮助企业的仓库管理人员对库存物品的入库(来自企业外部的采购件或者原材料、企业生产出的产品和半成品)、出库(采购来的原材料、储存在仓库的半成品)、移动(原材料或者半成品在不同仓库之间的转换)、盘点、日常报表、期末报表、补充订货和生产补货等进行全面的控制管理,以达到最大限度地降低库存占用,加速资金周转,避免物料堆积或者短缺现象,达到生产经营活动顺利进行的目的。另外,该系统还支持异地库存管理,通过异地库存管理与控制,制定相应的措施,调整库存结构,缩短储备周期,降低物料转移成本,如物流运输费用等。

5.车间管理

车间管理的核心部分就是根据物料需求计划和最终装配设计计划中提供的车间任务数据、产品配置数据,生产数据中提供的工艺路线数据、工作中心数据等编制车间进度计划。该系统的目标就是帮助用户监督和控制车间生产活动,正确安排从车间进度计划生成、车间任务、物料分配、车间任务下达、工作中心派工单生成到车间任务完工入库的全过程,以确保车间任务能够按照要求及时完成。

(三)制造资源计划的特点

制造资源计划有以下特点:

1.MRPII 协调生产制造、工程设计、市场营销和人力资源等部门,为实现共同的策略或商务计划而努力工作,其中生产和财务两个子系统的关系相对来说比 MRP 联系更为密切。

2.MRPII 的所有数据都来源于企业的中央数据库。各个子系统在统一的数据环境下工作,实现了各方面的数据共享,同时也保证了数据的一致性。

3.MRPII 具有很强的模拟功能,可以根据不同的决策方针结果,模拟出各种未来将会发生的情况。例如,模拟生产能力需求,发出能力不足的警告。

4.当外部条件发生变化时,MRPII比较容易将外界变化的因素植入到系统中。例如,突然出现的订货高潮。

5.MRPII可以将已用的或考虑要用的资源的成本转换成相应的货币价值,因此,便于进行预算和预算控制。

三、企业资源计划阶段

(一)企业资源计划的定义

企业资源计划是在MRPII和JIT的基础上,通过前馈的物流和反馈的物流与信息流,把客户需求和企业内部的生产活动,以及供应商的制造资源结合在一起,体现完全按照用户需求制造的一种供应链管理思想的功能网链结构模式。

它的宗旨就是将企业内部和外部资源充分调配和平衡,从而对不断变化的市场需求做出快速反应,提高企业的市场竞争力。

ERP打破了MRPII只局限在传统制造业的格局,并把它的触角伸向各行各业,如金融业、高科技产业等,同时还不断地吸收先进的管理技术和IT技术,如人工智能、精益生产、并行工程等,在动态性、集成性、优化性和广泛性方面得到发展。

(二)企业资源计划系统的管理思想

ERP的核心管理思想就是实现对整个供应链的有效管理,主要体现在以下三个方面:

1.体现了对整个供应链进行管理的思想

在现代社会中,企业同其销售代理、客户和供应商的关系,已经不是简单的业务往来,而是利益共享的合作伙伴关系,所以现代企业的竞争已经演化为企业供应链的竞争。因为单个的企业资源已经不可能有效地参加市场竞争,所以经营过程中的有关各方如供应商、制造企业、分销网络、客户等纳入一个紧密的供应链中,ERP正是根据这一需要,对供应链进行管理。

2.体现精益生产、同步工程和敏捷制造的思想

ERP系统支持混合型生产方式的思想,主要表现在两个方面:其一是"精益生产",即通过消除生产中的浪费来追求最优的循环路线,以此来增加客户的价值,因为最终客户不应该承担供应网络中因为流程浪费而引发的成本、时间和质量方面的损失。其二是"敏捷制造"思想,即对市场或者企业自身的变化进行快速的响应,是一种根据每个最终用户的需求来组织物流能力的实践方法,它涉及我们从焦点公司及其运营原则来构建供应链,转向以最终客户为焦点构建供应链,组织物流的方式从客户订单往前推,换为将产品或服务推向市场。

3.体现了事先计划与事中控制的思想

企业在拥有了客户的订单后,还需要对市场的需求进行合理的预测,衡量自己的生产能力来制订生产计划,同时可以根据ERP系统的模拟功能,预测投入生产后可能产生的不良后果,为事先决策提供依据;同时它的事中控制思想体现在生产制造过程中的各个系统的调节平衡上,使生产顺利平稳进行。

(三)ERP系统的应用特点和优点

1.ERP系统的应用特点

就目前而言,ERP的应用特点可以归纳为:

(1)从技术层面上看,因特网技术已经成为ERP作用下不可逆转的主流,并开始深刻地影

响企业原有的业务运作模式和商业竞争战略。

(2)从应用领域来看,ERP 实施的范围早已突破了传统的离散型制造企业,开始向事业型、政府型、公益型、服务型领域渗透。

(3)从 ERP 本身实施应用的侧重点来看,ERP 正在向 SCM(供应链管理)迁移,而迁移的结果应该是以 CRM(客户关系管理)为导向,也就是供应链的重点正在向 CRM 迁移。

2.ERP 的优点

(1)加快库存周转。生产制造商和配送分销商采用 ERP 后,能成倍地加快库存周转,数据显示可以减少库存成本 10%~40%。

(2)改进客户服务。在许多场合,ERP 系统能在合适的地点、合适的时间,提供合适的产品,在这样的要求下把完成任务比率提高到 80%~90%,大大提高了客户的满意度。

(3)较高库存控制精确度,较少的审计检查。ERP 系统能使库存的精确度提高到 90%,这样对库存实际情况的审计工作量可以大大减少。

(4)减少生产准备时间。采用 ERP 能将类似的生产岗位归类在一起,能综合协调人员、工具和机械,高效地使用主要设备,并通过有效的维护保养把停机停工时间减少到最低程度。ERP 能将生产准备时间减少 25%~80%。

(5)适时地汇总营业收入和加速现金流动。ERP 使得制造商有办法在问题发生之前去主动地检查账户,而不只是对可能出现的问题给予被动反应。

(四)ERP 的主要功能模块

ERP 系统扩充了 MRPII 的制造和财务功能,同时又增加了客户关系管理和供应链管理等内容,并支持流通领域的运输和仓储管理、售后服务管理和在线分析功能;支持制造过程中的质量管理、实验室管理和设备维护管理;近年来互联网发展,ERP 又增加了对电子商务、电子数据交换与大规模信息通信的处理。ERP 系统实际上已经成为对物流资源、信息流资源和资金流资源进行全面集成管理的管理信息系统。

它的主要内容包括:生产控制(计划、制造)、物流管理(分销、采购、库存管理)、财务管理(会计核算、财务管理)和人力资源管理(绩效、工资、培训、招聘)。而且四大系统之间有相应的接口,能够很好地整合在一起来对企业进行管理。

1.财务管理

ERP 系统中,财务管理模块显然是必不可少的一部分,但是它和普通独立的财务软件不相同,因为它和其他的模块例如库存管理模块、销售管理模块等相关模块有相应的接口,可以进行数据的传递以及企业内部信息的集成。一般的 ERP 软件的财务部分分为会计核算和财务管理两大块。

其中会计核算部分主要是记录、核算、反映和分析资金在企业经济活动中的变动过程及其结果。它由总账、应收账、应付账、现金、固定资产、多币制等部分构成。而财务管理的功能主要是基于会计核算的数据,进行数据分析,从而对相关需求进行预测、管理和控制,侧重于财务计划、控制、分析和预测。

2.生产控制管理

生产控制管理是一个以计划为导向的先进的生产、管理方法,是 ERP 系统的核心,它通过订单情况和需求预测,制订主生产计划,再经过系统的层层细分后,由各个部门执行,例如,生产部门按照此计划生产,采购部门按照此计划采购等。ERP 软件将企业的整个生产过程有机地结合起来,使得企业能够降低库存,连贯生产,提高企业的经济效率。

生产控制管理模块主要包括主生产计划、物料需求计划、能力需求计划、车间控制、制造标准(零件代码、物料清单、工序、工作中心)等。

3. 物流管理

物流管理是对企业的产品和原材料的采购、销售、库存等进行相应管理和预测的模块。

采购管理模块是确定合理的订货量和优秀的供应商以及保持最佳的安全储备的管理子系统。

销售管理是从产品的销售计划开始的,对销售产品、销售地区、销售客户等各种信息的管理和统计,并可对销售数量、金额、利润、绩效、客户服务做出全面的分析,为管理层提供决策的依据,而且可以通过系统内各个模块之间的接口,提供相应的信息,例如,可以将产品的销售收入数据进行录入,系统自动将数据传递到财务管理模块等相关模块;库存控制模块是一种相关的、动态的及真实的库存控制系统,它主要用来控制存储物料的数量,以保证稳定的物流支持正常的生产,但又最小限度地占用资本。

4. 人力资源管理

人力资源管理被作为一个独立的模块在 ERP 中实现,和 ERP 中的财务、生产系统组成了一个高效的、具有高度集成性的企业资源系统。它主要包括人力资源规划的辅助决策,招聘管理、工资核算、工时管理、差旅核算等。

除了以上的基本功能外,ERP 还进行了扩展,最常见的扩展功能模块就是供应链管理、顾客关系管理、销售自动化及电子商务。

其中供应链管理(SCM)是将从供应商的供应商到顾客的顾客中间的物流、信息流、资金流、程序流、服务和组织加以整合化、实时化、扁平化的系统,它可以细分为三个区域:供应链规划与执行、运送管理系统、仓库管理系统;顾客关系管理(CRM)系统从企业的现存数据中挖掘关键数据,并对数据进行整理分析,最终得到对现存顾客和潜在顾客合理管理的系统,它可以为顾客提供更加客户化的服务;销售自动化系统(SFA)是指让销售人员跟踪记录顾客详细数据的系统,它可以大幅度改善企业和顾客间的关系,带来更好的销售机会;电子商务(EC)一般是指具有共享企业信息、维护企业间关系和产生企业交易行为等三大功能的远程通信网络系统。

(五)ERP 系统在企业物流中的应用

1. 销售方面

ERP 通过合理的调配机制和信息反馈机制来帮助企业实现对订单和计划执行的动态跟踪,全面准确地掌握销售情况,提高资金回笼的时效性。

2. 生产管理问题

ERP 通过相应的管理模块,使生产流程、业务流程成为高效的"流水线",减少生产中个别物料短缺造成的生产中断,提高生产线的劳动效率,同时又可以减少办公文档的传递工作,提高办公效率,减少职工加班时间。即使在处理紧急任务时,也预先设计出最合理的生产流程,降低无效劳动。

3. 采购管理

ERP 可以实现采购信息的发布与收集,及时把握和分析供货商的相关信息(包括信誉、生产能力),同时进行供货商的延续性管理、客户关系管理及采购过程的公开公正化管理,最终通过准确的采购计划,保证物料供应,为采购人员节省大量精力,降低采购管理成本。

4.库存管理

ERP 系统的合理规划,能及时设定准确的需求计划,可在恰当的时间得到恰当的物料,大大降低库存,降低相应的成本和风险。如果是拥有多个生产基地的集团企业,还可以实现多个生产厂的库存和在途物料的信息共享,由系统自动生成准确的批次物料需求计划,减少库存资金占用,提高库存资金周转次数。

5.财务管理

ERP 的财务系统能更好地实现整合性的功能,简化财务数据的搜集和整理,采用滚动成本核算法,实物账和资金账同时产生,将物流和资金流同时管理,降低财务工作人员的工作量,提高财务数据处理的及时性、准确性。

总而言之,ERP 对于提升企业的管理水平,提高生产效率具有至关重要的作用,我国的现有企业也已经越来越深刻的意识到这一点,虽然企业要实现全面的信息化还任重道远,但是它已经成为不可逆转的主流趋势。

第二节　供应链管理信息系统

一、供应链

(一)供应链的概念

一个或多个制造企业,从向供应商采购原材料和零部件,到自己进行加工制造,再到分销商或零售商将产品销售出去的过程是一个紧密联系且环环相扣的过程,它完成产品从自然状态或者半自然状态到最终产品或者半成品的状态转变,这个过程中,实现了物流、信息流、资金流的统一控制,也实现了产品的价值增值,这个由供应商、制造商、分销商、零售商直至最终用户组成的链状功能网络就叫作供应链,它是比单个企业更加广泛的企业结构模式。

简单明了地说,所谓供应链就是由核心企业上游——供应商、核心企业、核心企业的下游——客户组成的一个完成原材料的采购、产品的制造加工、最终产品的销售的功能网络。

(二)供应链的模型

从供应链的定义,我们可以得出供应链的基本模型,如图 10-3 所示:

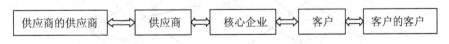

图 10-3　供应链的网络结构模型

1.链状模型

可以想象,企业的相关需求决定了不可能由一个供应商提供原材料,而是实际当中的多家,销售产品的网络情况也是如此,产品从自然界到用户经历了供应商、制造商和销售商,在这个过程中完成产品的加工、出售,并最终被用户消费掉而回到自然界进行循环,如图 10-4 所示。

图 10-5 是对图 10-4 的进一步简化,我们把众多具有相同功能属性(提供原材料的供应商、销售商品的销售商、制造产品的制造商)的企业单位抽象为一个节点,节点以一定的方式和顺序连接成一串,构成一个链条。一般来说,图 10-5 用于供应链过程的研究。

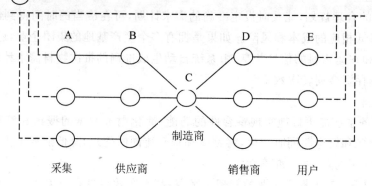

图 10-4 供应链链状模型

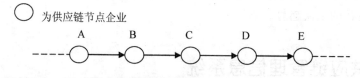

图 10-5 供应链链状模型(简化)

需要说明的是,我们把供应链中物流的方向定义为功能供应链的方向,但是有些特殊情况下,如退货产品的处理,产品在供应链中的流向相反。

2.网状模型

网状模型是对链状模型的进一步扩展,因为实际情况中,供应商不可能只为一个制造企业提供原材料,而是多个。而销售商也不可能只是销售一种产品,而是多种类的集合,这就形成了供应链的网状模型,它更能形象地看出现实世界中的复杂关系,这样我们可以从宏观上轻易地把握供应链,世界上的所有工厂都可以涵盖在这个模型中。有的供应商可能不是一级供应商,但可以是二级甚至 N 级供应商,销售商也是如此。如图 10-6 所示:

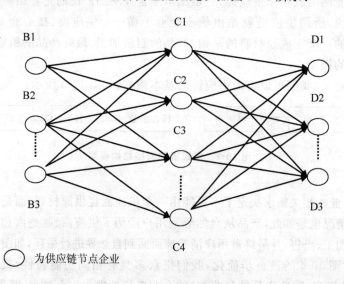

图 10-6 供应链的网状模型

(三)供应链的类型

1."推式"供应链

所谓"推式"供应链,即制造企业通过市场预测和订单来制订生产计划,然后根据生产计划向供应商采购原材料,并将生产出来的产品"推"向市场,寻求用户,它的核心是制造企业,以制造企业为主导来进行生产。

2."拉式"供应链

"拉式"供应链的核心理念是"以客户为中心",为了达到客户的满意来安排生产,制造企业根据市场上的客户需求,制订生产计划,然后再向供应商采购进行生产所需的原材料,这种由客户需求拉动生产的供应链就叫作"拉式"供应链。现在随着市场竞争的加剧,"拉式"供应链更加显示出随客户需求及时变化的优点。

二、供应链管理

(一)供应链管理的概念

当供应链体系形成的时候,对其进行有效管理就成了急切的任务。谈到管理,五大管理职能计划、组织、控制、决策、领导就会很清晰地浮现在我们的脑海中,当然进行供应链管理也要从这五个方面考虑。

所以供应链管理的内容就是对生产进行计划,组织人力和物力,控制生产和流通成本,收集整个供应链上必要的信息数据进行分析、决策,再加上强有力的领导实施,从而实现对供应链的全面有效管理,使整个供应链上的节点企业获得更大的经济效益。当然优秀的管理方法也是必不可少的,比如以流程管理为中心的"准时制"、精益生产、看板、全程质量控制等。

为了更形象地理解供应链管理,我们可以把整个供应链假设为一个由众多企业单元构成的企业,也就是"企业的企业"。当然这个"企业"的"采购部门"也就包括提供原材料的供应商和核心企业的采购部门;"销售部门"是包括分销商、零售商和核心企业的销售部门在内的一个集合;"生产部门"是包括该核心企业在内和为其提供加工或者装配任务的所有厂家。这个企业就成为一个以采购—生产—销售为基本业务的企业。而对于单个企业的管理,我们就可以从物流、资金流、信息流这三个方面来考虑。

首先,保证物流的畅通。就是要及时采购需要的原材料,这就需要"采购部门"实时地关注生产,从生产部门了解要生产的信息,适时采购从而减少原材料的前置时间或库存积压时间过长造成的资金和库存浪费。

其次,要保证资金流的畅通。就是要把产品及时销售出去获得资金的流通,尽量避免出现断货或者囤货的情况,所以"销售部门"的数据对于生产部门该生产什么、采购部门该采购什么有着关键性的作用。

最后,信息流的畅通。也就是信息的集成与共享在整个企业中的作用已经不言而喻。"牛鞭效应"是一个很好的例证,当信息流从最终客户向原始供应商传递时,由于信息无法实现共享,使得信息扭曲(也就是信息不对称)而逐级放大,导致了需求信息出现越来越大的变动,使决策失误的可能性因素增多,严重的可以导致经济损失。

(二)供应链管理的优点

不难看出,供应链管理有以下优点:

1.节约交易成本

网上订单和交易随着互联网的发展而成为可能,企业也可以足不出户就签订生产订单,节约了交易成本,最重要的是节约了交易时间。

2.降低库存水平

供应链扩展了组织的边界,核心企业可以从销售商甚至用户那里了解销售数据,进而安排生产,即使是较低的库存水平都可以提供适时的产品供应,当然也降低了库存成本和资金的占用与周转,缩短了生产周期。

3.降低采购成本,促进供应商管理

由于供应商能够方便地取得存货和采购信息,使得采购管理的人员等可以从这种低价值的劳动中解脱出来,从事具有更高价值的工作。

4.企业合作追求共同利益

整个供应链上的企业应该具有一种"荣辱与共"的意识,只有相互高效率合作才可以在现代激烈的市场竞争中占据一席之地。

供应链管理也取得了多方面的收益,数据显示,总供应链的管理成本(占收入的百分比)降低了10%多;订单满足提前期缩短25%～35%;中型企业的增值生产率提高可以超过10%,库存降低3%;绩优企业资产运营业绩提高15%～20%在现金流转周期上比一般企业保持40～65天的优势。

三、供应链管理信息系统的系统构成

前面提到过,供应链作为一个系统和体系,若要对其进行高效管理,信息在供应链中的节点企业内部和节点企业之间起着重要的沟通作用。所以,通过供应链管理信息系统的建设,可以有效地实现供应链内部集成与外部集成以及内外部之间的无缝连接,这将为信息、价值等资源无障碍流动创造条件,同时也为企业采用敏捷制造、精益生产、柔性管理等现代生产技术搭建了技术平台。

对于供应链管理信息系统的运行,企业内部的业务管理可以通过 ERP 来实现,企业间的信息流动就要靠 EDI 和 Internet 技术,终端信息也就是零售消费信息的收集就要使用条形码技术与 POS 系统等,这些电子商务应用技术,改善对供应、生产、库存、销售的控制,与供应商、分销商和客户建立更快捷、方便、精确的信息流通,并用来支持决策。其具体的系统构成如下:

(一)支持供应链管理基本业务的 ERP 系统

我们前面提到过,把供应链看作一个"企业的企业",它具有普通企业的采购、生产、销售的基本业务功能,对于单个企业我们可以采用 ERP 进行协调、控制,顺推知,我们也可以建立一个基于供应链的对其基本业务进行管理的"ERP"系统,只是这个"ERP"管理的"采购部门"是由供应链中的供应商和制造商企业的采购部门组成,"生产部门"是由供应链中为其进行加工、装配产品的所有制造商组成,"销售部门"是由供应链中的销售商和制造商企业的销售部门组成,显然这个"ERP"要相对庞大、复杂,但是它实现了供应链基础业务的密切衔接,最重要的是实现了信息的实时共享。例如,假设某产品的销售金额数据多于实际的销售数据,这个数据传递给供应链的各个成员,各个成员按照这个数据进行资金预算,但是一旦到了资金的实际运作阶段,就会出现资金短缺周转不灵的局面。

(二)支撑供应链上企业间信息流动的 EDI 系统

电子数据交换(Electronic Data Interchange,EDI)是一种在远程计算机之间的结构化的交易数据交换技术。它是供应链上企业间信息顺畅流通的保证。从定义我们可以得出,首先,EDI 是计算机到计算机,不需要人的干预,而且由于它连接了信息系统,数据只需输入一次,操作流程简单;其次,它用于交换的数据是电子的商业数据文档;最后,商业文档的格式期望遵守标准组织的定义。

采用 EDI 系统必须遵守特定的语法规则,对具有一定标准结构的标准信息,经数据通信网,在两个或者多个计算机之间进行信息交换和自动处理,由应用程序对它自动响应,从而实现交易事务处理,以及交易活动中数据交换的高效化和自动化。

要实现 EDI 的全部功能,需要具备以下四个方面的条件:

1.数据通信网是实现 EDI 的技术基础

为了传递文件,必须有一个覆盖面广、高效安全的数据通信网作为其技术支撑环境。

2.计算机应用是实现 EDI 的内部条件

EDI 不是简单地通过计算机网络传送标准数据文件,它还要求对接收和发送的文件进行自动识别和处理。

3.标准化是实现 EDI 的关键

EDI 是为了实现商业文件、单证的互通和自动处理,这不同于"人—机对话"方式的交互式处理,而是计算机之间的自动应答和自动处理,因此文件结构、格式、语法规则等方面的标准化是实现 EDI 的关键。

4.EDI 立法是保障 EDI 顺利运行的社会环境

EDI 的使用必将因其贸易方式和行政方式的变革,产生一系列的法律问题,例如,电子单证和电子签名的法律效力问题,发生纠纷时的法律证据和仲裁问题,等等。因此,对 EDI 进行立法来保证其顺利实施是非常必要的。

(三)流通和物流活动中的条形码技术和 POS 系统

条形码是由一组黑白相间、粗细不同的条状符号组成。其中隐含着数字信息、字母信息、标志信息、符号信息,主要用于表示商品的名称、产地、价格、种类等,是全世界通用的商品代码的表示方法。而条形码技术是利用光电扫描设备识读条形码符号,从而实现机器的自动识别,并快速准确地将信息录入计算机进行数据处理,达到自动化管理之目的。它是生产厂家、批发商、零售商、运输业者等经济主体进行订货和接货、销售、运输、出入库检验等活动的信息源,由于在活动发生时点能即时读取信息,因此,便于即时捕捉到消费者的需要,提高商品销售效果,也有利于促进物流系统提高效率。

POS 系统(销售时点信息系统)包含前台 POS 系统和后台 MIS 系统两大基本部分。

前台 POS 系统是指通过自动读取设备(如收银机),在销售商品时直接读取商品销售信息(如商品名、单价、销售数量、销售时间、销售店铺、购买顾客等),实现前台销售业务的自动化,对商品交易进行实时服务和管理,并通过通信网络和计算机系统传送至后台,通过后台管理信息系统(MIS)的计算、分析与汇总等掌握商品销售的各项信息。对于零售商,可以准确地掌握各种信息的流通信息,大大地减少库存,最大限度地利用资金等;对于批发商而言,可以及时地为零售商提供商品补给;对于制造商,可以把这些信息用于制订生产计划,通过准确地把握过去的需求,进行今后需求的预测,以及根据预测提出适当的生产方案并加以实施,通过分析

POS 数据能防止因盲目生产而出现的产品库存损耗的发生。

后台 MIS 系统负责整个商场的进、销、调、存系统的管理以及财务管理、库存管理、考勤管理等。它可根据商品进货信息对厂商进行管理，又可根据前台 POS 系统提供的销售数据，控制进货数量，合理周转资金。还可分析统计各种销售报表，快速准确地计算成本与毛利，并可对售货员、收款员业绩进行考核，是职工分配工资、奖金的客观依据。

四、供应链管理信息系统的构建

信息共享是实现供应链管理的技术基础。现代信息技术的发展，为供应链管理信息系统提供了统一、协作的基础平台，实现供应链系统中各企业组织间充分的信息共享。基于 Internet 构架的企业内部网（Intranet）和企业外部网（Extranet）共同构成一体化的供应链管理信息系统，从而为实现集成化的供应链管理提供强有力的支撑。这个系统将面对客户需求进行动态的、实时的调整，以最敏捷的、最有效的方式向用户提供所需要的信息。

（一）Internet、Intranet 集成思想

互联网（Internet）标准在企业内部使用叫作内部网（Intranet），而在外部使用则叫作外部网（Extranet）。一般来说，互联网、内部网与外部网之间的主要区别在于访问系统的权限，互联网可以自由地进行访问；内部网应用企业内部专用程序，不留客户接口，不注重硬件的兼容性；而外部网则严格按照企业外部的顾客和合作伙伴对某些程序和数据进行访问的权利。由此可知，Internet 面对的是全世界，Intranet 是面向企业内部，是企业内信息的集聚。基于 Internet 商务技术的集成化供应链管理系统，世界范围内的客户和企业可以双向获取信息，充分利用现代网络来提高企业的管理和运行效率。而基于 Internet、Intranet 商务的供应链动态联盟，是在 Internet、Intranet 集成基础上的、由供应链节点企业构成的动态联盟，实现企业内部和企业之间的信息的组织和集成，提高每个节点企业对整体供应链中即时信息的可见度，实现经营的一体化。

Internet、Intranet 的特点如下：

1. 基于 TCP、IP 协议和 WWW 规范；

2. 主要功能是加强企业内、外部信息沟通，共享资源，协同信息处理能力，有利于保证供应链的整体协调性，所有节点企业同步并行；

3. 双向、全面、而且是不分地域、不限时间的信息沟通；

4. 对内可支持企业的办公失误处理，对外发布企业信息，进行产品宣传；

5. 超文本链接，简化信息查询和检索；

6. 界面为浏览器窗口。

（二）基于 Internet、Intranet 的供应链管理信息系统

供应链节点企业信息处理的核心是建立企业内部网，即 Intranet，通过它进行企业的事务处理、信息共享、协作计算等，并将企业的基础数据、业务处理数据等存储在数据库服务器中。当外部节点企业想要对其他节点企业进行数据访问时，首先通过浏览供应链信息网上的实时动态信息，向 Web 服务器提出数据操作（录入、查询、修改、删除、统计等）请求，Web 服务器获得请求后，通过应用服务——公共网关接口（Common Gateway Interface，CGI）来实现 Web 服务器与数据库之间的信息交换，并实现对数据库的连接、读写、访问与控制，然后数据库又将结果通过 CGI 程序送回 Web，最后再由 Web 服务器将访问结果以动态网页形式发送到用户的

浏览器中,具体原理如图 10-7 所示:

基于 Internet、Intranet 的信息网络接口将供应链节点中的其他企业连接起来,企业内部网的浏览器就能成功地访问其他节点企业的信息系统。其他节点企业也采用介于 Web 的体系结构。这种体系结构将能满足供应链信息网上实时动态信息输出、查询的要求,成功地做到异构兼容。

(三)基于 Internet、Intranet 的供应链集成模式

供应链中的企业在构建管理信息系统时,要根据企业所处的环境,来建立适合自己的信息系统。而一般没有特殊要求的企业则可以通过高速数据专用线连接到 Internet 骨干网中,通过路由器与自己的 Intranet 相连,再由 Intranet 内主机或者服务器为其内部各部门提供数据的存取服务。供应链之间形成了一个基于 Internet、Intranet 的集成网络模型。如图 10-8 所示:

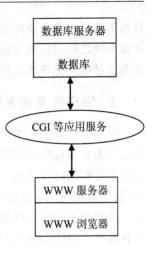

**图 10-7　基于 Web 的
供应链管理信息系统结构**

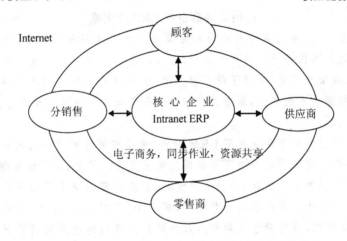

图 10-8　基于 Internet/Intranet 的集成供应链企业网络结构

根据该结构,可以在供应链企业中建立三个层次的信息处理系统。

1. 外部信息交换

这一层的工作主要由企业外部的 Internet 信息交换来完成,通过 Internet,企业建立一个 Web 服务器,与信息交换对象签订协议,规定信息交换的种类、格式和标准,来完成不同空间地理位置的节点企业的信息顺畅沟通与处理。另一方面可以对产品进行全程跟踪服务。

2. 内部信息交换

企业的事务处理、信息共享、协同计算等核心业务都是基于 Intranet 的,与外部信息的交换也是基于 Intranet 的,因此当企业的硬件框架建立之后,信息的组织形式便成了技术关键,内部信息处理系统主要完成的是数据处理、状态统计、趋势分析等任务,涉及企业内部的所有部门的业务流程,所处理的信息也是信息共享的主要对象。

此外,还必须解决安全问题。例如,对访问者的权限进行设置;Web 服务器为服务器和浏览器之间的通信提供保密和层加密技术,可以有效地保证信息的真实性和不被拦截。

3. 信息系统的集成

以往的情况中,企业往往由于系统结构、网络通信协议、文件标准等环节不一致出现信息数据不能顺利在企业间流动的问题,但是通过 Internet 的"标准化"技术,实现了企业内部信息处理系统之间的信息交换,为系统之间提供了信息交换的数据接口,达到数据库的无缝连接。企业通过供应链管理软件将内外部信息环境集成为一个统一的平台。

五、供应链管理系统构建的关键技术

供应链管理系统中,一个核心研究内容就是如何在供应链企业加入或退出的时候采取有效的技术和手段快速实现供应链信息系统的重构;另一个就是多种异构资源的优化利用。其中较为关键的技术是统一的动态联盟企业建模技术、分布计算技术、对 Legacy 系统的封装技术、软件系统的可重构技术、Internet、Intranet 环境下动态联盟企业信息的安全保证技术等。以上技术对于如何实现现有企业的信息集成和重构,保证它们和联盟企业的信息沟通顺畅;如何有效地利用供应链节点企业的资源,使它们协同工作至关重要。

案例分析

福州某制造企业 ERP 的实施

福州某制造企业,主要从事粉末冶金制品及高性能合金材料的研制、开发、生产和销售。他们的多项产品达到国内外产品的先进水平,且多次获得奖项。但是该厂在发展中存在着管理机制不够健全、决策性不足、管理手段不够先进、信息建设缺乏规划等普遍问题。而且随着企业业务与生产规模的不断扩大,原有的运营管理模式越来越显得不尽完善。

(一)存在的问题

1. 销售部:客户资料管理尚未采用 CRM 软件,大量积累的客户资料已经产生管理不便的端倪,需要有完善的方案来满足企业不断拓展的销售业务。另外,由于销售部门面对的是第一线的市场需求,对于订单生产状况、物料采购状况、货品交期的确定等细节需要一定程度上的实时把握。特别是,对于公司目前的运营规定,要求 10 万以上,小于 14 天的订单,由业务、品管、技术、采购共同审核,这样对于采购部门对公司其他部门的生产运行状况的管理提出了更进一步的需求。

2. 采购部:采购部以订单作为采购依据,由于受市场需求的影响,经常出现插单现象,造成经常性出现紧急采购,由插单引起的紧急采购占全部紧急采购量的 30% 以上;同时,由于市场影响以及内部操作失误引起的采购变更频率为 1%。公司对供应商实行考核,主要考核指标为:交期、实力考核、质量。但是公司建立的供应商档案不够详细,没有编码,因而无法对供应商进行正确评价,影响公司采购成本,以及采购进度的合理安排。在采购进程上,由于流程不完善,信息实时性存在较大问题,主要表现为在采购到货收存之后仓管才会通知采购部,造成采购部不能正确根据库存情况进行采购。采购流程不顺,供应商信息管理不全,采购需求源头的信息不准确等都是采购部门存在的主要问题。

3. 仓库管理部:仓库管理作为生产、销售、采购的中间管理部门,完善的管理对于公司的正常运作有着举足轻重的影响。特别是对于销售退货管理,要求能够跟踪到原销售单和发货单等相关信息。仓管部主要还是采用手工记录库存交易,对于物料也没有实行编码。公司平均物料损耗在 1% ~ 2%,对于仓管实时库存无法正确把握,盘点工作繁杂,影响公司的正常运作。

4. 生产部:生产部负责公司的全面生产,由于公司的产品品种繁多、数量巨大,对于合理安

排生产计划提出了很高的要求。在实际工作过程中,生产部往往由于采购不及时而造成经常更改,经常出现停工待料现象。

(二)ERP 的实施

面对销售部,采购部,仓库管理部和生产部等部门这一系列的供产销问题,该企业意识到推行 ERP 具有必要性和紧迫性。只有实施 ERP 才能加强供应链管理,实现企业信息资源共享及规范化管理,才能提升管理水平以适应跨越式发展的业务需求,应对日趋激烈的市场竞争。

在管理层的领导下,该企业对组织机构和业务流程进行了重整,对成本进行有效管控,提升产品质量和生产效率,深层次地挖掘营销管理中的问题。该工厂实施了以 MRP 为核心,集物流、生产、财务等管理功能为一体的制造企业 ERP 系统。系统功能覆盖制造企业中从销售订单到规划、采购、外检、生产、产成品入库、产品销售的完整业务流程,各业务流程之间有机集成地连接起来,部门间的数据达到充分共享和统一。

企业资源管理系统建设主要在几个系统上:订单与采购管理系统、进销存管理系统、生产管理系统、会计总账系统、应收应付系统、人事薪资管理系统等,同时系统之间信息应相互共享和集成,以充分利用企业各方面资源,达到"1+1>2"的效果。以人事薪资管理系统为例,ERP系统除了完整的人事行政相关业务的处理外,更考虑到培训规划、激励制度、职业发展需求等,使得人力资源的规划能更有效率。

该厂运用 ERP 项目的主要创新点体现在:

1. 针对该企业品牌交期为 12～24 小时内交货,特对销售板块二次开发为自减报表功能。

2. 针对该企业产品款式全面,产品生产周期短,易助系统开发出独立模块,生产工单、领料单皆采用自动生成,提高生产效率,缩短产品交期,提高客户满意度。

3. 为配合该企业营销方针,对于品牌产品,主排程系统按三个月销售预测自动设定等。

(三)实施 ERP 后的指标考核

据调查统计,使用 ERP 系统后,企业的资金周转次数提升了 50%～200%,短缺件次数降低了 60%～80%,劳动生产力提高 15%～20%,按期交货率达到 90%～98%,采购原材料的合格率提升到 99%,客户产品的交货期缩短 50%,采购原材料物品的准确率提升到 95%,应收账款减少,资金回笼率提高,销售成本降低了 5%～15%,生产成本降低了 7%～12%,利润增加了 5%～10%。企业产供销一体化的运作,规范了企业内部管理流程,提高了工作效率,加强了决策支持力度,提升企业的管理水平和竞争力,建立一套轴瓦材料行业企业的管理模式。

——资料来源:陈孟君.中小企业 ERP 实施的案例分析[J].经济研究,2009(11)

本章小结

本章主要介绍了企业资源计划及供应链管理信息系统。学习本章,需要了解 MRP 的优缺点及适用范围,制造资源计划的特点;理解 MRP 的基本原理,MRP 系统的逻辑流程,资源计划的原理,资源计划系统主要功能模块;掌握 ERP 系统的管理思想,该系统的应用特点和优点;了解供应链及其模型类型,供应链管理系统构建的关键技术;理解供应链管理信息系统的构成情况及如何进行供应链管理信息系统的构建。

关键概念

物料需求计划　制造资源计划　企业资源计划　供应链管理

复习思考题

1. MRP 的基本原理是什么？
2. 简述 MRP 系统的逻辑流程。
3. 简述 MRP 的优缺点及适用范围。
4. 制造资源计划的原理是什么？
5. 制造资源计划系统主要功能模块有哪些？
6. 简述制造资源计划的特点。
7. 简述企业资源计划系统的管理思想。
8. ERP 系统的应用特点和优点是什么？
9. 供应链管理信息系统的系统构成有哪几部分？
10. 简述供应链管理信息系统的构建。

参考文献

1. Jim Arlow Ila Neustadt. UML 和统一过程[M]. 方贵宾译. 北京: 机械工业出版社, 2003

2. 冯耕中. 物流管理信息系统及其实例[M]. 陕西: 西安交通大学出版社, 2003

3. Stair R M, Reynolds G W. 信息系统原理[M]. 张靖, 刘鹏, 陈之侃等译. 北京: 机械工业出版社, 2000

4. 黄梯云. 管理信息系统(第三版)[M]. 北京: 高等教育出版社, 2005

5. 霍佳震. 物流信息系统[M]. 北京: 清华大学出版社, 2011

6. 薛华成. 管理信息系统(第三版)[M]. 北京: 清华大学出版社, 2012

7. 邵举平. 物流管理信息系统[M]. 北京: 清华大学出版社, 2005

8. 斯蒂芬·哈格等. 信息时代的管理信息系统(第 2 版)[M]. 北京: 机械工业出版社, 2001

9. 何发智. 物流管理信息系统[M]. 北京: 人民交通出版社, 2003

10. 林自葵, 刘建生. 物流信息管理[M]. 北京: 机械工业出版社, 2006

11. 王立坤, 孙明. 物流管理信息系统[M]. 北京: 化学工业出版社, 2003

12. 戴定一. 公共物流信息平台意义深远[J]. 中国计算机报, 2009(12)

13. 赵英姝, 吴占坤. 黑龙江省物流信息平台建设研究[J]. 交通企业管理, 2008(3)

14. Pressman R S. Software Engineering: A Practitioner's Approach. 3rd Edition. Mc Graw-Hill, 1992

15. 徐伟, 赵嵩正, 蒋维杨. 基于功能的区域物流信息平台体系结构研究[J]. 情报杂志, 2008(7)

16. 李和平. 公共物流信息系统平台研究[D]. 武汉: 武汉理工大学, 2005

17. 赵嘉贤, 王海燕. 基于供应链协调的第三方物流信息平台设计[J]. 物流技术, 2008(9)

18. 冯耕中. 物流信息系统[M]. 北京: 机械工业出版社, 2009

19. 张友生, 吴旭东. 信息系统项目管理[M]. 北京: 清华大学出版社, 2012

20. 鲍吉龙, 江锦祥. 物流信息技术[M]. 北京: 机械工业出版社, 2003

21. 陈孟君. 中小企业 ERP 实施的案例分析[J]. 经济研究, 2009(11)

22. 李洪心. 电子商务案例(第二版)[M]. 北京: 机械工业出版社, 2010

23. 王谢宁. 电子商务技术与应用[M]. 北京: 机械工业出版社, 2010

24. 卡内基梅隆大学软件工程研究所. 能力成熟度模型: 软件过程改进指南[M]. 刘孟仁译. 北京: 电子工业出版社, 2001

25. 王世文. 物流管理信息系统[M]. 北京: 电子工业出版社, 2010

26. 秦天保. 现代物流信息系统——技术、应用与建设[M]. 上海: 上海交通大学出版社, 2010

27. 杜彦华, 吴秀丽. 物流管理信息系统[M]. 北京: 北京大学出版社, 2010

28.王道平,杨建华.供应链物流信息系统[M].北京:电子工业出版社,2008

29.施晓军.物流信息技术与信息系统[M].四川:四川人民出版社,2009

30.冉文学,宋志兰.物流管理信息系统[M].北京:科学出版社,2010

31.邝孔武,王晓敏.信息系统分析与设计(第三版)[M].北京:清华大学出版社,2006

32.王少愚.物流管理信息系统[M].北京:中国劳动社会保障出版社,2006

33.刘小卉.物流管理信息系统[M].上海:复旦大学出版社,2006

34.夏火松.物流管理信息系统(第二版)[M].北京:科学出版社,2012

35.吴砚峰,汤洪宇.物流管理信息系统[M].北京:中航出版传媒有限责任公司,2011

36.杨永明.物流管理信息系统(第二版)[M].北京:电子工业出版社,2010

37.傅莉萍.物流管理信息系统[M].北京:机械工业出版社,2010

38.李波,王谦.物流管理信息系统[M].北京:科学出版社,2008

39.王晶.供应链信息管理[M].北京:科学出版社,2010

40.龚晓光,肖人彬.管理系统模拟应用:以供应链为背景[M].北京:电子工业出版社,2012

南开大学出版社网址：http://www.nkup.com.cn

投稿电话及邮箱：　022-23504636　QQ：1760493289
　　　　　　　　　　　　　　　　　QQ：2046170045(对外合作)
邮购部：　　　　　022-23507092
发行部：　　　　　022-23508339　Fax：022-23508542

南开教育云：http://www.nkcloud.org　

App：南开书店 app　

　　南开教育云由南开大学出版社、国家数字出版基地、天津市多媒体教育技术研究会共同开发，主要包括数字出版、数字书店、数字图书馆、数字课堂及数字虚拟校园等内容平台。数字书店提供图书、电子音像产品的在线销售；虚拟校园提供 360 校园实景；数字课堂提供网络多媒体课程及课件、远程双向互动教室和网络会议系统。在线购书可免费使用学习平台，视频教室等扩展功能。